本书获江汉大学学术著作出版资助

湖北省2012年度社会科学基金项目（2012168）
湖北省教育科学"十二五"规划2012年度课题（2012B044)

公共管理视阈下
城市女性生存现状研究

Gonggong Guanli Shiyuxia Chengshi Nüxing Shengcun Xianzhuang Yanjiu

黄　璐○著

中国社会科学出版社

图书在版编目（CIP）数据

公共管理视阈下城市女性生存现状研究／黄璐著．—北京：
中国社会科学出版社，2015.5
ISBN 978 - 7 - 5161 - 6377 - 1

Ⅰ．①公…　Ⅱ．①黄…　Ⅲ．①城市—女性—现状—研
究—中国　Ⅳ．①D669.68

中国版本图书馆 CIP 数据核字（2015）第 138379 号

出 版 人	赵剑英
选题策划	田　文
责任编辑	陈　琳
责任校对	张爱华
责任印制	王　超

出　　　版	中国社会科学出版社
社　　　址	北京鼓楼西大街甲 158 号
邮　　　编	100720
网　　　址	http://www.csspw.cn
发 行 部	010 - 84083685
门 市 部	010 - 84029450
经　　　销	新华书店及其他书店

印　　　刷	北京君升印刷有限公司
装　　　订	廊坊市广阳区广增装订厂
版　　　次	2015 年 5 月第 1 版
印　　　次	2015 年 5 月第 1 次印刷

开　　　本	710 × 1000　1/16
印　　　张	15.75
字　　　数	271 千字
定　　　价	58.00 元

目　　录

导　言

生活质量，是一个多维度的议题。正如美国学者托马斯·斯坎伦（Thomas M. Scanlon）所言，存在大量涉及生活质量这一概念的相关却不相同的问题，而每一个问题都有不同的解释和可能的答案。① 事实上，生活质量这一主题已经逐步引起国际学术界的广泛关注，尤其是在当前我国可持续发展观与和谐社会的整体思路下，生活质量已经成为社会政策制定与实施、社会发展的重要参考指标。改革开放以来，我国的社会、经济、文化已经发生了翻天覆地的变化。这种变化能够在物质和精神两方面得到很好的体现。在物质上，改革开放带来了社会财富的快速增长。在精神上，由于物质的积累带来了社会形态的变化，促使科学发展观和"以人为本"的指导思想成了治国根本，因此人们的生活质量受到了极大重视。对公民生活质量的关注已经成为科学发展观以及"以人为本"指导思想的主要内容，也成为社会发展的终极目标。

然而，在所有已知的社会中，男性和女性的生物学性别差异给他们带来了巨大的文化差异，因此不仅社会制度把两性行为区分成不同类别，女性从内心看自己的生活也非常不同。② 不可否认，同男性相比，女性不管是在生理上还是心理上都与之存在着巨大的差异。女性在日常生活中扮演的角色存在多重性和复杂性，她们需要承担来自于社会、工作单位以及家庭等诸多方面的任务，而同时女性群体因为历史文化、生理特点等方面的原因，在很多方面却无法享有同男性相等的权利，这都直接影响到女性的

---

① ［美］托马斯·斯坎伦：《价值、欲望和生活质量》，载 ［印］阿玛蒂亚·森、［美］玛莎·努斯鲍姆《生活质量》，龚群 等译，社会科学文献出版社 2008 年版，第 195 页。

② ［美］朱莉亚·安娜斯：《妇女与生活质量：两种规范还是一种》，载 ［印］阿玛蒂亚·森、［美］玛莎·努斯鲍姆《生活质量》，龚群 等译，社会科学文献出版社 2008 年版，第 303 页。

生活质量。尤其是在社会多元化、城市化进程加速的今天，城市女性的生活质量更是引起了社会的广泛关注，而如何通过制度供给来改进城市女性生活质量已经成为城市政府的一大工作重点。而本书正是从制度供给这一角度来思考城市女性生活质量及其改进问题，对促进社会和谐与城市发展具有重要的理论和实践意义。

首先，城市是人类文明与发展的一个重要标志，而生活质量也是社会发展的一个重要指标，前者是一个客观的评价内容，而后者则是个体的主观评价内容，将两者结合起来研究城市女性的生活质量问题具有一定的理论意义。本书之所以选取武汉市女性作为研究对象，一方面，考虑到武汉市作为我国中部地区的中心城市，人口相对集中。另一方面，根据武汉市统计局发布的《武汉统计年鉴（2014）》，2007 年至 2013 年武汉市女性人口比例每年基本都占到总人口的 48.3 % 以上①。因此，研究武汉市女性生活质量状况对于我国城市女性生活质量的研究具有一定的普遍参考价值。

其次，我国的经济社会发展正步入一个新的阶段，城市化进程加快。但是，在这一进程中产生了许多新的问题，经济发展带来的各种诉求同传统观念产生碰撞，城市高速发展过程中的"人本主义"缺失等，都直接影响到了城市女性的生活质量和生存状况。这些问题如果处理不好将会影响整个社会的和谐，制约城市化进程，因此深入研究城市女性生活质量问题对于推进城市化进程、建设和谐社会具有较强的现实意义。本书将深入剖析城市化进程给女性生活质量改进带来的各种问题以及产生的原因，通过实证分析找到症结所在，深化公众对城市女性生活质量的认识，并作为改进女性生活质量的依据。

最后，同以往社会学或是其他学科对女性生活质量问题的研究不同，本书将以城市公共领域对女性生活质量的影响作为切入点，主要考察诸如公共产品与服务、公共政策这样的制度供给因素同城市女性生活质量的关联，从这一角度提出改善城市女性生活质量的思路。实际上，城市居民生活水平和质量的高低不仅取决于以家庭为单位的微观标准，也取决于城市公共领域的投入与建设情况。制度供给具体包括公共产品与服务、公共政策以及特定制度安排等内容，如城市政府为了满足城市居民的基本生活需

---

① 　武汉市统计局：《武汉统计年鉴（2014）》，中国统计出版社 2014 年版，第 27 页。

要而提供的基础设施建设则是公共产品，而诸如教育文化、社会保障、医疗卫生等公共服务以及与城市居民的工作、生活相关的政策则涉及公共政策与制度安排。这些都是城市居民生活的基础，也是衡量其生活质量的重要指标。需要注意的是，这种制度供给对居民生活质量的影响是非均衡的，由于性别、群体和地区之间的差异而导致制度供给可能存在差异，或者是存在差异性影响，这都会直接影响城市女性的生活质量。本书正是从制度供给这一角度入手，立足于我国城市化进程的现实情况，考察对城市女性生活质量产生影响的制度供给，评估和衡量其影响程度和影响因素。此外，本书的一个研究重点在于考察相关制度供给可能存在的非均衡情况及其产生的原因，并在此基础上从制度供给和公共管理的角度提出改善和提高武汉市女性生活质量的对策和思路。

为了达到这一研究目的，本书特选取武汉市女性作为研究对象，通过对武汉市各个城区、各个行业、各年龄层的女性展开广泛的随机抽样调查，进行数据搜集与统计。在实证分析基础上，对武汉市女性总体生活质量的现状进行描述。而且，通过对各城区间、各行业间、各年龄层间的比较来考察制度供给的非均衡性，分析其对武汉市女性生活质量产生显著性影响的因素与变量，以此为依据探寻制度供给非均衡以及阻碍城市女性生活质量改进的问题与原因。最后，结合实证分析的结果，本研究尝试从制度供给角度提出改善和提高城市女性生活质量的对策建议，以引起社会各界对女性群体发展的关注，进而更好地实现社会的和谐与全面发展。

在研究与论述上，本书贯彻"发现问题—分析问题—解决问题"的逻辑思路，整个框架大致分为三大部分：

第一部分为理论研究部分。在这一部分中首先对本书的基本概念进行界定，并对前人的相关研究进行综述，这是逻辑分析的前提；其次介绍女性生活质量及制度供给的相关理论，这是本书的理论基础；最后提出了城市女性生活质量的制度供给分析维度与框架，以此搭建本书的分析平台，并根据这一框架设计了城市女性生活质量的制度供给指标体系，这是本书的核心内容。

第二部分为实证研究部分。以理论分析部分设计的指标体系为基础，本书设计并抽取了城市女性生活质量的可量化指标及内容，以武汉市为例进行了实证研究。要想对城市女性生活质量有全面的研究，需要花费较长的时间去深入了解这一群体。为此，作为一项连续性研究课题，项目的实证研究进行了长达四年的时间。在这一部分中通过四年的数据分析，采用纵向与横向对比等多种方式，应用时间序列及主成分因子等分析工具，对本书的理论研究进行检验和修正。最后通过对实证结论的分析，总结目前城市女性生活质量存在的问题，并结合本书提出的理论分析框架对其原因进行深入剖析。

第三部分为对策研究部分。前两个部分是发现问题与分析问题，这一部分则是在前面的基础上，提出问题的解决之道。本部分首先介绍和分析了国外发达国家城市女性生活质量及其制度供给状况，分析其存在的问题，总结各国在改进城市女性生活质量上的成功经验。然后，以他国经验为鉴，以本书搭建的分析维度和框架为视角，从供给主体、供给有效性和制度均衡三个方面提出对策建议。

同以往关于女性生活质量问题的研究相比，本书的切入点有明显的不同，即站在公共部门制度供给的视角来思考城市女性的生活质量问题。同时，本书采取一种综合的思路，融合经济学、社会学、心理学和公共管理学的相关理论来考察制度供给与女性生活质量之间的变量关系。此外，连续对某一特定城市女性生活质量问题进行长期的实证研究也是本书的创新之处。本书的特点具体表现在以下几个方面：

（1）研究视角与理论基础。本书是从公共管理的角度出发，将女性生活质量的改进视为一个公共问题，而不是将其单纯地看作社会问题，不局限于对其进行一般性的描述，而是要深入挖掘公共部门及其制度供给对女性生活质量的改进效果。因此在理论基础的选择上，本书将更多地采用公共管理和新制度经济学的相关理论作为分析的出发点。

（2）基于制度供给的女性生活质量分析框架与指标体系设计。目前很多学者关于城市女性生活质量的分析框架多是基于经济学或是社会的角度，本研究则尝试构建一个基于制度供给的女性生活质量分析框架，分别从制度供给与公共政策、制度实施有效性、制度演变与均衡三个不同的方面来考察这一变量对女性生活质量带来的影响。为了更好地考察制度供给与城市女性生活质量的关联度，本书将制度供给分为不同可辨别的指标，这也不同于以往的女性生活质量的指标体系设计。

（3）分析方法与工具。为了将制度供给指标化，本书从可以通过调查问卷形式进行量化的几个方面进行指标设计来反映本研究的框架，借助

SPSS 等统计软件考察并检验这些指标对城市女性生活质量的影响程度，以寻找到可以真正产生较大影响的变量，同时将定量分析和定性分析有机地结合起来。

第一章　概念与综述

在对城市女性生活质量进行探讨和研究之前，需要对本书的基本概念进行界定，这是研究的前提。此外，在本章中还要对相关研究进行综述，以便了解城市女性生活质量相关研究的理论成果，这是本书研究的基础。

第一节　基本概念

一　生活质量及相关概念

（一）生活质量

生活质量（Quality of Life，QOL）是本书的基本概念，也是核心概念，生活质量又可称为生存质量或生命质量。从目前的研究来看，对这一概念和问题的研究已经长达半个多世纪，关注这一领域的学者也较多，但对生活质量的定义学界尚未形成统一口径。究其缘由，一方面，由于这一概念包含了居民个体行为的许多方面，如个体所处的社会环境与自然环境、物质生活与精神生活等。另一方面，不同居民个体对生活质量的理解也存在主观上的差异。例如对于一些群体，物质层面的满足更能代表其生活质量需求；而对于那些看重基础设施建设带来便利程度的居民个体，自然环境保护则能给他们带来个体健康的保障和心理上的满足。正是这种视角和主观认识的差异化使得这一概念具有多样性和主观性的特点，进而也使生活质量问题的研究角度和研究层次呈现多元化的特征：既可以站在经济学角度考察经济化指标的生活质量，也可以站在社会学角度考察社会心理化指标的生活质量；既可以根据特定区域的实际情况研究不同群体的主观生活质量标准，也可以从宏观角度考察整个社会或国民的客观生活质量标准。①

以生活质量的主、客观程度和内容为标准，可以将目前对生活质量的界定简单划分为以下三类：（1）生活质量是居民个体关于生活的主观评价与感受；（2）生活质量是维持居民个体生存的各种物质条件和环境水平的客观评价；（3）生活质量是居民个体对生存状况和生活水平的评价，既包括客观的物质条件，也包括主观的精神层面。第一种是完全依赖主观评价的生活质量定义，第二种生活质量的内涵则完全是客观标准，最后一种是综合前两者的界定方式。各学者在研究上产生分歧的原因多是由于对生活质量客体的理解存在差异，从而导致对这一概念界定的不一致，进而又影响到研究方法的选择。除了客体之外，对生活质量主体、内容等各方面界定的差异也会对该研究产生差异性影响。

总体来看，对生活质量客体的分歧主要在于主、客观的标准上。客观的生活质量更倾向于生活的物质方面，如社会经济发展水平、就业情况、社会秩序、居民个体生活环境、生活水平、基础设施的便利程度等；此外还包括一些非物质方面的因素，如居民个体的受教育机会、娱乐休闲的水平、接触文化艺术的频率等。经济学家厉以宁对居民生活质量的考察就是站在这一角度上进行的，他将生活质量作为社会群体生存以及福利水平的一个衡量指标，包括了自然和社会两个方面的内容。其中自然方面主要是指居民个体的生活环境状况与水平，包括环境是否能满足个体生存的基本需求、美化的程度等；社会方面则主要是指居民个体生活的社会环境状况与水平，如社会秩序、科教文卫、基础设施等②。而主观的生活质量主要是指居民个体对生活各领域现状与水平的主观评价与感受。国外许多学者更倾向于从这一角度来研究生活质量问题，如古瑞（Gerald Gurin）、费尔德（Sheila Feld）等学者1957年首次在美国开展的生活质量调查就是站在主观的生活质量角度上进行的，在具体的内容上更多地考察了受访者的幸福感和精神健康。③ 尽管20世纪60年代之后，生活质量研究的内容开始向更宽广的范围拓展，除了传统的社会心理研究，也开始注意融合一些

① 赵彦云、李静萍：《中国生活质量评价、分析和预测》，《管理世界》2000年第3期，第33页。
② 厉以宁：《社会主义政治经济学》，商务印书馆1986年版，第523页。
③ 转引自潘祖光：《"生活质量"研究的进展和趋势》，《浙江社会科学》1994年第6期，第73页。

客观的生活质量研究方法，但从总的趋势来看，还是偏重于主观的生活质量研究，如关注居民个体对生活质量的认知层次以及满意度等。典型的如坎贝尔（Angus Campbell）等学者的研究，他们将生活质量界定为个体对生活幸福程度的总体感觉①。

　　本书认为对于生活质量的理解应该将主、客观标准结合在一起，这是因为客观条件是生活质量的现实存在与基础，而主观评价则是个体对生活质量的直接反映。此外，还需要注意，生活质量是一个时代性和区域性较强的概念。之所以这样理解的原因在于：（1）随着经济、社会、文化的发展，个体基本生存需求也在不断发生变化，对生活质量的理解也随之产生变化。如现阶段的居民同改革开放初期的居民对生活质量的理解和要求就存在较大的差异，后者可能会更多地看重物质需求和满足。这点可以被理解为生活质量的时代性特征，因而生活质量这一概念具有演化性特点；（2）生活质量的另一个特性在于区域性，这不仅体现在地理位置上的差异，更体现在不同区域下文化、价值体系和意识形态上的差异，这种差异会直接影响到个体对生活质量的主观评价，如基督教国家和伊斯兰教国家居民对生活质量的理解就会存在巨大差异。因此在考察生活质量问题时，还必须将其放在一个大的制度背景下去分析。

　　综上所述，本书将生活质量界定为在特定的制度背景下，影响居民生活的自然、社会环境状况与水平，以及个体对生活现状的主观评价与感受。这一概念强调了三个不同的方面：制度背景、客观条件与主观感受。

　　（二）城市女性生活质量

　　前文对生活质量进行的界定是从大的角度展开的，接下来结合本书的主题，对生活质量的界定范围还需进一步缩小和细化。为了更好地进行后面的研究，从客观上需要将城市生活质量同其他地区的生活质量进行辨析，而从主观上则需将女性生活质量同其他群体生活质量进行区分。

　　一方面，从客观上将城市生活质量同其他地区的生活质量进行区分的原因在于，许多评价指标体现在一些可以衡量的经济、社会标准和因素之上。如城市居民的收入与消费水平、基础设施便利程度、工作条件与环境、生活环境等。这些指标会因城市与区域的差异而有明显的差别，如农

---

① Angus Campbell, Philip E. Converse, Willard L. Rodgers, *The Quality of American Life*: *Perceptions*, *Evaluations and Satisfactions*, New York: Russell Sage Foundation, 1976.

村无论是在经济发展还是社会环境上都较城市落后一些，其生活质量不具备可比性。当然，这并非是指城市之外其他地区生活质量要低于城市，因为即便是站在客观的角度来思考城市生活质量，也会存在一些主观的评价因素。如生活压力、社会安定与秩序、社会公平程度等，这类指标都是建立在居民个体的主观评价之上的，这也可以解释为什么会出现非城市地区生活质量可能高于城市的原因。从总体上来看，城市生活质量包含了更多的客观指标与因素，并与其他地区生活质量存在差异性。

另一方面，生活质量的差异性还体现在不同的群体之间，如白领同蓝领之间对生活质量内容与衡量指标就会存在差异。本书研究的重点在于考察女性生活质量的独特性。（1）在生理上，女性不如男性强健，女性生理期的客观存在及孕育角色使得其在生理上需要获得特殊照顾；（2）在心理上，由于女性社会角色的多样性及其重心向家庭倾斜的实际情况，在生活质量的内容选取上会更多地侧重于家庭生活和情感生活的相关内容。因此，在选择女性生活质量评价指标时应注意同一般居民生活质量或男性生活质量进行区分，要充分考虑女性社会地位和女性角色的特殊性与多样性。

除了群体之间的差异之外，同一群体由于所处环境、文化背景等诸多因素也会存在差异，不同的文化和价值体系导致女性在对生活质量内容和标准的选择上存在差异性。例如相对于东方女性更重视家庭生活而言，西方女性可能会偏重于个人发展与事业；再如农村女性在评价生活质量时，可能不会像城市女性那样注重基础设施便利程度等。根据不同的标准，可以将女性生活质量按特定的群体进行划分，如朱玲怡、孙进就是依据受教育程度这一标准将高知女性的生活质量同一般女性的生活质量进行区分研究①，而王哲蔚、高晓玲等则是以年龄阶段和生理特征来进行区分②。

有鉴于此，结合本书研究的初衷与目的，在这里将研究问题限定为我国的城市女性生活质量，即在我国这样一个大的制度背景与文化价值体系下居住在城镇范围内的女性的生活环境与条件，及其对生活现状的主观评价与感受。当然，需要注意的是，城市女性生活质量包含的内容非常之

---

① 朱玲怡、孙进：《高级知识女性人口工作生活质量调查》，《中国人口科学》1995 年第 3 期，第 34 页。

② 王哲蔚、高晓玲等：《更年期妇女健康和生活质量及其影响因素调查》，《中国妇幼保健》2003 年第 5 期，第 295 页。

广，如女性的身心健康、家庭生活状况、工作、社会与自然环境等。本书则是站在公共管理与制度供给的角度来思考这一问题，因此需要将城市女性生活质量的研究范围缩小，以便研究内容的聚焦。在接下来的一部分将重点探讨制度供给的相关定义与内涵，以此来划定与其相关的城市女性生活质量的内容范围。

二 制度供给及相关概念

（一）制度

本书将采用新制度经济学关于制度的理解，将其定义为"由人制定的规则"①，这些规则涉及社会、政治及经济行为②，这是对制度的广义理解。或者说我们可以将制度看作"影响人们经济生活的权利和义务的集合"③。同时，制度也可以被定义为"限制、解放和扩张个人行动的集体行动"④，采用这种理解主要是因为制度发挥作用的方式包括以下两个方面：（1）禁止人们从事某种活动；（2）规定在特定条件下人们可以被允许从事某种活动。⑤

理解制度最基本的定义仅仅是第一步，为了更好地理解本书关于制度的理解和分析视角，还需要界定制度的分类。依据制度形成与作用原理，可以将其划分为正式制度与非正式制度⑥。前者是人为创造设计出来的，因此是基于理性建构的制度，其履行与功能发挥是建立在强制力保障的基础之上的，这类制度包括法律、法规、公共政策等；后者则在人与人的行为互动过程中逐渐演化出来，并依靠行为个体自觉遵行与维护得以发挥功能，这类制度包括习俗、道德、文化等⑦。

---

① ［德］柯武刚、史漫飞：《制度经济学：社会秩序与公共政策》，韩朝华译，商务印书馆2008年版，第32页。

② ［美］T. W. 舒尔茨：《制度与人的经济价值的不断提高》，载［美］R. 科斯、A. 阿尔钦、D. 诺斯 等《财产权利与制度变迁》，刘守英 等译，上海人民出版社1994年版，第253页。

③ ［美］丹尼尔·布罗姆利：《经济利益与经济制度：公共政策的理论基础》，陈郁 等译，上海人民出版社2012年版，第49页。

④ 同上书，第52页。

⑤ ［美］道格拉斯·诺思：《制度、制度变迁与经济绩效》，杭行译，上海人民出版社2008年版，第4页。

⑥ 注释：有很多学者将制度界定为内在制度与外在制度或非正式规则与正式规则。

⑦ ［德］柯武刚、史漫飞：《制度经济学：社会秩序与公共政策》，韩朝华译，商务印书馆2008年版，第36页。

此外，要充分理解制度还需要认识到它的另一个特性，即制度实施的形式与有效性①。许多学者又将其理解为实施机制，这实际上是关于制度的应然效果与实然效果的问题。一般情况下，由于制度无法掌握所有可预见和不可预见的情况，会导致制度的不完整与不完备情况，进而引发个体行为与规则的背离，背离的形式包括直接对抗或是隐性违背。这在基于理性建构基础之上的正式制度或外在制度中体现得尤为明显，这是由于个体本身"理性无知"与"建构性无知"导致个体不可能完全预见和规范所有的行为情形，因此为其行为的背离提供了可能，从而降低制度的有效性。

在前文界定城市女性生活质量时，笔者特别强调将这一问题放在特定的制度环境之中，这是因为生活质量同制度环境息息相关。这种关联主要包括以下两个方面：（1）客观条件，包括了女性的生活、工作环境与条件。如通过法律的形式出台男女同工同酬、禁止性别歧视等政策，可以有效地提升女性的生活质量。而在那些对女性生存状况缺乏制度保障的国家，将或多或少会直接降低女性的生活质量。如在伊斯兰教为主流信仰的中东国家，女性的社会地位较低，这甚至体现在法律规定上，都不利于改进社会中女性的整体生活质量；（2）主观评价，主要是指女性对生活质量内容和衡量指标的选择。根据笔者对制度的界定，制度包含了文化、习俗等非正式规则，而这些都可以对女性的价值选择产生影响。如在崇尚个人自由的西方社会，女性除了重视家庭生活之外也看重个人发展；而在传统的东方社会，女性则是更多地将家庭作为自己的生活重心，因而其生活质量评价也更偏重家庭生活等因素。可以看到，制度对主观评价的影响主要是非正式制度方面。当然也要意识到，制度处于一个逐渐演化变动的过程中，随着其不断地演化，女性对生活质量内容和衡量指标的选择也会发生改变。如快速的城镇化进程使得原先农村女性关于生活质量的评价也随着传统观念的改变而发生转变。制度对女性生活质量的影响方式可以用图 1-1表示：

在考察了制度对女性生活质量产生影响的方式之后，需要结合制度本身发生运作的机理，以此来考察如何通过改进制度形成与作用机理来提升

---

① ［美］道格拉斯·诺思：《制度、制度变迁与经济绩效》，杭行译，上海人民出版社 2008 年版，第 12 页。

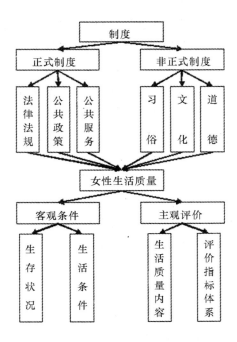

图1—1　制度对女性生活质量的影响方式

女性生活质量。接下来将考察制度供给的界定及含义，以作为女性生活质量改进的路径与基础。

（二）制度供给

前文对制度进行了一个基本界定，实际上女性生活、工作以及其他的一切活动都是在特定的制度背景之下进行的，不仅要考察特定制度下的状况，也要考察制度生成的机制以及演化的可能，这样才符合现实的发展状况。因此，需要给出制度供给的定义。所谓制度供给是指为规范行为个体而采用的各种准则和规则的一整套机制或过程。[①]

要进一步理解这一概念，还需弄清以下几个方面的含义：（1）制度需求，是指个体、群体乃至于社会对某一特定规则的需求程度。很多制度经济学家将制度供给与制度需求作为两个相对的概念，还提出了"需求—供给"的制度分析模式。由于个体行为存在复杂化和层次化这样的特征，所以就会带来行为互动的非可测性、非稳定性。因此，需要一套有序

———————————

① 卢现祥：《西方新制度经济学》，中国发展出版社1996年版，第20页。

的规则或机制，来稳定和牢固社会经济活动中人与人之间的互动行为关系，从而提升个体行为选择能力；① （2）制度供给主体，是指形成并维持某一特定规则的个体或者集体。实际上，关于制度供给主体，学界还存在诸多争论。很多新自由主义的支持者坚信制度供给的"无主体论"或是"主体无效论"。因为在他们看来，交易费用的变化以及个体偏好的改变对外部利益的产生存在一种诱致性效果，从而成为制度需求的动力机制。也有很多学者指出由于个体认知的局限性，如结构性无知或理性无知，加上"搭便车"（Free Rider）情况的存在，很多时候即便是存在制度需求，也难以形成制度供给②。因此，需要一个主体来推动制度供给的进程。道格拉斯·诺思在制度供给主体的分析范式中将国家和政府纳入了进来，并将其视为制度供给主体当中的"第一行动集团"③，这是因为在诺思看来，政府的强制性方案可能会产生极高的收益，同时每个参与者都受制于政府的强制性权力；④ （3）制度供给的类别，这里是指准则与规则的类别。正如前文所指出的，制度包括了正式制度与非正式制度，这都是由制度供给产生的。制度供给的类别与主体之间存在一定的关联，通常情况下，无主体的制度供给⑤多是自我演化形成，更多的是诸如文化、习俗这样的非正式制度。而由国家、政府这样的主体提供的制度多是诸如法律、法规这样的正式制度，这种制度供给类别相对于前者具有建构性、强制性等特点。当然，这种类别划分并不是绝对的，两者之间可以相互转换。如国家、政府可以将习俗、道德规范上升到法律层面，而后者也可能内化为前者；（4）制度供给的方式，这里是指准则与规则形成、发挥作用的机制。以制度供给主体和类别为依据进行区分，制度供给的方式可分为自我演化型与强制型两种。前者是在个体行为互动与交往过程中为了节约交易费用而

---

① ［美］丹尼尔·布罗姆利：《经济利益与经济制度：公共政策的理论基础》，陈郁 等译，上海人民出版社 2012 年版，第 28 页。

② 王寅：《西方新制度经济学的最新发展》，《河北学刊》1999 年第 3 期，第 59 页。

③ Lance Davis, Douglass North, Institutional Change and American Economic Growth: A First Step Towards a Theory of Institutional Innovation, *The Journal of Economic History*, Vol. 30, No. 1, 1970, pp. 133—134.

④ ［美］L. E. 戴维斯、D. C. 诺斯：《制度变迁的理论：概念与原因》，载 ［美］R. 科斯、A. 阿尔钦、D. 诺斯等《财产权利与制度变迁》，刘守英 等译，上海人民出版社 1994 年版，第 276 页。

⑤ 注：无主体的制度供给是指在个体行为交互过程中自我演化形成的制度及其机制。

自我形成的制度，需要依靠个体的自觉遵守来维持。而后者则是制度供给主体出于节约交易费用或是主体利益而理性设计的制度，需要依靠主体的强制力来维持；（5）制度供给的有效性机制，这里是指不同制度供给方式的实施效果。自我演化型制度供给的实施效果取决于规则约束个体的文化背景关联度及其对制度认知的关联度，即特定的文化与习俗对个体产生效果的前提条件在于个体对该文化与习俗的认同感。而强制型的制度供给的实施效果则取决于正式制度同非正式制度的契合度、制度约束个体对规则的认同程度以及主体的强制性保障水平。

此外，探讨制度供给还需要将其同制度变迁联系起来，这是因为前一个概念并非是一个静态的概念，制度供给是一个过程，在这一过程中主体、类别、形式、有效性机制都可能发生变化。如在女性生活质量问题上，由母系氏族社会转向父系氏族社会再到封建社会，可以看到女性地位的逐渐变化，这种变化是由文化及习俗这样的非正式制度内嵌加以巩固的①。而在封建社会末期向工业社会时期的转型阶段，由于女性思想解放及女权运动的兴起，对于增强女性社会地位的相关制度的需求越来越强烈，而此时的制度供给则是由国家或政府来加以保障和实现的。由此可以看到，女性生活质量问题的制度供给就是处于一个不断变迁的过程中。

所谓制度变迁，是指新制度或制度结构产生，并替换或改变旧制度或制度结构的过程。实际上，制度变迁可以被理解为"有关界定个人选择集的关系的变化"②。而通常情况下变迁的方向是向更为有效、更能节约交易费用的制度演化③。在这一动态过程中，还需要考虑制度变迁的主体、动力、方式与效率等相关问题。前面提及的女性社会地位的制度变迁，就涉及这一系列问题，这一点将在后文中进行详细论述。正是由于两者的动态关联性，需要将制度供给与制度变迁结合起来进行考察，以便弄清女性生活质量改进的可能性、动力与方式等相关问题。

---

① ［美］道格拉斯·诺思：《制度、制度变迁与经济绩效》，杭行译，上海人民出版社2008年版，第62页。

② ［美］丹尼尔·布罗姆利：《经济利益与经济制度：公共政策的理论基础》，陈郁 等译，上海人民出版社2012年版，第129页。

③ 卢现祥：《西方新制度经济学》，中国发展出版社1996年版，第72页。

第二节　文献综述

一　国外文献综述

(一) 对生活质量的研究

国外对生活质量的研究始于 20 世纪 20 年代的美国，这是由于随着经济社会不断发展，民众越来越重视改善自己的生活条件与环境。早在 1927 年，美国学者威廉·奥格博 (William Ogburn) 就开始关注生活质量这一议题，在他的组织下，斯坦福大学的胡佛研究中心发表了一本题为《近期美国社会动向》的著作，针对美国民众当时生活的方方面面进行了细致的描述与讨论。① 而生活质量这一概念被明确提出是在 20 世纪 60 年代，美国经济学家约翰·肯尼思·加尔布雷思 (John Kenneth Galbraith) 在 1958 年出版的《富裕社会》(The Affluent Society) 一书中首次提出了 "生活质量" (Quality of Life) 这一概念②。根据他的理解，生活质量是指人们由便利程度、舒适生活以及其他因素带来的精神上的愉悦和享受③。进入到 20 世纪 60 年代之后，由于对生活质量进行研究的领域和内容逐渐扩展，原先对生活质量这一概念的理解也逐渐得到延伸和发展。这一阶段对生活质量的理解不仅包括情感和心理健康，还包括认知程度的拓展和满意程度。在 1965 年，海德雷·坎吹尔 (Hadley Cantril) 首次采用生活质量这一概念进行了比较研究，通过收集欧美 13 个发达国家的相关数据和资料来比较其公民的生活满意度和良好感觉④。而诺曼·布拉德本 (Norman M. Bradburn) 则从积极反应和消极反应这两个维度来考察人们的幸福感 (Psychological Well – Being)⑤。对于生活质量研究具有标志性意义的则是 1966 年美国经济学家鲍尔 (Raymond A. Bauer) 在其主编的《社

---

① 易松国：《生活质量研究进展综述》，《深圳大学学报》（人文社会科学版）1998 年第 1 期，第 106 页。

② 冯立天：《中国人口生活质量研究》，北京经济学院出版社 1992 年版，第 1 页。

③ ［美］约翰·肯尼思·加尔布雷思：《富裕社会》，赵勇译，江苏人民出版社 2009 年版，第 2 页。

④ 易松国：《生活质量研究进展综述》，《深圳大学学报》（人文社会科学版）1998 年第 1 期，第 107 页。

⑤ Norman M. Bradburn, *The Structure of Psychological Well – Being*, New York：Walter de Gruyter, Inc., 1969.

会指标》论文集中以生活质量作为核心概念开创了独立的研究领域，同时这也被认为是生活质量研究领域的里程碑①。而《社会指标》一书的出版则正式标志着社会指标研究与生活质量研究的分野，其概念也发生了新的变化，更具学术规范的生活质量概念是指个体对生活环境以及社会环境的各种感受。生活质量研究的独立化引起了广大学者对该领域研究的重视，并掀起了生活质量研究的热潮。如根据美国心理学家安格斯·坎贝尔（Angus Campbell）的研究和界定，生活质量是指个体对生活幸福程度的总体感觉②。而社会学家林南则是站在整体的角度来认知生活质量，将其视作行为个体对生活状况的总体评价③。从生活质量研究的走向来看，这类研究都倾向于从个体的主观指标出发来思考生活质量问题，从认知、情感和反馈三个不同层面开发出与生活质量相关的满意度、幸福感和社会积极性这三个不同的指标。

相对于美国这种倾向于对生活质量进行主观测度的研究趋势，早期欧洲对生活质量的研究则更侧重于从客观条件出发。但从最近的研究趋势来看，已经呈现一种主、客观相结合的趋势。正是在这种趋势的影响下，目前对生活质量的相关研究无论是在视角上还是观点上都对早期的研究作了较大的修正，通过强调主观幸福衡量以及客观生活条件各自的重要性与关联性，避免由于偏重某一方可能导致的遗漏。主观指标是从个体的角度出发，属于微观层次，主要考察社会成员个体对生活的主观评价。相对而言，客观标准则是从某一地区、国家乃至整个社会出发，这是一个宏观的层次，考察涉及生活环境以及资源配置这样的客观指标，偏重于客观的物质生活条件和环境，而不是非物质的因素。无论是忽视社会成员个体的主观感受和满意度还是客观的社会条件，都容易导致两者的不一致，甚至会相差甚远。因此，为了避免这种情况，应该将生活质量的主观指标和客观指标有机地结合起来，在分析方法上应采取定量与定性相结合的方式，发挥各自的优势。

从国外对生活质量的研究来看，美国与欧洲对这一领域的研究在侧重

① Raymond A. Bauer, *Social Indicators*, Massachusetts：The MIT Press，1967.
② Angus Campbell，Philip E. Converse，Willard L. Rodgers, *The Quality of American Life*：*Perceptions*，*Evaluations and Satisfactions*，New York：Russell Sage Foundation，1976.
③ ［美］林南、卢汉龙：《社会指标与生活质量的结构模型探讨——关于上海城市居民生活的一项研究》，《中国社会科学》1989 年第 4 期，第 75 页。

点上各有不同，根据这种差异，又可以将生活质量的研究划分为北美学派和欧洲学派：前者更倾向于考察微观个体的满意度，用主观因素来构建生活质量的指标；后者则倾向于选取宏观的社会生活客观标准来构建生活质量指标体系。

尽管不同的学派由于侧重点的差异，对生活质量的研究方法和内容也会存在差异，但国外学者关于生活质量的研究在整体上还是存在共识的，主要体现在以下几个方面：（1）生活质量是一个全方位、立体化、动态化的概念，其研究也应该更加全面，需要考察多种影响因素。如既应该考察社会环境以及整体物质生活条件这样的客观因素，也应该考察文化背景、个体主观反应这样的主观因素；（2）就生活质量的客观标准而言，应该反映出特定社会背景下的文化规范，如西方社会中对物质财富追求这样的文化规范，都应直接体现在生活质量的指标体系中；（3）生活质量的主观标准会存在异质性，由于个体的生活环境、背景以及认知上的差异，其对生活质量的理解和衡量也会存在差异，因此要准确区分人群，制定科学的衡量标准。

（二）对生活质量指标体系的研究

生活质量的研究中最为重要的一个内容就是指标体系，其科学性直接决定了生活质量研究的最终结果。实际上，国外围绕生活质量及其指标体系构建的相关研究是在历史变迁和民众关注福利的过程中不断深入展开的①。从国外的相关研究来看，指标体系的建立基本包括了经济学、心理学和社会学三种不同的模式，分别是"扩展"模式、主观心理模式、社会指标模式。

1. "扩展"模式

该模式是以经济学为基础，以 GDP 作为基本评价单位，通过考察个体消费和资本账户来形成生活质量的指标体系，具体包括"真实进步指数"、"经济福利测算"和"可持续性经济福利指数"等指标。在该模式的传统划分中，通常将其内容划分为两种福利价值：一种是以工作、货币为主的可市场化、价格化的福利价值；另一种是以休闲、娱乐为主的非价格化的福利价值。这一模式对社会、经济发展产生的各种生活质量影响有

---

① 吴姚东：《生活质量：当代发展观的新内涵——当代国外生活质量研究综述》，《国外社会科学》2000 年第 4 期，第 51 页。

较高的敏感性，尤其在 20 世纪 80 年代后，该模式下的生活质量指标已经能够反映各种不同的社会与经济问题，如贫富差距、环境污染导致的生活质量下降等。

2．主观心理模式

这一模式建立在社会心理学基础之上，它承认存在指标的主观性，因此这一模式更看重个体的心理活动、精神生活对衡量指标的影响。1957年美国学者古瑞（Gerald Gurin）首次采用主观心理模式进行了生活质量的调查。在这一模式的指导下，他更侧重于考察个体的精神疾病问题①。这种研究趋势在 20 世纪 60 年代开始向更宽泛的领域发展，主要体现为这一模式在关注个体情感与心理健康的同时，也开始意识到个体生活的认知度和满意度对生活质量的影响，而对后者的研究逐渐成为主观心理模式的主要内容。其中，美国社会学家坎贝尔（Angus Campbell）和林南对生活质量的研究正是基于改进后的主观心理模式，倾向于开发个体的主观评价标准。

3．社会指标模式

20 世纪 60 年代到 70 年代中期，"社会指标"运动风靡了整个西方国家，该运动设定了生活质量的诸多指标，具体包括住房、医疗、教育、环境质量、平均寿命、犯罪率等客观指标，甚至还包括了诸如言论自由、政治自由这样的主观指标②。在当时，这一运动形成了一些较为有影响的指标体系，如"物质生活质量指标"和"社会进步指标"等。在 20 世纪的最后十年也曾出现过"人类发展指标"。

（三）对女性生活质量的研究

国外对女性生活质量的关注与探讨最初是迫于女权运动的发端与兴盛，如美国 20 世纪 20—30 年代及 50—60 年代两次大规模的女权运动对美国社会及政府带来了较大的影响，此后不仅是学界开始研究女性生存状况与生活质量问题，政府也着手通过政策改进等实践对女性社会问题进行调整。这些都促进了国外对女性生活质量研究的发展。

早在 20 世纪 20—30 年代，美国劳工部妇女管理局（United States De-

---

① Gurin G., Veroff L., Feld S., *Americans View Their Mental Health*, New York：Basic Books, 1960.

② 吴姚东：《生活质量：当代发展观的新内涵——当代国外生活质量研究综述》，《国外社会科学》2000 年第 4 期，第 53 页。

partment of Labor, Women's Bureau) 为促进女性保护立法和社会福利政策的制定，对女性就业进行了广泛而深入的调查研究，留下了一大批有关女性工资、工时、就业环境和失业状况的丰富资料，为后来学术界研究该时期女性就业状况打下了基础。

进入 20 世纪 70 年代，国外对女性生活质量的研究由原先的理论与实践分离逐渐变为互相融合，更强调理论研究对现实的指导意义，因此这一时期的研究重点也由单纯的历史和理论研究转变为对女性生活指标的测定与评估。通过对指标的测定与评估，为政府相关部门的政策制定提供咨询与服务。此后，国外对女性生活质量的研究更加细化和具体，主要体现在女性生活质量指标的不断细化上。如幸福感指数（Index of Well – Being）作为最具代表性的生活质量指标体系被引入女性生活质量的研究。政策导向功能是这一测量指标的主要特点，通过对这些指标数据的监测并预测其变动状况，为政策制定者提供相应的政策，以此来帮助女性改善和提升其生活质量，进而实现社会的整体良性运作。

近些年来，随着社会学、经济学、行为学等多种学科更广泛地被运用于女性生活质量问题的研究，更为复杂的女性生活质量指标体系应运而生。从总体来看，国外对女性生活质量的研究侧重于实践与应用，在指标体系上也更加细化，除了客观生活质量的研究外，也越来越重视从主观上进行考察。

二　国内文献综述

（一）对生活质量的研究

20 世纪 70 年代后期，随着改革开放逐步推进，社会各界开始关注生活质量问题，我国学界也开始对这一领域进行初步探讨和研究。进入 80 年代后，对生活质量这一课题的研究逐渐深入，这一时期研究的目标主要集中于对生活质量的评估标准和方法上。20 世纪 90 年代中期，由国家统计局以及相关部门共同制定了全国范围内小康生活质量的量化标准。在这一指标体系中，包含了收入水平、消费与支出结构、生活环境等指标，此外还包含了反映居民健康和文化状况的指标。从目前国内对生活质量的相关研究来看，研究的视角跨越了诸多专业和领域，包括经济学、人口学、社会学、心理学等。

1. 从经济学角度出发的生活质量研究

首先站在经济学角度来思考生活质量问题的是我国的经济学家厉以宁，他在1986年出版的著作《社会主义政治经济学》中从经济学角度定义了生活质量。根据他的理解，生活质量是一种反映社会成员个体生活和福利状况的指标，其又包括自然和社会两个方面的内容。前者是指成员个体生活所处的自然环境的指标；后者则是指科教文卫、交通、社会治安与风气等指标[1]。从厉以宁对生活质量的界定来看，其高低是同成员个体福利水平挂钩的，在实际收入不发生改变的情况下，通过改进诸如自然环境或其他社会环境因素实现帕累托改进，同样可以实现生活质量的提高与福利的增长。就这点而言，站在经济学角度来研究生活质量，主要还是考察经济发展程度对个体生活水平带来的影响，通过建立生活质量同个体福利之间的关联来衡量其高低。站在经济学角度思考这一问题的学者将经济发展作为生活质量界定的基础，赞同这一观点的还有朱国宏、冯立天等学者。朱国宏将生活质量定义为特定经济发展阶段下社会成员生活条件的总体状况[2]，而冯立天则是站在一个国家和区域的角度，将生活质量界定为特定区域下社会成员生活条件的高低程度[3]。无论是从时间阶段出发还是从区域出发，从经济学角度思考生活质量问题的学者都倾向于从一种宏观的层面考察客观的指标。

2. 从社会学角度出发的生活质量研究

除了站在经济学角度研究生活质量之外，另一个主流路径是采用社会心理学的相关理论来思考这一问题，这一路径以林南与卢汉龙为典型代表。根据林南的定义，生活质量是"对于生活及其各方面的评价与总结"[4]，他将生活满意度作为生活质量的度量指标，这一指标体系又包括工作、环境与家庭三个不同方面的满意度，林南于1985年采用这一指标体系对天津的数千户居民进行调查问卷分析。此后，在这一界定和指标体系上，林南和卢汉龙对其进行了修正和改进，将生活质量界定为"人们

---

① 厉以宁：《社会主义政治经济学》，商务印书馆1986年版，第523页。
② 朱国宏：《中国人口质量研究的定向历程》，《社会科学战线》1995年第4期，第47页。
③ 冯立天：《中国人口生活质量研究：小康生活质量目标的进程与省际比较》，《人口与经济》1995年第6期，第4页。
④ ［美］林南、王玲 等：《生活质量的结构与指标——1985年天津千户户卷调查资料分析》，《社会学研究》1987年第6期，第73页。

对生活环境的满意程度和对生活的全面评价"①，并将原先的三个满意度细化为个体对生活满意度、个体对精神生活满意度以及社会反馈行为三个方面，而这三个方面又分属于认知、情感、行为三个不同的层面。林南与卢汉龙采用新的生活质量指标体系于1987年对上海市居民的生活质量状况进行了研究。

除了林南与卢汉龙对生活质量的界定和研究之外，还有其他学者从不同的角度对这一领域进行了研究。如周长城对生活质量进行了一个综合的界定，根据他的理解，生活质量是指"社会提高国民生活的充分程度和国民生活需求的满足程度，是建立在一定物质基础条件上的社会全体对自身及社会环境的认同感"②。在这一界定基础之上，他提出我国现阶段的生活质量研究应该更多地注重考察社会为公共领域提供的生活需求满足程度，即生活质量着重以社会条件层面（公共领域）为主。③

（二）对生活质量指标体系的研究

对生活质量研究的另一个重点在于生活质量的指标体系。在这一领域的研究上，国内学者大多是学习和吸收国外学者的研究成果，并根据我国国情提出自己的指标体系。如赵彦云、王作成在瑞士洛桑国际管理学院（IMD）制定的国际竞争力评价指标体系的基础之上，构建了反映生活质量的指标体系框架。这一框架包括了以下11个方面的内容：总体经济的发展水平与实力；收入分配情况与差距；消费水平与消费支出结构；通信能力、信息渠道以及信息化水平；交通基本情况以及居民出行便利程度；健康水平以及医疗保障水平和条件；就业机会与就业保障水平；居民受教育机会与教育水平；社会的公平、安全和稳定程度；城乡差距与城市化水平；综合生活水平。④

从近些年国内关于生活质量指标体系的研究来看，同国外相关研究的趋势一样，呈现出主、客观方面的指标内容相融合的走势。许多学者指

---

① ［美］林南、卢汉龙：《社会指标与生活质量的结构模型探讨——关于上海城市居民生活的一项研究》，《中国社会科学》1989年第4期，第75页。

② 周长城：《主观生活质量：指标构建及其评价》，社会科学文献出版社2008年版，第13页。

③ 周长城、饶权：《生活质量测量方法研究》，《数量经济技术经济研究》2001年第10期，第74—75页。

④ 赵彦云、王作成：《我国生活质量的国际比较》，《北京市第十二次统计科学讨论会论文选编》，北京，2003年9月，第9—15页。

出，尽管个体对生活质量的衡量是主观标准，是因人而异的，但都包含了物质和精神两个不同的方面，或者说是生活质量的客观和主观因素。前者是指人们对生活质量物质方面的客观评价标准，而后者则是指一种主观评价标准，采取这种区分表明社会成员对生活质量的评价存在两个不同的方面，无论是与生活质量相关的物质条件还是个体的主观评价都会影响到生活质量的高低。这两个方面中的任一因素都只是构成个体对生活质量评价的必要条件，而非充分条件。为了避免单纯从其中一方出发界定和制定生活质量标准可能导致的缺陷，需要将主、客观两个方面有机结合起来才能全面地考察和反映生活质量的高低状况。

从总体来看，国内对生活质量内涵和指标的研究涉及以下四个方面内容：（1）社会成员生活条件的充分程度及其对生活条件与环境的满意程度；（2）社会成员生活条件中非物质方面条件如个体健康、社会环境等，及其对非物质生活条件的评价与满意度；（3）影响社会成员生活质量的非经济要素的状况如社会关系及自然环境等，以及社会成员对非经济要素的满意程度；（4）社会资本积累程度、社会凝聚力以及可持续发展的能力，以及社会成员对这些指标的评价和满意度。

（三）对女性生活质量的研究

目前国内对生活质量的研究多是从社会整体出发研究其内涵以及评价指标，是一种宏观的研究，缺乏对特殊群体的相关研究，尤其是对城市女性生活质量这一领域的研究较为薄弱。我国许多学者对女性生活质量的关注和研究多集中于女性的身体和心理健康、工作环境、家庭状况以及主观幸福感等方面。针对我国女性生活质量的主要研究方向及具有代表性的相关研究成果如下：

1. 对女性生活现状的研究。这类研究侧重于对女性生活状况进行描述，如汪洁和郝麦收通过在天津市开展"女性生活状况"随机调查，专门针对女性的择业、择偶、婚姻及休闲等状况进行了深入分析。结果显示，城市女性择偶最重人品，传统的婚姻道德观正在瓦解，同时她们在职业选择上存在缺乏适应和创新的状况。可见这一研究偏重于对于女性生活观和价值取向的分析。[①] 同样对女性生活状况进行调查分析的还有楼丽华

---

① 汪洁、郝麦收：《当代城市女性生活观探析——天津市女性生活状况调查与分析》，《理论与现代化》2005 年第 5 期，第 73—77 页。

和沃兴德等人，他们在 2003 年调查了 3141 位在浙江省内城市和农村生活的女性，从受教育程度、婚姻生育、生活状况、参与健身运动四个方面来反映现代女性的生活现状。① 这一研究偏重于从物质和生理医学的角度分析女性生活状况，因此可能会忽略一些社会性和精神性因素。

2. 对女性生活质量指标体系的研究。同实证研究相比，这类研究更侧重于通过某种理论的引入或模型的构建，从规范上设计女性生活质量的指标及其体系。如华中科技大学社会学朱玲怡教授则是以高级知识女性作为研究对象，考察了其生活质量。她构建了女性生活质量分析的指标框架，将工作和家庭生活这两个大的指标细分为工作条件、工作满意度、工作组织中的价值取向以及身心健康等二级指标。根据这一指标，朱玲怡以高校的高知女性为对象，进行了调研并作了定量分析。② 而重庆大学的吴绍琪教授同样关注高知女性群体的生活特征，以心理学和行为学为视角探讨了这一群体生活质量指标的构建，包括指标建立的原则、内容及其方法。工作、家庭生活、娱乐、健康及生活环境等影响因素在其构建的指标体系中都有所体现。③ 实际上，界定与设计生活质量指标体系是对女性生活质量进行研究的第一步，因此对这一领域的研究既是焦点也是热点，从目前国内对女性生活质量指标体系的研究来看，主要还是从主观及客观两个方面着手进行设计。

3. 对女性生活质量的实证研究。这类研究通常在一定的指标体系下，基于大范围的问卷调研，通过实证分析来了解目前女性生活质量的基本状况，并提出对策建议。如华坤女性生活调查中心和中国妇女杂志社从2006—2013 年持续每年发布《女性生活蓝皮书》，其中包括有中国女性生活状况报告、女性健康和消费状况的相关调查报告等④。这一系列蓝皮书立足于较广泛的问卷调查与数据分析，通过考察我国女性的工作现状、身心状况、家庭生活、物质及精神生活以及文教娱乐生活等各方面内容，来

① 楼丽华、沃兴德等：《现代妇女生活状况调查》，《第十一届全国中医及中西医结合乳腺病学术会议论文集》，桂林，2009 年 10 月，第 477 页。

② 朱玲怡、孙进：《高级知识女性人口工作生活质量调查》，《中国人口科学》1995 年第 3 期，第 34—37 页。

③ 吴绍琪、陈千：《高级知识女性群体主观生活质量指标体系初探》，《中华女子学院学报》2005 年第 4 期，第 56—59 页。

④ 韩湘景：《中国女性生活状况报告 No. 7（2013）》，社会科学文献出版社 2013 年版，第 2—3 页。

揭示目前我国女性生活质量的基本情况，反映女性对生活质量改进的需求和期望。针对我国女性生存状况以及生活质量进行长期研究的还有上海社会科学院的徐安琪。通过对 1996—1999 年的文献资料进行梳理研究，徐安琪考察了 1995 年北京召开第四次世界妇女大会之后 5 年间的中国女性的基本状况，对其家庭地位与生活质量进行了较为系统的回顾与评价，针对存在的问题进行了反思并提出了对策建议。[①] 黄立清则是根据中国城市居民主观幸福度指数来考察中国城市女性对生活质量的满意度，通过在山东省内进行抽样调查来揭示当前我国城市女性的主观幸福度，并根据当前城市女性对生活质量评价的状况提出了提高主观幸福度的对策建议。[②]

4. 对女性生活质量某一具体内容的研究。这类研究侧重于探讨影响女性生活质量的某一具体方面。如南开大学人口与发展研究所的谭琳教授站在计划生育的角度对我国女性生活质量问题展开了深入的研究，通过考察计划生育政策与女性生活质量之间的关联，勾勒出了两者之间的相互关联图，据此提出通过实行计划生育政策来提高我国女性生活质量的几种可能途径，并指出女性生活质量的提高反过来能对计划生育工作产生促进作用。[③] 徐安琪则从家庭夫妻权利和女性家庭地位的角度切入，提出通过评估女性个人意见对于家庭决策的影响力、家务分工等指标来考察女性对于婚姻的主观满意度。[④]

5. 对不同类别女性群体生活质量的研究。女性群体也存在差异，因为年龄、教育程度、家庭条件、生活地域等各方面的差异，会造就不同类别的女性群体，其对生活质量的理解也各不相同，这类研究专门围绕某一类别女性群体及其生活质量展开。比如朱玲怡教授和吴绍琪教授都是以高级知识女性作为研究对象，考察了其生活质量。朱玲怡在调查结论中指出，高校高知女性在精神需求方面要求更高，对目前的精神生活满意程度较高，但相对而言物质生活条件较差，对物质生活的满意度不高，而且扮

---

① 徐安琪：《中国女性的家庭地位和生活质量——来自实证研究的报告》，《妇女研究论丛》2000 年第 3 期，第 29—30 页。

② 黄立清：《城市女性主观生活质量初步研究》，《中国妇幼保健》2004 年第 8 期，第 52—53 页。

③ 谭琳：《中国妇女的生活质量与计划生育》，《人口研究》1994 年第 3 期，第 2—9 页。

④ 徐安琪：《夫妻权利和妇女家庭地位的评价指标：反思与检讨》，《社会学研究》2005 年第 4 期，第 134—150 页。

演家庭妇女和职业女性的双重角色使其负担过重。① 吴绍琪教授同样从高知女性群体的生活特征出发，以心理学和行为学为视角探讨了这一群体生活质量指标体系的构建。② 此外，罗萍教授以高校女教职工为研究对象，通过对这一特定群体的夫妻关系、家庭地位、家务劳动以及她们对于婚姻生活的满意度等具体内容进行问卷调查，据此分析目前我国高校女教职工的婚姻生活质量，揭示不同层次女性婚姻生活质量的差异性，并提出亟待改善的问题和对策建议。③ 而陈向一等人专门针对已婚育龄女性的生活质量及其影响因素进行调查和实证分析。结果表明，已婚育龄妇女的客观生活质量根据人口来源而有所不同，而主观生活质量则主要由其人格、收入、生活环境以及社会支持等因素决定。④ 此外，王哲蔚、高晓玲等人以更年期女性这一特殊群体为研究对象，考察了其生理变化与社会环境同更年期妇女身心健康与生活质量之间的关联度。她们选取了 3 个代表不同经济文化程度的区县，随机向 2800 名年龄在 40—60 岁之间的妇女发放调查问卷进行了分析。⑤ 研究角度相似的还有颜江瑛等学者的研究，她们考察了年龄在 30—50 岁之间的在岗工作的女性生活质量状况。调查显示，处于这个年龄层的女性在物质生活上有了明显而稳步的提高，但同时却有一些身体健康和心理健康问题，这一类研究主要是从医学的角度来考察特殊女性群体的生活质量问题。⑥

6. 对城市女性生活质量的研究。这类研究将研究对象进一步缩小到城市范围，研究城市女性生活质量的特性。比如，刘晓霞和邢占军专门针对我国城市女性的主观幸福感进行了考察。调查结果显示，影响城市女性主观幸福感的最主要因素包括女性的年龄、学历、收入以及婚姻状况，而

---

① 朱玲怡、孙进：《高级知识女性人口工作生活质量调查》，《中国人口科学》1995 年第 3 期，第 34—37 页。

② 吴绍琪、陈千：《高级知识女性群体主观生活质量指标体系初探》，《中华女子学院学报》2005 年第 4 期，第 56—59 页。

③ 罗萍、李虹：《武汉大学女性教职工婚姻生活调查分析》，《中华女子学院学报》2003 年第 1 期，第 24—27 页。

④ 陈向一、江捍平：《深圳特区已婚育龄妇女的生活质量及其影响因素》，《中国临床心理学杂志》1999 年第 3 期，第 138—142 页。

⑤ 王哲蔚、高晓玲等：《更年期妇女健康和生活质量及其影响因素调查》，《中国妇幼保健》2003 年第 5 期，第 295—298 页。

⑥ 颜江瑛、刘筱娴等：《武汉市 30—50 岁在岗女性生命质量研究》，《中国公共卫生》2003 年第 7 期，第 816—819 页。

幸福感最强的是城市老年女性群体。① 陈琛同样将城市女性作为研究对象，不过他着重选取了江苏兴化市某社区 149 名 34—49 岁的中年女性作为调查对象，结果表明这一群体生活满意度处于中等偏下水平，而家庭经济状况是影响其生活满意度的最显著因素。② 同样对城市女性群体进行持续关注的还有韩湘景女士，她在《第 8 次中国城市女性生活质量调查报告（2012）》中提出，2008—2012 年持续 5 年针对城市女性生活质量的调查数据显示，被调查女性对她们 5 年以来的生活状态总体评价较高，并持较满意的态度。③ 同时，调查显示，不同年龄段被调查女性最焦虑的事情都是"物价上涨"④。

　　从目前国内对女性生活质量的相关研究来看，无论是在方法上还是深度上都较为成熟，尤其是在生活质量的指标体系上，吸收了国外这一领域研究的主流趋势，将主、客观标准有机地结合了起来。从视角来看，则多是从社会学、心理学以及医学的角度来看待女性生活质量问题。但此类研究鲜有将制度作为一个变量有效地考虑进来，或者说很少考察政府及其他公共部门可能对女性生活质量带来的影响。事实上，从封建时期的男尊女卑到社会主义时期的男女平等都反映了一种制度的巨大变迁，而这种变迁直接影响到了女性的地位及其生活状况，很多学者在进行女性生活质量的研究时，仅仅是将这一制度作为一个背景加以描述，而不是作为一个分析变量。因此，本书将从制度供给的角度来思考我国城市女性的生活质量问题，通过对武汉市女性进行广泛的抽样问卷调查，分析制度供给与女性生活质量之间的变量关系，构建一个以制度供给为核心的女性生活质量标准体系，来考察目前城市女性生活质量的基本状况，评价城市女性的生活质量，发现与女性生活有关的制度供给中存在的各种问题，以此作为公共管理者制定改进女性生活现状对策的依据。

　　① 刘晓霞、邢占军：《城市女性群体主观幸福感研究》，《山东师范大学学报》（人文社会科学版）2007 年第 3 期，第 136—139 页。
　　② 陈琛、甘诺：《城市中年女性生活满意度影响因素分析——以江苏省兴化市某社区 34—49 岁女性为例》，《社会工作》2007 年第 12 期，第 26—27 页。
　　③ 韩湘景：《中国女性生活状况报告 No. 7（2013）》，社会科学文献出版社 2013 年版，第 82 页。
　　④ 同上书，第 61 页。

第二章 理论基础

第一节 制度供给理论

一 制度供给的实质与主体

在古典经济学中，制度并没有被经济学家们作为经济体系的一个重要组成部分纳入分析框架中，而是被作为一个外部参数进行设定。在他们的分析框架里，制度的更迭对市场及个体的经济决策不能产生较大的影响。这种思维方式随着比较制度分析学者的深入研究而被改变，如诺思在《制度、制度变迁与经济绩效》一书中比较了 16—18 世纪英国和西班牙制度供给与制度变迁的形式和内容之后，指出制度以及制度结构对整个经济结构（包括投资与消费结构）和个体社会、经济生活行为习惯与选择都会产生影响，而不同的制度供给与选择带来了不同的社会、经济形态与绩效①。这一结论和观点在很多经济制度史的研究中也被验证。此后在新自由主义经济学的相关理论中，逐渐将制度纳入经济体系的分析框架中，分析制度变量可能对整个社会、经济结构带来的影响。

而新制度经济学家们对于制度的理解更进一步，他们认为制度是社会、经济体系和个体行为选择的扰动变量，尤其是它可以抑制可能出现的机会主义的和乖僻的个人行为②，甚至被视为"一种稀缺性资源"③。从本质上来说，制度是一种关于交易费用和资源配置规则的安排方式。有效

---

① ［美］道格拉斯·诺思：《制度、制度变迁与经济绩效》，杭行译，上海人民出版社 2008 年版，第 155—160 页。

② ［德］柯武刚、史漫飞：《制度经济学：社会秩序与公共政策》，韩朝华译，商务印书馆 2008 年版，第 35 页。

③ 卢现祥：《西方新制度经济学》，中国发展出版社 1996 年版，第 30 页。

的制度可以节约交易费用和形成良性的资源配置，从而激励个体进行价值创造；而相对地，无效的制度则形成多余的交易费用，造成恶性的资源配置，无法对个体的价值创造形成激励，反而会造成无效的资源再分配甚至是浪费。然而，并非任何时间任何环境下都可以采取正确而有效的制度安排，因为制度变迁本身就要经历一个过程和既得利益者的阻碍。从这点上就不难理解制度安排作为一种稀缺资源的观点。

从制度最初形成的方式来看，本书赞同一种自我演化的路径，即制度是在个体行为互动过程之中逐渐形成的。但这并非是制度形成的唯一方式，因为在很多时候行为互动不仅涉及个体行为更包含了集体行动。在集体行动过程中，自我演化的制度安排形式往往会失效，这是由于同私人产品不同，制度的效用边界更为模糊，即制度安排不仅对社会中极个别个体有效，而是在整个社会范围内都具有效用性。这种模糊性也可以被理解为一种公共性，从而导致个体缺乏动力去寻找有效的制度安排。这种个体与集体的"智猪博弈"或者说"搭便车"行为[1]会导致制度安排自我演化路径的失效。这种制度安排的公共产品特性决定了需要诺思所说的"第一行动集团"作为制度供给者的身份参与进来[2]，而如果制度安排是一种政府形式，它将会直接包含政府的强制力。[3]

制度供给失效是国家和政府作为供给主体参与进来的理由，而这种主体角色随着社会、经济、文化体系的不断发展而得到了增强。一方面，随着个体之间行为交互越来越频繁和复杂，对制度需求会随之增加；另一方面，由于分工的细化和专业化，使得制度供给的水平和要求超出了某一单个个体的理性和知识结构范畴，这都需要一个集体行动的制度供给主体出现。此外，从国家和政府在制度供给方面的发展趋势来看，它们也已经由被动的"守夜人"角色转变成为主动的制度供给者。

可以说，有效的制度本身是一种稀缺资源，不过这还是不同于市场交

---

① 张维迎：《博弈论与信息经济学》，上海人民出版社 2012 年版，第 10 页。

② Lance Davis, Douglass North, Institutional Change and American Economic Growth: A First Step Towards a Theory of Institutional Innovation, *The Journal of Economic History*, Vol. 30, No. 1, 1970, pp. 133—134.

③ ［美］L. E. 戴维斯、D. C. 诺斯：《制度变迁的理论：概念与原因》，载［美］R. 科斯、A. 阿尔钦、D. 诺斯 等《财产权利与制度变迁》，刘守英 等译，上海人民出版社 1994 年版，第 273 页。

易过程中的稀缺资源。从某种意义上来说，制度是一种"公共品"①，需要由国家和政府来进行供给。

二　制度供给的动力机制与制度均衡

本书赞同制度需求—制度供给的分析模式，认为某种制度的形成与运行是存在需求背景的，这一点被很多制度经济学家所认可。但仅以这样一个结论来说明制度供给的动力机制还过于简单。从对制度变迁和制度供给的相关研究来看，其动力机制包含了两个方面：交易费用与利益结构调整。

制度供给的第一个动力机制在于交易费用的节约。对于这一点，科斯在《社会成本问题》一文中有过详细的论述②。在个体行为交互过程中，如果缺乏稳定的行为互动模式与信任机制，就会产生对抗博弈（"囚徒困境"）③，尽管这种对抗博弈会随着重复性而逐渐转化，但这一过程带来利益的无形损失都是交易费用。或者说依靠个体行为互动自发形成稳定的模式和信任机制需要耗费一定的成本④。如在没有良好的商业准则条件下，缺乏对陌生人的信任可能会阻挠一次成功的交易。由此，出于节约交易费用的考虑，需要形成制度以提供稳定的行为互动模式与基本的信任机制，如市场与商业规则、人身财产的法律规定等。

制度供给的第二个动力机制在于利益结构调整。制度供给是一种关于资源分配的结构安排，它设定了资源和利益在不同个体之间分配的基本状况。一个稳定的制度供给在于实现了资源和利益在不同个体之间的均衡分配。对于这一观点和结论，布罗姆利、拉坦等诸多学者都有深入的研究和经典的论述⑤。由技术发展进步引发的制度变迁从本质上来说是一种均衡震荡，生产力的提高会产生额外的社会利益，原先的利益结构将会改变进而引发资源分配的非均衡，由此需要对原先的制度作出改变以实现对目前

① 卢现祥：《西方新制度经济学》，中国发展出版社 1996 年版，第 18 页。

② ［美］R. H. 科斯：《社会成本问题》，载［美］R. 科斯、A. 阿尔钦、D. 诺斯等《财产权利与制度变迁》，刘守英 等译，上海人民出版社 1994 年版，第 20—24 页。

③ ［德］柯武刚、史漫飞：《制度经济学：社会秩序与公共政策》，韩朝华译，商务印书馆 2008 年版，第 111 页。

④ 王寅：《西方新制度经济学的最新发展》，《河北学刊》1999 年第 3 期，第 59 页。

⑤ ［美］丹尼尔·布罗姆利：《经济利益与经济制度：公共政策的理论基础》，陈郁 等译，上海人民出版社 2012 年版，第 23 页。

社会利益的均衡分配。如 16—18 世纪，生产力的发展、工业的进步促使西欧诸多国家由封建主义制度向资本主义制度转变。

当然，某一制度的形成和变迁不仅仅受某单一因素的影响，或者说制度供给的动力机制并非是单一的，在很多时候制度供给是由多种机制共同推动的。除了以上介绍的交易费用与利益结构调整两种动力机制之外，还包括意识形态和价值观念等因素。如 18—19 世纪的奴隶贸易，随着个人自由主义、天赋人权等学说和价值观念的逐步推广和深入人心，要求废除奴隶制度及其贸易的呼声越来越高。有人认为，废除奴隶制更多的是发展资本主义对自由劳动力的需要。这种观点具有解释力，但并不能解释该制度变迁的全部，因为并非所有支持废奴运动的人都是最终受益者。这表明制度供给和变迁的动力机制是多重的。

不过需要注意的是，这里探讨的制度供给动力机制并不是时时刻刻都能促成有效的制度供给或变迁。因为还需要考察制度供给者的利益分配情况，即制度供给或变迁能否给供给主体带来特定的效用或造成利益损失，这种状况将决定供给主体会担任制度供给者的角色还是制度阻挠者的角色。这种角色状况会影响到制度均衡的状况，即制度供给能否满足制度需求。当然，除了这一原因之外，前文所提到的制度供给过程中的"搭便车"行为也会对均衡产生影响。制度需求上升到国家和政府的议事日程存在一个诉求表达的过程，普遍的"搭便车"现象会削弱诉求的效果[1]，从而无法有效地将制度需求转换为制度供给主体的动力来源，最终难以实现制度均衡。

由此，本书在考察与女性生活质量相关的制度供给时，应从动力机制着手，尤其是考察其多重性的可能。此外，在进行关于制度均衡的研究时，也要从制度需求及其诉求环节着手，分析可能导致制度非均衡的原因。

三 制度供给的有效性机制

诺思在谈到制度的内涵时，指出要将"制度实施的形式及有效性"[2]

---

[1] ［冰岛］思拉恩·埃格特森：《经济行为与制度》，吴经邦 等译，商务印书馆 2007 年版，第 62—63 页。

[2] ［美］道格拉斯·诺思：《制度、制度变迁与经济绩效》，杭行译，上海人民出版社 2008 年版，第 7 页。

考虑进来。换句话说，制度存在应然和实然两种不同的效果，而这两种效果并非总是可以实现契合，这就是制度供给的有效性程度。在现实制度供给和实施过程中，可以看到很多非有效性的现象，制度制定出来却并不一定能带来预期的效果，相反会造成更多的问题。

这里列举一个案例来说明制度供给的有效性问题。1920 年 1 月 17 日，美国通过并生效了宪法第 18 号修正案——禁酒法案，该法案又被称为"伏尔斯泰得法案"。该法律对美国的酒行业作出了规定，凡是制造、售卖乃至于运输酒精含量超过 0.5% 的饮料皆属违法，违反这一法律，最高可被判处 1000 美元的罚款以及半年的监禁。从法律形式和规范的角度来看，美国政府对于禁酒的执行形式上是有效的，甚至由联邦政府成立了专门的禁酒部门，派遣联邦禁酒探员进行执法。然而该制度的实际效果却并没有那么有效：很多公民私自在家中藏酒的情况非常普遍，藏酒的方式花样百出；酒品黑市异常繁荣，公民可以很容易地在地下酒吧或其他地下组织买到酒；黑社会依靠非法酿酒和私酒贸易牟取暴利，并日益壮大；警察也参与到私酒贸易带来的利益分赃中来，日益腐败导致犯罪率不断上升。表面上遵从禁酒法令，实际上却大肆违反，已经成为下至公民、上至官员心照不宣的潜规则。在 1933 年通过的宪法第 20 号修正案才取消了禁酒法案。

从这一案例可以看到，形式上有效的制度并非在实施过程中就会有效，即便是拥有特定的强制力也难以保证制度的有效性。对制度供给有效性机制产生影响的因素可以归结为以下几个方面：（1）正式制度与非正式制度的契合程度。在前文中界定了制度的两种形式，一种是自我演化形成的非正式制度；一种是通过理性设计依靠强制力保障的正式制度。通常情况下，这两种形式的制度是一种相辅相成的关系，如市场运行机制需要相关的法律制度来保障其运行机制，同时也会推进法律按照市场规律发展。但在很多时候，也会存在两种不同形式制度相悖的情况，即正式制度无法给非正式制度提供保障，甚至存在阻碍的情况。如国家的法律与民族的传统、宗教、主流意识形态不一致，又如法律违背市场规律、违反了个人的基本行为规律，都会导致制度难以被付诸实施，影响其有效性；（2）利益结构。制度涉及资源配置和利益结构的安排问题，某项制度之所以能够有效地存在并维持，还在于其可以实现利益均衡。很多制度供给提供了制度框架并进行了全面的配套制度改进，但缺乏涉及利益结构调整的核心问题，从而致使制度难以被实行。① 可以说，这是由于"制度供给陷阱"
而导致的无效，就如前面列举的美国禁酒令的施行，由于无法实现利益结
构的调整，不能保证利益均衡，最终导致制度供给失败；（3）制度惯性。
制度供给的有效性还受制度惯性的影响，这种惯性来自于两个不同的方
面：一方面尽管制度变迁意味着旧制度逐渐被替换，但这种替换和变迁存
在一个过程，在这一过程中旧制度对个体的行为、观念和习惯依然存在影
响。但更重要的影响还在于利益结构也会存在结构上的惯性，从而产生阻
碍新制度供给的因素；另一方面在于同时运行的其他制度可能带来的衍射
性影响，即制度惯性可能产生于其他制度，如政府反腐倡廉的实际效果也
受政府行政文化的影响。

　　之所以探讨制度供给的形式与有效性这一问题，主要是因为很多女性
生活质量问题以及生活质量的改进失效并非完全是制度供给缺乏导致。很
多时候女性的社会生活、工作有相当健全的法律与法规从形式上给予了保
障，但在实施过程中却存在有效性偏低的情况，如我国宪法规定男女平
等，但在很多时候男女的社会地位难以实现真正意义上的平等。因此，需
要从制度供给的形式与有效性及其相关原因方面深入地考察影响女性生活
质量改进的各种因素。在接下来的部分里将详细考察制度供给和变迁与女
性生活质量问题的关系。

第二节　制度供给理论与女性生活质量

一　制度变迁与女性社会地位

　　制度变迁是一个复杂的过程，它通常是渐进的，而非不连续的。② 之
所以要考察女性社会地位的原因在于，女性在社会关系中所处的位置对其
生活和工作状况有着至关重要的影响。如在一些女性地位低下的社会中，
其生存的客观条件也相对较差。而女性的这种社会关系与地位则是与其所
处的制度背景与环境息息相关，所以要考察女性生活质量，首先需要考察
女性社会地位，而要考察这些则需要考察制度背景与环境。

---

① 卢现祥：《西方新制度经济学》，中国发展出版社1996年版，第135页。
② ［美］道格拉斯·诺思：《制度、制度变迁与经济绩效》，杭行译，上海人民出版社2008
年版，第7页。

　　制度安排是关于人行为的规范，是关于资源配置的安排，同时也规定着个体的社会关系状况。除了基于生产资料制度安排之下的生产关系，社会的两性关系也是制度安排的一个重要方面。在人类摆脱原始性演化成"新人"的这一时期里，人类已经具有了基本的社会特征，在制度安排上体现为一种氏族社会。在氏族社会形成的初级阶段就已经存在关于男性与女性社会关系的制度安排——母系社会，这一制度是按母系计算世系血统和继承财产的氏族制度①。这一制度规定了男性与女性的社会分工，男性担任狩猎、捕鱼和防卫等责任；而女性则承担制备衣食——做饭、纺织、缝纫等任务②，仅限于从事家务劳动③。在生产力低下的氏族社会初期，女性的分工相对于男性更为稳定，因此在整个氏族中担任更为重要的角色④。此外，在血缘维系上，也由母系关系传递，即子女随母，这在世界各地的母系社会当中都体现得非常明显⑤，如摩梭人的母系社会、北美易洛魁印第安人、中国台湾地区的阿美族、我国的仰韶文化，甚至在我国云南永宁纳西族还依然保留了这一制度的主要特征。这些都表明了女性在母系社会制度下的重要地位。

　　不过，在近年来关于母系社会的研究结论中，有学者指出女性社会地位崇高的母系制度（Matriliny）与母权制度（Matriarchy）还是存在差距，或者说即便是在母系社会也不完全存在女性在社会中占支配地位的情况⑥，甚至有学者通过易洛魁人母系氏族社会的研究来例证母系社会也是由男性掌权的⑦。事实上，关于母系社会中男权与女权的实际情况直到目前还存在很多争论，但无论怎么说，母系社会中的两性关系要相对更为平

　　① ［德］弗里德里希·恩格斯：《家庭、私有制和国家的起源》，中共中央马克思恩格斯列宁斯大林著作编译局译，人民出版社1999年版，第55页。
　　② 同上书，第165页。
　　③ 同上书，第168页。
　　④ ［英］勃洛尼斯拉夫·马林诺夫斯基：《两性社会学：母系社会与父系社会之比较》，李安宅译，上海人民出版社2003年版，第13页。
　　⑤ ［美］露丝·本尼迪克：《文化模式》，何锡章 等译，华夏出版社1987年版，第144页。
　　⑥ 肖发荣：《再论"母系制"、"母权制"与女性社会地位》，《妇女研究论丛》2005年第5期，第42页。
　　⑦ 刘明翰、张志宏：《美洲印第安人史略》，生活·读书·新知三联书店1982年版，第17页。

等①。这种制度维系的原因在于两个方面，在当时生产力低下的整体环境下，一方面，需要依靠集体才能维系个体的生存，正是由于没有剩余劳动产品，避免了私有制，也阻碍了父权的发展②；另一方面，在生产力极度不发达的情况下，劳动力的再生产也是对生产力的一种弥补③。这两点是母系制度存在和维系的原因。

氏族社会末期是一个新石器时代向铜器时代转变的过程，由于采用红铜和青铜等材料使得生产工具大大改进，生产力也得到了长足的发展。根据恩格斯的观点，劳动生产率的不断增长促使了剩余产品的出现④，进而催生了私有制。科斯、诺思等制度经济学家认为，技术的进步带来了资源配置情况和利益结构的改变，要求制度供给的改变同需求达到均衡。这种均衡的需求反映在两性关系上则是母系社会的变更，女性社会地位发生变化。劳动力的再生产不再是弥补生产力低下的一种手段，作为制度核心的价值体系发生了一系列的转变，由母系氏族时期的高度重视人口生产社会价值开始向重视物质生产价值转变⑤。这种转变不仅表现在一般的制度供给上，如按母系计算世系血统和继承财产的制度转变为按父系来计算。而且，还体现在作为非正式制度的内在价值观念的转变上，正如有学者提出的所谓"两分法"的出现，即将物质生产作为公共领域，而将人口生产作为私人领域对立起来，将女性从公共领域隔离出来，从而改变了之前的两性平等的局面。⑥

这种女性社会地位的改变由正式制度和非正式制度加以固定并维系下来，如奴隶制时期和封建时期对女性的社会地位和行为规范不仅有法律上的限制，也有道德上的约束，而大多数女性则将这种制度供给作为一种内生价值加以接受。如在我国封建时期，家庭中的女性承认夫君和儿子作为

---

① ［英］莫里斯·布洛克：《马克思主义与人类学》，冯利 等译，华夏出版社1988年版，第59页。

② 李达：《李达文集（第一卷）：家族与氏族》，人民出版社1980年版，第302页。

③ ［美］琼·W.斯科特：《性别：历史分析中的一个有效范畴》，载李银河《妇女：最漫长的革命——当代西方女权主义理论精选》，生活·读书·新知三联书店1997年版，第158页。

④ ［德］弗里德里希·恩格斯：《家庭、私有制和国家的起源》，中共中央马克思恩格斯列宁斯大林著作编译局译，人民出版社1999年版，第170—171页。

⑤ 罗萍、崔应令：《人类社会两种生产价值新论》，《湘潭大学学报》（哲学社会科学版）2011年第1期，第83页。

⑥ 同上。

家中的唯一实权者，而在伊斯兰教国家女性的社会地位则更低，从家庭到国家乃至宗教都对女性的行为进行束缚①。这一时期的制度变迁给女性社会地位带来的影响具有以下几个特点：（1）影响的双重性，或者说是从正式与非正式两个不同的方面确定了女性的社会地位；（2）影响的持久性，从母系社会向父系社会过渡建立了真正意义上的父权制度，这一制度供给一直以来没有因为社会形态的更替而变化，而这一特点是由前一特点所决定的；（3）制度均衡的实现，由于技术变革、价值体系变换导致存在一种对两性关系特定安排的制度需求出现，而整个社会利益与资源的配置结构也尚处于构建状态，因而没有较多的制度供给阻力，能更好地实现供给与需求的均衡。

然而，关于社会两性关系的这种制度供给并非一直处于稳定的状态中，因为涉及女性社会地位相关制度的变迁动力取决于两个要素：（1）生产力的发展。母系制度向父权制度变迁、两性平等向不平等发生转换的原因在于生产力的发展，导致了生产价值的转变。而且，正是由于氏族社会末期的生产力水平依然不高，这才使得物质生产价值成为首要价值，从而促使了"两分法"的出现。但随着科技的进步，生产力的进一步解放，可以看到生产价值的再一次变更，进而改变社会关系的制度供给；（2）思想观念的解放。与生产力一同发展的还有个体的认知，这是一种非正式制度的变迁，如工业革命促成了文艺复兴，解放了人们的思想观念，天赋人权等学说也随之出现并成为了资本主义发展的价值基础。这种思想观念的解放还体现在两性社会关系上，女性对自身社会地位和生活现状的不满，推动了自我意识的觉醒，进而会改变关于女性社会地位的制度供给。

这种制度变迁很明显地体现在 19 世纪末到 20 世纪初的一段时间，主要的资本主义国家和传统制度受到冲击的国家都在不同程度上爆发了女权运动。尽管要求提升女性社会地位的制度需求上升为正式制度经历了较为漫长的时间，但在整个 20 世纪，许多发达国家和发展中国家的女性社会地位都得到了较大的提高②。当然，我们一般更多地从客观物质条件方面来探讨提升女性社会地位以改进其生活质量的问题，而实际上从主观角度

---

① ［美］邓尼丝·拉德纳·卡莫迪：《妇女与世界宗教》，徐钧尧 等译，四川人民出版社 1989 年版，第 170 页。

② ［美］梅里·E. 威斯纳－汉克斯：《历史中的性别》，何开松译，东方出版社 2003 年版，第 206 页。

来考察女性社会地位的提升则更多地取决于个人的主观指标。如在伊斯兰教国家，信仰伊斯兰教的女性对于自身社会地位制度供给的遵从，更多的是一种价值和观念上的认同，或者说是一种习俗和道德遵从。对于她们而言，改变传统的女性社会地位与关系可能更类似于离经叛道，这种主观上的评判相反会降低她们的生活质量。这种情况不仅在伊斯兰教国家，而且在很多具有男尊女卑传统的国家里都广泛地存在，这就有可能导致制度供给的动力机制缺失。因此，不能单纯地依靠制度自身的演化和变迁实现女性社会地位的提升，需要存在一个外部制度供给者实现相关的制度供给以改进女性生活质量。

二　制度供给与女性生活质量

一般来说，在女性生活质量问题上对外部制度供给者存在需求的原因在于以下几个方面：（1）制度惯性。在变迁过程中传统的制度即便被替换也会产生潜在影响，这种影响更多地体现在文化和价值上。比如，尽管从法律上废除了封建社会时期关于男尊女卑的相关规定，但在新制度尚未形成自身的价值体系时，重男轻女的思想观念还会残留在社会之中；（2）传统利益结构阻碍。制度供给会形成特定的利益结构，即资源和利益在不同主体之间的分配方式，一旦旧的制度被打破即意味着传统利益结构将面临调整，既得利益者可能会因为结构调整受到损失，从而阻碍新制度供给的产生。比如，在父权和男权社会实现女性解放、男女平等很有可能会遭到男性掌权者的阻挠。拉脱维亚前女总统、素有"波罗的海铁娘子"之称的瓦伊拉·维凯 - 弗赖贝加曾经公开批评欧盟的男性精英发表"欧盟总统"不适合女性担任的言论，并谴责他们操纵竞选程序，联合占据了欧盟的重要职位①；（3）制度供给内在化导致变迁动力机制缺失。这里采用制度供给内在化用以说明基于父权和男权的社会制度与结构已经成为一种文化价值。相对于法律、法规这样的正式制度的更替，文化价值更具有稳定性，变迁周期更长。甚至在保守的制度体系中，文化价值自身的惰性会使变迁丧失动力机制。如当夫唱妇随的观念已成为社会主流观念时，彰显女性思想解放不仅会受到男性的打压，甚至也会受到其他思想传统的女性

---

① "拉脱维亚前女总统谴责欧盟总统竞选歧视女性"，环球网（http：//world. huanqiu. com/roll/2009 - 11/636312. htm），2009 - 11 - 18。

的排斥；（4）制度供给的"搭便车"。制度的变迁也是要耗费成本的，如信息搜索、制度设计等，而且往往成本巨大。在一个社会范围内实现由集体推动某项制度变迁时，往往会存在制度变迁成本与收益如何在不同个体之间配置的问题。由于不同个体对制度需求的偏好存在差异，导致在制度变迁的推动过程中个体的行为投入会存在差异，甚至很多个体会采取"搭便车"行为规避成本，坐享制度变迁的成果。

实际上，在很多基本的制度供给上，都会因为以上四点原因导致制度缺乏或制度陷阱，如在女性家庭地位、工作报酬等问题上。因此，需要政府作为主要的制度供给者通过强制力出台一系列正式制度来解决女性的生活质量问题。

首先，制定关于女性社会地位的制度，因为在父权和男权传统深厚的社会中演化出男女平等的观念和价值需要很长的时间，而且会面临更多的阻碍。对此，很多国家直接通过正式制度的形式出台关于男女平等的法律，如我国《宪法》第四十八条第 1 款规定了男女平等的相关内容，指出"中华人民共和国妇女在政治的、经济的、文化的、社会的和家庭的生活等各方面享有同男子平等的权利"①。而党的十八大报告首次将男女平等作为基本国策写入报告，明确提出要"坚持男女平等基本国策，保障妇女儿童合法权益"。这一举措对于我国女性地位的提高和男女真正平等将会起到很大的促进作用。

其次，出台关于女性拥有同男性一样的劳动权利以及男女同工同酬的制度，因为劳动权也是影响到女性生活质量的一个重要方面。但一直以来女性因为各种原因被拒绝赋予同男性一样的劳动权利，甚至长期以来在制度供给上也对此进行了限定。如 1873 年著名的 Bradwell 诉伊利诺伊州（Bradwell v. Illinois）一案②，就是这一制度供给缺陷的典型案例③。原告 Bradwell 是一名要求从事律师职业的女性。对于她的起诉，美国联邦最高法院认为，由于女性天生纤弱，所以并不适合担任生活中的许多职业。于是法院作出了"女性最重要的命运和任务是履行作为妻子和母亲的崇高而仁慈的职能。从事律师职业是对女性纯真和圣洁的玷污……"这一论

---

① 《中华人民共和国宪法》第四十八条。
② Bradwell v. Illinois, 83 U. S. 130 (1873).
③ 李傲：《美国有关性别歧视的判例研究》，《法学评论》2008 年第 6 期，第 125—126 页。

断①，并最终判定 Bradwell 败诉。后来直到 1963 年美国国会才通过了关于男女同工同酬的《工资平等法》，而且在 1964 年的《民权法》里才正式将女性的劳动权利以法律形式规定下来。

最后，制定涉及女性的家庭生活及其地位的相关制度。在这一问题上会出现制度缺乏和制度陷阱的原因不仅是前文提出的四点，更在于不同制度类型约束的范围。人类行为可以分为公共领域和私人领域，而在不同领域起作用的制度形式也存在差异，长久以来一种观念在于"国法"与"家规"的区分，前者多依靠正式的制度，需要国家强权保障实现；而后者则更多地依赖非正式制度，由个体自觉遵循。而在父权和男权占主流的社会中，女性在家庭中的社会地位和生活质量相对较低，如自古代就一直存在的两性婚姻中的男性婚姻豁免权，这种非正式制度甚至延续到现代社会。由于缺乏正式或非正式的制度形式对女性的家庭生活及其地位进行保障，在很多时候会严重地影响其生活质量，如家庭暴力、家庭男女受教育机会不平等、重男轻女等各种现象。但是，由于家庭生活中的个体行为本身也具有外部效应，加上现代社会行为交互越来越广，很多家庭行为已经超越了传统意义上的私人领域而成为一种公共领域行为，如家庭暴力已经成为影响社会和谐的一个问题，并越来越受到广泛的社会关注。因此，社会应该把注意力更多地集中在增进婚姻主体的福利和满足、提高女性生活质量的人文关怀上②。实际上，对于这种原先只能由非正式制度发挥作用的私人领域，也已经出现国家法律给予保障，如目前许多国家在不同程度上出台了相关法律和政策打击各种形式的家庭暴力（包括家庭冷暴力）。

事实上，社会生活中的女性生活质量问题还包括很多其他的方面，如女性工作晋升、工作中性骚扰、培训与受教育的机会等，这些都需要相关的制度供给来加以保证。不过，目前的研究论述基本在介绍关于女性生存与生活的基本要素，如社会地位、基本权利等，本书将其理解为女性生活质量的保障性因素，而诸如婚姻幸福度、工作满意度等其他女性生活质量的影响因素与这些保障性因素都是密切相关的。国内外很多学者的理论和实证研究支撑了这一观点。Peter McDonald 指出社会制度的效度、弹性对

---

① Bradwell v. Illinois, 83U. S.（16 Wall.）130, 141（1873）.
② 徐安琪：《中国女性的家庭地位和生活质量——来自实证研究的报告》，《妇女研究论丛》2000 年第 3 期，第 30 页。

性别公平、劳动力市场以及女性生存与生活状况有着至关重要的作用①。Richard Anker 则指出了在女性的家庭与工作中关于性别的制度同其掌握的物质和人际关系以及生活质量三者之间存在密不可分的关联②。这一观点也被叶文振、徐安琪等学者所认同，他们将性别的社会角色差异、工作情况以及阶层差异作为影响女性生活质量的重要因素③。

　　本书赞同这种对女性生活质量影响因素的解释，认为保障因素是目前女性生活质量及其改进的关键，尽管还有发展因素和个体因素的影响，但都是建立在保健因素之上的。笔者借用并改造了 Lewis 和 Spanier 关于女性婚姻质量的"三段式"解释模型④，提出了女性生活质量的三因素模型，具体见图 2—1。

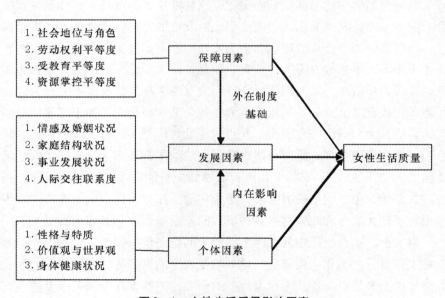

图 2—1　女性生活质量影响因素

①　Peter McDonald, Gender Equity, Social Institutions and the Future of Fertility, *Journal of Population Research*, Vol. 17 (1), 2000, pp. 1—16.

②　Richard Anker, *Gender and Jobs: Sex Segregation of Occupation in the World*, Geneva: International Labour Office, 1998, p. 19.

③　叶文振、徐安琪：《婚姻质量：西方学者的研究成果及其学术启示》，《人口研究》2000年第4期，第71—73页。

④　Lewis, R. A., Spanier, G. B., Theorizing about the Quality and Stability of Marriage, in Wesley R. Burr, et al. (eds.), *Contemporary Theories about Family*, New York: Free Press, 1979, pp. 268—294.

由图 2—1 可知，女性生活质量主要涵括了三个方面，分别是保障因素、发展因素以及个体因素。其中，影响女性生活质量的保障性因素包括女性的社会地位和社会角色，女性与男性在享有劳动权利、接受教育以及掌握社会资源等方面实现平等的程度。可见，保障性因素是影响女性生活质量的外在制度基础，而正是由于保障性因素在女性生活质量中的重要位置，需要加强对这一因素的研究和探讨，这也是为什么本研究选取制度安排和保障作为切入点的一个原因。不过需要注意的是，在前文中曾指出制度的保障在于两个方面：形式与有效性。一项制度在形式上有效并不代表实质上的有效性，往往很多时候制度缺陷在于实质上的非有效性，这在两性社会地位及其制度以及女性生活质量问题上体现得非常明显。在接下来的一部分将重点探讨对女性生活质量产生实质性影响的制度有效性问题。

三 制度有效性与女性生活质量

制度的有效性分为形式上有效与实质上有效两种，但这两种并不是时时刻刻都能保持一致性，在很多时候可以看见两者的非契合。如很多法律制定出来并不能被有效地执行，而在民间能很好遵行的习俗与风俗，很多时候也不能被上升到法律的层面，这点在女性生活质量问题中体现得非常明显。

与我国将男女平等明确写在宪法中不同的是，美国宪法中并没有出现关于女性基本权利的条款。在 1776 年美国的《独立宣言》中规定了"人人生而平等"，但这里所指的"人"仅仅是指"男人"（men）。之后 1787年颁布的《人权法案》对美国宪法中的"人权"进行了补充，但形式上的完善和补充并没有改变一贯的狭隘理解，无论是联邦宪法还是之后的《联邦条例》都没有涉及女性及其权利的条款①。甚至在 20 世纪 20 年代兴起的女权运动以及 60 年代重新兴起的新女权运动，都没有改变关于女性生活质量问题及社会地位的正式制度，法国等欧洲发达国家的基本情况也是如此。20 世纪六七十年代后，美国才以立法和司法的形式出台了一些关于女性社会地位和生活的相关法律，如 1963—1964 年间通过了《平等工资法》和《民权法》对女性劳动权和报酬权进行了规定；1978 年出

---

① 李傲：《美国有关性别歧视的判例研究》，《法学评论》2008 年第 6 期，第 125 页。

台的《妊娠歧视法》则提到了对怀孕女性工作歧视的相关规定；1991 年的《民权法》和 1994 年通过的《反对妇女暴力法》分别对性骚扰和家庭暴力作出了相关规定。

尽管如此，这些形式上有效的制度还是面临实质有效性的问题。产生这一问题的原因在于：（1）关于女性生活质量问题正式制度形式上的有效性同社会主流的意识形态、习惯存在抵触。尤其是在制度的执行过程中，依然是男性把持着制度施行的效果。尽管同正式的法律制度正面对抗的情况有所减少，但在不违背的情况下采取不作为的行为还时有发生；（2）正式制度本身的局限性。对于女性生活质量问题的法律规定仅仅是原则上，而且无法预测所有可能存在的情况，尤其是像欧美这样具有判例法传统的国家。这种局限性导致了在很多难以具体化、主观性强的情况下，正式制度对女性基本权利的保障也会失效。

如 2011 年 3 月 29 日，美国最高法院就沃尔玛女员工提交的性别歧视诉讼进行了听证①，根据沃尔玛女性员工提供的数据和证词来看，女性员工较男性员工而言，其工作时间更长，但工资更低。美国民权协会妇女权益项目律师向最高法院递交的第三方意见指出："原告拿出的证据表明，沃尔玛的管理者低估女性员工价值，并用固定模式化的观念限制她们在公司的角色。"面对这样的指控，沃尔玛依然坚称，经销店的男女员工并不存在工资差异，原告所称的工资差异是业绩差异而非政策性的歧视。可见，这种主观性强但又难以被量化的歧视手段还在以很多不同的形式出现。比如，在员工招聘过程中，对于如何选择同等条件下的男性与女性员工的问题，招聘方通常会以其他的理由拒绝女性应聘者来掩饰性别歧视这一真正的原因，这通常是在不违背制度规定的前提下。

这种因难以被测度和明确而导致关于女性生活质量问题的制度供给有效性缺失的情况在很多其他方面也体现得非常明显。如在教育公平方面，存在很多以各种客观理由替换女性歧视这一主观理由的情况。在 1996 年美国联邦政府诉弗吉利亚州政府（United States v.）一案中②，弗吉利亚州政府于 1839 年成立的弗吉利亚军事研究院（Virginia Military Institute，

---

① "美国沃尔玛性别歧视案开庭，沃尔玛或赔偿上百亿"，中国新闻网（http://www.chinanews.com/cj/2011/03-30/2939108.shtml），2011-03-30。

② United States v. Virginia, U. S. 116S. Ct. 2264, 135 L. Ed. 2d735 (1996).

VMI）拒绝招收符合条件的女性学员，被联邦政府认为是违反了宪法平等保护条例，联邦最高法院指出："在公共行为涉及性别政策时，这种行为必须基于'非常的、令人信服的正当理由'。"① 由此可见，在消除性别歧视问题上，美国的一些法院判决在已有的立法基础上，对于促进性别平等的相关立法进行了极其重要的补充、发展和完善。②

　　制度的有效性较低使得制度供给沦为一种形式，无法给女性带来工作、生活、教育等各方面的保障，从而难以提高女性的生活质量。因此在进行制度供给时，不仅要在形式上对各种女性生活质量问题进行规定，更要在有效性上进行完善，建立一整套的制度供给有效性保障机制来提升制度的实质效果，以达到改善女性生活质量的目的。

四　制度供给与城市女性生活质量

　　考虑到城市女性生活与工作环境的特殊性，在制度供给方面城市女性同其他区域女性还存在特定的差别，这种差别主要体现在制度供给的方式及其决定的生活质量改进方式上。

　　现代意义上的城市不仅仅是工商业发展的集中地，也是文化交流碰撞的集中区域。随着经济、社会、文化的发展，个体的自我意识也在觉醒。尤其是现代女性的自主意识越来越强，对制度的需求也越来越广而且多元化。而本身这种制度需求就体现了一种非正式制度的变迁，即传统女性的观念已经发生了很大的改变，要求实现女性在工作、家庭生活中的平等与自我发展。对于传统社会两性关系中男权与父权占主导地位的观念与模式，城市女性正日渐表达出自己的不满和诉求，这种诉求不仅在于日常的社会习俗、习惯和道德观念上，更体现在要求将这种改变上升成一种正式制度加以巩固。

　　而相对于城市女性这种较强烈的制度需求而言，广大农村地区要相对较弱。农村女性更多地受传统价值观念的影响，如"以夫为纲"，遵从"三从四德"等。从根本上来说，这种制度观念还是受生产方式的影响。目前我国很多地区农村的生产方式依然是以家庭为单位，生产的分工并没有对传统农业的分工方式有太多改变，这种生产方式与生产关系仅仅需要

---

① J. E. B. v. Alabama es rel. T. B., 511 U. S. 127（1994）.
② 李傲:《美国有关性别歧视的判例研究》,《法学评论》2008 年第 6 期, 第 127 页。

传统的制度安排来进行配套。因此相对于城市女性生活质量问题的制度供给而言，农村两性社会关系的传统制度尚未发生变化，或者说没有发生制度变迁，因此也更谈不上向正式制度的转化问题。从这点上来说，农村女性同城市女性对制度的需求尚处于两个不同的需求层次，前者更多地需要从生产关系和社会分工的改变上对非正式制度变迁形成一种推动力，而后者正在经历这样一个过程，且要求从非正式制度和正式制度两个不同的层面进行改变。

这种差异也决定了两者改进女性生活质量方式的不同。对于农村女性来说，要提升其生活质量更多地应该是从对非正式制度的改变开始，如传统的关于两性关系的价值观念等。正如前面分析时所谈到的，要实现农村女性生活质量问题非正式制度的变迁需要转变传统的生产关系和社会分工。由此来看，实现农村女性生活质量的提高并非是单纯的社会关系制度供给问题，更涉及生产力的制度供给。不过，这里需要重新对女性生活质量进行辨析，因为这一概念涉及主观与客观的区别，而主观的生活质量取决于个体的评判标准。那么在面临制度变迁和新的制度供给时，并非所有农村女性的主观生活质量都会得到改善，对于那些适应于传统两性制度安排而又惧怕环境和制度变化的女性而言，她们可能难以接受传统习俗、道德、价值观念的变更，从而会降低其主观评价。但就社会发展和制度变迁的总体趋势而言，这种改变有利于客观生活质量的改进，这里所指的女性生活质量正是特指这层含义。

而对于城市女性而言，正处于一个非正式制度变迁的大背景之中，现代化的生产关系和生产方式带来了女性自我意识的觉醒，传统观念、习俗受到冲击发生转变，也要求配套制度产生相应的变更，这种需求在城市更多地体现在正式制度之上。如要求在受教育和培训的权利上同男性平等或者在获得劳动和报酬的权利上同男性平等，以及要求法律保护女性的人身安全、防止家庭暴力和性骚扰等。另外，城市的快速发展使得个体行为的交互越来越频繁，可能原先仅涉及私人领域的个体行为由于外部性逐渐扩大到公共领域，如家庭两性关系、私人部门中的两性工作关系等，这都需要一种正式制度的保障。因此，城市女性生活质量的改进涉及的内容更广，更为复杂，对制度的需求也更为多元化，这都给制度供给主体提出了挑战。

为了更好地梳理制度供给同城市女性生活质量的关系，在接下来的章节将从制度安排与公共政策、制度有效性、制度演变与均衡三个不同的方面构建关于城市女性生活质量的制度供给分析框架，以便更好地分析目前存在的问题并提出改进意见。

第三章 分析框架与指标体系

前文梳理了国内外对女性生活质量的相关研究，并提出了本书的基本概念和理论基础。之所以采用制度理论来分析城市女性生活质量问题，是因为制度的供给是女性生活质量的直接决定动力，这不同于以往研究的出发点和视角。为了更好地对这一问题进行分析，还需要构建基于制度理论的分析框架。因此，在本书的这一部分，将构建制度供给——制度有效性——制度变迁与均衡的三维制度分析框架，作为研究的基础和内核。此外，本章的另一重要功能在于，以制度供给三维分析框架为蓝本，构建城市女性生活质量的指标体系，这也是本书实证研究的前提。

第一节 城市女性生活质量分析框架

一 制度供给与公共政策

社会中的个体行为是在特定的制度供给与公共政策背景之下展开的，其工作与生活都受这些规则的制约，从某种程度上来说，制度供给与公共政策还决定了社会个体的工作状况与生活质量，因为这种规则也是关于资源与利益配置方式的规定，如社会分工结构、社会关系结构、资源交换方式等。

社会个体作为一个大类别群体受到了整体性制度供给与公共政策的制约，同时也会作为不同的小类别群体受到个别性规则的影响，这是由个体在社会活动中所扮演的角色决定的①。如个体除了遵守关于个体行为交往、人身财产安全的各种规定之外，还要遵守关于自身职业的法律条款和

---

① ［法］达尼洛·马尔图切利：《现代性社会学》，姜志辉译，译林出版社 2007 年版，第18 页。

职业操守。从这点上来看，社会个体不会受单一体系的制度供给与公共政策的制约，个体所扮演的角色越复杂，受到的规则约束就越复杂。

对于城市女性而言，针对这一群体的制度供给是多重的，因为其社会角色具有多重性的特征。除了具备一般社会个体的特征之外，还要承担妻子、母亲、家庭主妇甚至是职场女性这样的多重角色。这里可以采用豪笼模型来描述这种角色交叉的状况①，如图3—1所示。

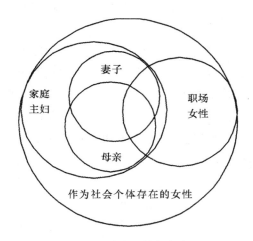

图3—1 城市女性角色交叉

这种角色的多重性决定了城市女性生活质量的高低受多个层面制度供给的影响，如作为社会个体存在的女性要受当前主流两性关系意识形态的制约，而作为家庭主妇则又要受到传统家庭道德观念和女性操守的影响，同时身兼工作角色的城市女性又要遵循职场的规则。

实际上，在很多时候不同的角色之间会存在冲突，或者说不同角色下的制度安排及不同角色间的制度安排还普遍存在相互冲突和矛盾的地方：（1）前者更多的是一种时间纵向上的制度变迁而导致的同一制度供给间的冲突。如在经济与社会快速发展过程中，城市社会两性关系的观念同传统社会两性关系意识形态就会产生矛盾，传统观念中要求女性扮演好家庭主妇的角色，用这种制度供给去约束具有较强自主意识的城市女性会带来

---

① ［美］R. E. 安德森、I. 卡特：《社会环境中的人类行为》，王吉胜 等译，国际文化出版公司1988年版，第7页。

很多问题，从而降低其生活质量；（2）后者则更多的是一种横向制度供给间的冲突，如城市女性一方面要担当起家庭主妇的角色并遵循家庭道德观念，承担相夫教子、把持家务的职能；而另一方面作为职场女性又要承担各种社会工作和事业并遵从各行各业的规则与操守。因而，当不同制度供给间存在严重的矛盾与冲突时，就会极大地降低女性生活质量。根据国内一些学者的相关研究，城市女性较难适应在工作与家庭两种角色之间的转换以及难以协调两个方面的压力，这成为降低城市女性生活质量的一个重要影响因素①。

结合上面的分析，站在外在制度供给主体的角度上，从制度供给与公共政策这一维度来剖析城市女性生活质量至少包括两个方面：

1. 元制度与元政策的保障。元制度是一种基本制度，是关于某一社会问题的初始设定与规则，是价值性、观念性的制度供给，对于这一社会问题的其他系列制度或是建立在这一制度基础之上或不能与之违背②。元政策是指用于指导和规范某种政府政策行为的整套理论和方法，是政策体系中具有统摄作用的政策，是其他各项政策的出发点和基本依据。将城市女性作为一个社会群体而言，需要一种元制度与元政策的保障，用于规定其在社会活动、工作中的各种基本权利和义务。元制度对女性的保障更侧重于内在的、实质的保障，如习俗、意识形态、观念、宪法等，元政策则是作为制度供给主体的政府对女性日常的、形式的保障，如法律法规、一般性政策等。

2. 制度供给与公共政策之间的协调程度。这里所指的制度供给更侧重于非正式制度，如习俗、意识形态等，而公共政策则更多的是正式的制度供给。正如前文所指出的，正式制度与非正式制度也存在一个契合度的问题，契合程度的高低对两种不同类型制度的效果都会产生影响。在女性生活与工作上会出现两种不同制度供给的契合问题，如关于女性社会地位与生活的传统观念和公共政策对于女性从事社会工作的规定，尽管各国都出台了保护女性劳动权的政策，但对女性相夫教子角色的传统定位会使从事社会工作女性的角色定位受到质疑，从而导致其生活质量降低，这在城

---

① 包蕾萍、徐安琪：《当代城市女性家庭压力研究》，《妇女研究论丛》2007 年第 3 期，第 20 页。

② ［日］青木昌彦：《比较制度分析》，周黎安译，上海远东出版社 2001 年版，第 34 页。

市女性当中体现得较为明显。

此外，正如前文分析中所指出的，城市女性由于其扮演角色的多重性，受到的一般性制度供给与公共政策体系也存在多重性的特征，如有社会工作的城市女性既受劳动法及相关妇女保护政策的影响，也要受到工作单位制定的相关政策的制约。很多政策与制度之间存在的冲突与矛盾也是导致女性生活质量降低的一个主要因素，如私人部门关于工作时间和强度的规定会影响到其家庭主妇角色的扮演，从而降低其生活质量。站在这一角度来看，不同政策之间是否存在冲突与矛盾，是否存在一种制度能调节不同政策之间的冲突与矛盾也应纳入城市女性生活质量的评价框架中来。

二　制度有效性

诺思在《制度、制度变迁与经济绩效》一书中指出制度效果存在两分性[①]，一是制度的形式有效性；另一个则是制度的实际效果有效性。很多制度都存在有效性问题，尤其是实际效果的有效性，女性生活质量问题也不例外。很多关于女性社会地位、工作与生活的相关制度与政策在形式上有效，但其实际效果的有效性却存在缺失问题。从制度种类与实施的角度出发，笔者认为导致实际效果有效性缺失的原因包括以下两个方面：

1. 制度与政策的种类差异性导致的有效性缺失

笔者在探讨制度发挥作用机理时指出，非正式制度与正式制度的作用方式与范围存在差异。当以法律、政策形式出现的正式制度同以传统观念、意识形式出现的非正式制度存在矛盾时，正式制度即便是在形式上有效，其实际效果也会缺失。如在具有重男轻女的伊斯兰教国家，无论是传统观念和宗教教义都规定了女性较为低下的社会地位，在这样的非正式制度下，出台关于男女平等的法律和政策也不会带来女性生活质量实质性的改善。当然，我们也可以看到很多在形式上就缺乏有效性的情况，如在美国的一般法律有关于男女同工同酬、反对家庭暴力和性骚扰的条文，但在最高法律形式的宪法中却并没有关于男女平等的规定[②]，这种形式上有效

---

① ［美］道格拉斯·诺思：《制度、制度变迁与经济绩效》，杭行译，上海人民出版社2008年版，第7页。

② 李傲：《美国有关性别歧视的判例研究》，《法学评论》2008年第6期，第125页。

性的缺失容易导致关于女性生活质量问题的"制度陷阱"①。

2. 实施过程中的有效性缺失

对于法律、法规这样的正式制度，其形式的有效并不代表实际效果的有效，因为制度从制定到付诸行动还受很多其他因素的影响。除了前文反复强调的非正式制度的影响和制度形式有效性之外，新制度经济学关于制度的完备性也可以解释实施过程中的有效性缺失问题。所谓的制度完备性，是指制度对行为的调试可以充分考虑到各种外在影响因素，并对未来可能出现的行为变动作出充分的预测和调试②。但这种完备性多是一种理论假设，在现实中难以有制度可以实现完备性，这在女性生活质量问题中体现得非常明显，如前文所列举的在女性求职过程中经常遭遇的性别歧视。尽管对于男女获得平等劳动权，我国有着明文规定，但在员工招聘中通过设置附加条件、增设额外门槛或是以各种理由拒绝同等条件下女性的情况还是非常普遍，但对于这种情况法律无法给出具体而详细的规定，从而导致制度在实施过程中面临有效性问题。通过图3—2可以看出影响制度实施有效性的各种因素。

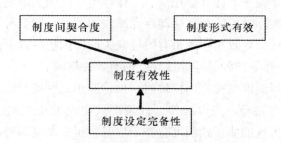

图3—2　制度有效性影响因素

当然，很多女性生活质量问题并非是由单一有效性缺失而导致的，更多情况下在女性工作与生活上都是因为形式和实际效果两方面有效性的缺失而降低了其生活质量。但从各国在应对这一问题的发展趋势来看，形式上已经越来越完善和成熟。随着女权运动的发展和深入，在20世纪六七

---

① 注释：制度陷阱是指虽然有一整套的配套制度，但却缺乏核心制度的支撑，从而降低制度实施的效果。

② ［德］柯武刚、史漫飞：《制度经济学：社会秩序与公共政策》，韩朝华译，商务印书馆2000年版，第33页。

十年代欧美等国陆续出台关于女性的相关法律条文，涉及个人权利、社会地位与劳动权益等各个方面。在具有判例法传统的海洋系国家还通过法律判例和司法解释来弥补形式有效性不足和完备性不足的情况①。不过需要注意的是，这种形式上有效性的完善和弥补仅能带来非常有限的效果，对女性生活质量问题真正起作用的还是实际效果的有效性，而这又取决于制度执行与实施的效果，或者说受制度间契合度和制度完备性的影响。

三　制度变迁与均衡

在分析制度有效性这一维度时，笔者指出了制度间契合度和制度完备性是影响这一维度的影响变量，而这两者也涉及制度变迁与均衡问题。特定问题制度演化的阶段、形态与均衡程度对制度的效果会产生相当大的影响②。如在伊斯兰教国家，男女的不对等通过宗教和法律的形式加以确定并深入人心，甚至连女性自身也认可男女不平等对其社会地位及行为各方面的约束，在这样一个缺乏制度变迁动力机制的社会中推行男女平等的相关教育与法律，会遭到全社会的抵制和反对。具体而言，关于女性生活质量问题的制度变迁分析维度包含了正式制度变迁与非正式制度变迁：

1. 正式制度的变迁。正式制度包括法律、法规和公共政策等，其中关于男女社会地位及权利的相关法律、法规在较长一段时期的历史中都凸显了男权的特征。比如，我国封建社会时期关于女性在财产继承中困难地位的法律规定③，再如科举考试制度禁止女性参与，而在用官制度上也有关于禁止女性担任公职的规定等。随着封建社会的崩溃与消亡，建立在此基础之上的关于男女社会地位的法律等制度也发生了变化。但从实际的演化进程来看，关于男女平等及女性基本权益保障的正式制度的变迁并不顺利。在大多数资本主义国家，正式制度中并没有关于女性基本权益的明文规定。在20世纪30年代以及六七十年代全球范围的女权运动影响下，才迫使许多国家在正式制度上作出了改进，但这种变迁无论在广度还是深度上来说都是非常有限的，对女性生活质量的提升作用也不够显著。

---

① ［美］V. 奥斯特罗姆、D. 菲尼、H. 皮希特：《制度分析与发展的反思——问题与抉择》，王诚 等译，商务印书馆1992年版，第99页。

② ［英］马尔科姆·卢瑟福：《经济学中的制度：老制度主义与新制度主义》，陈建波 等译，中国社会科学出版社1999年版，第67页。

③ 王扬：《宋代女性法律地位研究》，博士学位论文，中国政法大学，2001年，第124页。

2. 非正式制度的变迁。非正式制度的形式有文化、习俗、习惯等。相对于正式制度的变迁，非正式制度的变迁对女性生活质量的改进带来的影响要更大一些，甚至在某种程度上，非正式制度的变迁还决定了前者。我国封建时代的很多习俗与习惯无论是在心理还是生理上都造成了女性生活质量的低下，如古代女性必须"三从四德"①，必须缠足束胸。此外，反映在法律上对女性社会地位及行为的约束也影响了其生活质量。然而，社会经济的发展要求解放生产力和劳动力，对传统的两性社会地位的观念与习俗产生了冲击，而在主观上个体思想观念的变化也促使了非正式制度的变迁。女性开始主张必须废止传统的约束女性行为的旧习，还要求获得更进一步的解放，包括女性自由婚姻、劳动报酬权等。从这点上来看，非正式制度变迁的程度取决于社会经济发展水平，即便是传统观念强大的社会也会因为社会经济结构的变化而出现制度变迁的动力机制。如在伊斯兰教国家伊朗，其首都德黑兰的女性正在经历着社会习俗和习惯的变化，如不再硬性规定女性必须缠头巾才可以出现在公共场合②，职业女性也越来越多。

相对于正式制度而言，非正式制度的变迁更为缓慢，因为非正式制度更多的是一种约定俗成的规则，是一种内嵌性的思想观念，而非一种外部构建性的正式规则。后者容易通过特定的程序和方式加以变更（如法律变更），但前者在较长一段时间内具有很强的稳定性（如思想观念）。此外，非正式制度的变迁也会决定正式制度的发展方向，当关于女性社会地位及行为的思想观念发生整体性变化时，这种态度最终会通过社会的正式规则反映出来。因此，站在制度变迁这一角度来思考女性生活质量问题，制度供给者要提升女性生活质量、改善制度环境，需要提供一种制度变迁的动力机制，以实现关于女性生活质量问题的非正式制度的良性变迁。

除了制度变迁之外，女性生活质量分析框架的第三个维度就是制度均衡，这一角度又包括了两个方面：

1. 制度需求与制度供给之间的均衡。就一般的制度而言，制度需求与制度供给之间的非均衡是一种常态，但这种非均衡并非是无效的或是不

---

① 参见《礼记·郊特性》。
② "走进德黑兰：实际上伊朗女性更开放"，网易（http：//discovery. 163. com/09/1116/10/5O801BPV000125LI. html），2009 – 11 – 16。

利的。相反，非均衡的存在正是促进制度变迁的动力之一，制度需求与供给之间是一种均衡实现—打破均衡—均衡再实现的循环过程，而在这一过程中实现制度的变迁。但对于女性生活质量问题而言，这种循环过程并不像其他制度供给过程那样有效。这是因为，从生活质量的主观评判角度来看，作为社会成员的一部分女性容易接受现行制度而无法提出制度需求。这种由于制度需求缺失导致的均衡容易使制度变迁缺乏动力机制，也就无法改进女性生活质量。因此，制度供给者的一个重要功能在于培育女性对生活质量改进的制度需求，进而创造制度变迁的动力机制。

2. 制度供给均衡。这是一个横向均衡问题，即制度供给者在进行制度供给时能否实现平衡。这种平衡又体现在绝对平衡与相对平衡两个方面：（1）前者是指在提升女性生活质量的法律、公共政策方面的平衡，不以区域、经济发展水平为区分标准，保证一个社会体系的所有地区都能实现同等的法律和公共政策待遇；（2）后者则是指关于女性生活质量改进的制度环境及需求培育方面的平衡，这是由于存在区域、经济社会发展水平等各方面的差异，不同区域的女性生活质量改进的效果与空间是存在差异的。如城市同农村女性生活质量无论是在客观上还是在主观评价上都存在较大差异，而在同一城市范围内，不同的区域之间也会存在较大差异。因此，站在宏观调控者的角度看，应该更多地关注外在制度环境较差、制度需求和变迁动力机制较弱的区域。

四　制度供给分析框架的逻辑体系

针对城市女性生活质量这一问题，笔者构建了一个制度供给—制度有效性—制度演化与均衡的三维分析框架，这也是本书不同于以往城市女性生活质量研究的地方。这一分析框架是本研究的内核与基础，而这一框架的三个维度之间存在一定的逻辑联系，三者是一个由浅入深的过程。制度安排与公共政策是制度供给的形式与表象，是影响城市女性生活质量的具体途径。制度有效性是制度供给的效果，或者说，既要考察制度安排和公共政策的形式，也要考察其实际效果。而制度变迁与均衡则是会影响前两者的因素，不仅决定了制度供给的形式与具体内容，也影响到制度的有效性问题。这里用图3—3来描述城市女性生活质量制度供给分析框架的逻辑体系。

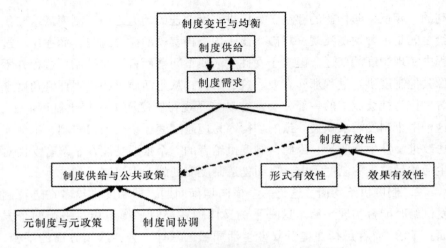

图 3—3　女性生活质量制度供给分析框架逻辑

第二节　城市女性生活质量指标体系

一　相关的指标体系研究

在进行城市女性生活质量指标体系的设计之前，要对国内外相关研究进行回顾，作为本书指标体系构建的基础，以便于寻找到可借鉴之处及其存在的问题。

生活质量的测定是否完整与科学，很大程度上取决于其指标的选定与体系的设计。可以说，指标体系的选定是进行研究的第一步，这也是许多学者十分重视指标体系研究的原因。从国外的研究来看，指标体系本身就是生活质量这一研究领域中最为重要的内容之一。国外早期关于指标体系的研究大致可分为两个不同派别：一派为客观指标学派（北美学派）；另一派为主观指标学派（欧洲学派）。前者的指标体系以可测定的客观标准为主，而在北美学派内部，由于客观标准的来源与类别不一样，又分化出不同的小派别，如扩展账户模式学派和社会指标模式学派等。主观指标学派则更看重被测者的主观认知和评价。两个学派各有利弊：（1）就北美学派而言，其指标选择更具可测量性，但却容易忽略个体的精神层面及主观评价；（2）就欧洲学派而言，其指标选择侧重于个体主观感受，充分考虑到不同个体的经历或经验等因素，但基于这些指标的测定过于模糊和复杂，难以对生活质量进行精确评价。正是因为如此，之后的学者尝试将两种学派进行融合，吸收两者的优势，形成了一种综合性的指标体系设计方式，即综合考察主观与客观生活质量指标。国外生活质量指标体系的研究趋势如图3—4所示。

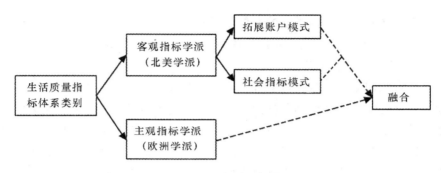

图3—4　生活质量指标体系研究趋势

　　国内对女性生活质量的研究也基本遵循了国外生活质量的研究模式与趋势，但总体来看，还是更多地侧重主观指标体系。如朱玲怡将女性生活质量分为工作和家庭生活这两个一级指标，同时又细化为工作条件、工作组织中的价值取向、工作满意度、身心健康、家庭与社会地位等二级指标①。吴绍琪对指标体系的选择更偏重于主观评价，从女性的心理和行为角度出发构建了包含工作生活、家庭生活、娱乐生活、健康生活以及生活环境等在内的指标体系②。黄立清则根据中国城市居民主观幸福度指数来考察城市女性对生活质量的满意度③。此外，韩湘景在女性生活质量指标体系的设计上较为全面，2012年的中国女性生活质量调查采用了客观条件和主观感受这两大类指标，前者包含了工作和收入状况、教育程度、居住环境、社会安全等指标，后者则是考察女性对于生活整体或某个方面的满意度。④可见，目前国内对女性生活质量的研究更侧重于女性的主观评

---

　　① 朱玲怡、孙进：《高级知识女性人口工作生活质量调查》，《中国人口科学》1995年第3期，第35页。
　　② 吴绍琪、陈千：《高级知识女性群体主观生活质量指标体系初探》，《中华女子学院学报》2005年第4期，第56页。
　　③ 黄立清：《城市女性主观生活质量初步研究》，《中国妇幼保健》2004年第8期，第52页。
　　④ 韩湘景：《中国女性生活状况报告No. 7（2013）》，社会科学文献出版社2013年版，第6页。

价，更多的是主观方面的测评。

接下来，在前人研究的基础之上，结合本书的分析框架，将提出影响城市女性生活质量的因素、变量及指标，进而构建本书的指标体系。

二　城市女性生活质量的变量与指标

（一）城市女性生活质量的影响变量

1. 生存状况影响变量

生存状况影响变量又可细分为经济状况和社会地位两个方面，将经济状况作为影响变量的原因包括两个方面：一是借鉴吸收了前人对生活质量指标体系的研究成果，将经济状况作为客观指标纳入进来；二是经济基础是生活质量改进的前提，没有一定的经济实力或是经济地位，生活质量则无从谈起。这两个方面的因素对女性生活质量的影响具体如下：

（1）经济状况包括收入基本状况以及收支结构，前者包括家庭年总收入、人均收入、人均可支配收入等，后者包括收入结构和支出结构。经济状况是客观生活质量的物质基础，因此许多学者在研究中非常看重经济状况指标。而这一指标并非是一个独立的变量，它又与一个国家或地区的整体水平有关联，可以说整体经济状况是个体经济状况的前提与基础。就女性的客观生活质量来说，经济发达地区或者城市地区要明显高于欠发达地区或者农村地区，这最直接的体现在衣食住行等基本生活条件上。此外，收支情况也是影响女性生活质量的重要因素之一，这主要体现在合理的收支结构上。

（2）社会地位则包括受教育机会与程度、参与公共事务的机会与能力、法律保障程度等方面。受教育的机会与程度是女性生活质量的另一重要影响因素，它对于女性自身发展以及平等机会的获得有着重要的作用，而且提升女性受教育机会的程度有助于提升女性素质，也有利于女性更快地融入社会角色并获取成就。事实上，教育可以提升女性的文化素养，而文化素养可以丰富女性的生活世界，拥有文化知识的女性群体对于促进社会文明、和谐发展有着重要的作用，也是人类社会进步的重要标志。随着经济、社会的不断发展，我国的教育事业越来越发达，女性享受着同男性同等的教育权利，而目前高级知识女性在整个女性群体中所占的比重已在逐渐提升。尤其是在武汉这样一个教育大市，受教育的机会和程度是一个非常重要的影响因素。

改革开放后，女性社会地位有了极大的提高，主要体现为宪法和其他法律进一步规定了女性拥有和男性平等的法律地位，并切实保护女性政治权利的实现，女性在政治领域越加活跃，越来越积极地参加各种政治活动和公共事务。这一方面是由于随着经济的不断发展，为女性奠定了较好的基础，使其有能力去参与政治活动；另一方面，女性参与公共事务提升自己的发言权，实际上有利于对关系自己切身利益的问题发表看法和观点，对其生活质量有着重要的影响。

2. 家庭状况影响变量

现代城市女性扮演的角色多样复杂，但总体来看，传统的角色定位在许多女性甚至是整个社会中占据了重要的位置，即女性的第一角色应以家庭为中心，家庭主妇的角色和地位是难以动摇的。从这点上来看，家庭状况对女性生活质量的影响至关重要。本书中的家庭状况影响变量主要包括家庭和谐度、健康状况和休闲娱乐等方面。

家庭和谐度又包含了总负担系数（被抚养人口）、婚姻关系和谐度、亲属关系和谐度等不同的因素。一般而言，总负担系数越大，婚姻关系和谐度、亲属关系和谐度越低，女性所要承担的压力也就越大，换句话说其生活质量也就相应地下降。女性生活质量与总负担系数成反比，与婚姻关系和谐度、亲属关系和谐度成正比。对于一个家庭而言，实现家庭的民主化、家庭成员的平等、构建一个和谐的家庭，对女性生活质量的提高起着重要作用。此外，家庭和谐度并不是简单的自变量，它同其他变量间还有着密切的联系，如经济条件状况、女性社会地位提升、受教育机会与程度等。一方面，女性的经济独立、经济收入提升，对于减轻家庭的经济负担有很大的帮助，同时也有利于巩固婚姻的稳定性；另一方面，女性受教育机会与程度的提升，有利于促进女性自我觉醒，提升其文化素养，进而有助于构建一个健康、和谐、高质量的婚姻与家庭。

健康状况包括生理健康、心理健康以及公共卫生保健服务。女性由于其特殊的生理器质，更需要生理健康方面的呵护，如女性生理期、妊娠期、哺乳期等，这些基本的生理健康出现问题将会直接影响其生活状况。除了常规的生理健康之外，女性的心理健康也是考察其健康状况的重要指标。尤其是城市女性，由于多重角色带来的多重压力，使得女性的心理健康状况令人堪忧，越来越多的学者开始关注城市女性心理健康对生活质量的影响。除此以外，女性的公共卫生服务供给也受到了广泛的关注。关于公共卫生服务供给，主要集中考察的是医疗卫生设施的保障，以保证女性的基本健康需要。另一个重要的评价指标就是医疗健康水平。从目前对生活质量的研究来看，无论是发达国家还是发展中国家对女性生活质量的研究，其指标体系基本上都涉及医疗及健康等指标，具体包括女性平均预期寿命、拥有床位数量、拥有的医生数量等。医疗卫生不仅是日常生活的基本保障，也是改善和提升女性生活质量的重要内容和渠道。所以我们也需要考察公共卫生保健服务对女性生活质量的影响。

家庭状况影响因素的最后一个方面是休闲娱乐，这一因素在以往的研究中比较容易被忽视。进入 21 世纪以来，在欧美等国女性生活质量的研究项目中，日渐将这一影响因素作为一个很重要的考核指标纳入进来。对这一影响因素考察的必要性表现在两个方面：一方面，休闲娱乐与女性的精神需求直接相关，很大程度上甚至会影响女性的生理与心理健康；另一方面，随着城市女性经济条件、社会地位等各方面的不断提升，休闲娱乐对女性来说不再是可望而不可即，城市女性用作休闲娱乐的时间在其生活空间里所占的比重越来越大。休闲娱乐因素具体又包含了娱乐时间、家庭娱乐设施和公共娱乐设施等变量指标。其中，家庭娱乐设施还包括硬件和软件这两部分，硬件包括新型的家庭健身器材等，而软件部分则是指家庭成员之间的休闲互动娱乐等。

3. 工作状况影响变量

随着城市的快速发展，职业女性这一群体规模越来越庞大，在整个职业群体中占据了重要的地位，对城市经济、社会的发展起到了较大的推动作用。目前我国是世界上女性就业比例最高的国家，庞大的女性就业群体分布在文化、教育、卫生、科技、金融等各个领域，为我国的经济、社会快速发展作出了巨大的贡献。但同时还伴随着诸多的问题，如在工作及职业发展中的性别歧视，以及社会各界对职场女性不客观的评价等，这些都会阻碍女性生活质量的提升。因此，需要对城市女性工作状况进行考察。

这里要对工作状况进行细分，其影响变量具体又包括工作环境、工作压力、工作待遇、自我发展和女性权益五个方面，这些都是影响女性生活质量的决定性因素。其中，工作环境、工作压力同女性的生理健康及心理健康存在密切关系；工作待遇、自我发展则很大程度上决定了女性的经济状况；而女性权益直接关系女性的社会地位与生活质量。根据相关学者的研究，目前城市女性工作状况存在诸多问题，具体表现在：（1）男女就业机会不平等。近几年，全社会的"就业难"突出反映在女性身上，女性在求职过程中普遍遭遇用人单位岗位少、"门槛"设置高、用人单位要求苛刻等歧视性障碍。（2）职业选择范围狭窄。女性相对就业机会大于男性的行业较少，主要集中在第三产业。（3）女性职工专业技能提升困难。长期以来，由于受传统观念影响，女性受教育机会不公平，接受高等教育的比例不及男性。这些问题的存在都极大地影响了城市女性工作状况的改善，不利于女性生活质量的提高。

4．制度因素影响变量

制度在某种意义上可以被理解为是关于资源的配置方式，在特定制度下利益结构的不同，不同群体的利益分配也会受到影响。女性的生活质量实际上受制度因素影响很大，而影响的方式根据制度种类的差异也会有所不同。

（1）内在制度通过习俗、价值观念影响社会对女性的认知模式及女性个体的行为模式，如"重男轻女""男尊女卑"的思想等。从这点上来看，内在制度对女性生活质量的影响更为深远，深入到女性生活与工作的方方面面，而且在短期内难以发生改变。从效果上来说，通过改变内在制度实现社会认知模式与行为模式的调整对于提升女性生活质量才是根本之道。

（2）外在制度则是通过强制性的行为规范，对个体行为进行调整，进而实现资源在不同群体间的配置。就目前的情况来看，短期内对外在制度进行改进，重新配置资源以提升女性生活质量是相对较容易实现的。如以政府为主导开展女性技能培训并为女性提供相应的教育资源，开设女性健康与医疗咨询的服务机构以及为女性提供医疗卫生资源等。

为了更好地考察制度因素对女性生活质量的影响，本书的指标体系中融入了内在制度与外在制度两个层面，并通过调研来验证和说明制度这一影响因素。

（二）城市女性生活质量的指标筛选

1．城市女性生活质量总体指标归纳情况

通过对城市女性生活质量影响因素的分析，可以抽象和归纳出相关指标，表3—1列出了总体指标归纳情况，作为项目组2009—2012年调研指标体系设定的依据与标准。

表 3—1

一级指标	二级指标	三级指标
女性生存状况	1．女性经济状况	（1）家庭年总收入
		（2）人均可支配收入
	2．女性社会地位	（3）受教育机会与程度
		（4）参与公共事务的机会与能力
女性社会积极性	3．女性政治参与度	（5）政治关注频率
		（6）选举权与被选举权的运用
		（7）党派加入率
	4．女性经济参与度	（8）收入来源
		（9）经济政策关注度
	5．女性文化参与度	（10）娱乐时间
		（11）家庭娱乐设施
		（12）公共娱乐设施
制度安排与公共政策	6．制度（非正式）与政策的保障	（13）道德、习俗对女性生活质量的保障
		（14）政府政策对女性生活质量的保障
	7．制度（非正式）与政策的协调度	（15）习俗与政府政策的契合度
		（16）习俗与政府政策的冲突与矛盾
	8．制度供给动力	（17）市场与商业规则对女性的保护
		（18）制度提供的利益资源分配对女性是否均衡
		（19）经济发展是否提高女性制度的供给率
		（20）价值观念的发展是否催生女性制度的供给
制度保障性	9．社会地位与角色	（21）对制度规定女性社会地位与角色改变的满意度
		（22）法律保障程度及对法律的认知与评价
	10．劳动权	（23）男女同工同酬
		（24）劳动力市场规范程度（包括性别歧视与性别职业隔离）
		（25）女性用工合同保障与权益保护
	11．受教育平等度	（26）男女享受教育资源的平等性
	12．资源掌控平等度	（27）经济资源（资本、信贷、土地、技术、信息等）获得情况
		（28）社会资源（医疗、住房、福利、养老、保险等）获得情况

2．2009—2012 年女性生活质量指标体系设计

指标体系的设计并非是一蹴而就的，很多指标的设置尽管从理论上存在必要性与可行性，但在实际过程中会因为数据收集、个人隐私等诸多问题导致其作用范围有限，这些变量与指标都需要不断地进行剔除或修正。因此从 2009—2012 年间，项目组在调研过程中，结合本书的研究框架，不断地对指标体系进行完善。以下给出 2009—2012 年四年指标体系的设置情况。

（1）2009 年女性生活质量指标体系设计情况

2009 年，项目组主要借鉴了林南与卢汉龙将女性生活质量指标分为工作、婚姻、家庭等不同层面的划分方法①，同时他们将其细化为个体对生活满意度、个体对精神生活满意度以及对社会反馈行为三个方面②，而这三个方面又分属于认知、情感、行为三个不同的层面，这种划分方法也体现在本研究关于城市女性生活质量指标体系的设定上。

在指标体系的设定上，本书选取了生存状况、家庭状况、工作状况与保障因素 4 个一级指标。首先，生存状况主要是指影响城市女性基本生活的要素，包括经济状况与社会地位等，前者是关于生活状况的客观指标，后者则是城市女性对目前自身社会地位的主观评价。其次，家庭状况包括了家庭和谐度、健康状况与休闲娱乐状况。由于目前城市女性多数都有自己的工作与事业，因此工作状况成为影响女性生活质量的一个非常重要一级指标，这一指标又包含了女性权益、发展前景、工作环境与压力。最后，还要考察保障因素，也就是政府的相关制度供给及配套情况，包括政府政策法规、社会配套等。以下将给出本研究关于城市女性生活质量的指标体系框架，分别包括 4 个一级指标、13 个二级指标、36 个三级指标，如表 3—2 所示。

---

① ［美］林南、卢汉龙：《生活质量的结构与指标——1985 年天津千户户卷调查资料分析》，《社会学研究》1987 年第 6 期，第 73 页。

② ［美］林南、卢汉龙：《社会指标与生活质量的结构模型探讨——关于上海城市居民生活的一项研究》，《中国社会科学》1989 年第 4 期，第 75 页。

表 3—2　　　　　　　**2009 年武汉市女性生活质量指标体系框架**

一级指标	二级指标	三级指标
生存状况	1. 经济状况	（1）家庭年总收入
		（2）人均可支配收入
		（3）经济资源（资本、信贷、土地、技术、信息等）获得情况
	2. 社会地位	（4）受教育机会与程度
		（5）参与公共事务的机会与能力
		（6）法律保障程度及对法律的认知与评价
家庭状况	3. 家庭和谐度	（7）总负担系数（被抚养人口）
		（8）婚姻关系和谐度
		（9）亲属关系和谐度
	4. 健康状况	（10）生理健康
		（11）心理健康
		（12）公共卫生保健服务
	5. 休闲娱乐	（13）娱乐时间
		（14）家庭娱乐设施
		（15）公共娱乐设施
工作状况	6. 工作环境	（16）劳动卫生
		（17）安全保护
		（18）工作稳定度
	7. 工作压力	（19）竞争压力
		（20）工作强度
		（21）工作与家庭平衡
	8. 工作待遇	（22）月收入
		（23）福利
		（24）克扣、拖欠、压低工资现象
	9. 自我发展	（25）工作兴趣与奖励
		（26）晋升空间
		（27）人际关系和谐度

续表

一级指标	二级指标	三级指标
工作状况	10.女性权益	(28）男女同工同酬
		(29）对"四期"（经期、孕期、产期、哺乳期）的落实程度
		(30）女性法律认知与维权意识
保障因素	11.政府政策法规	(31）女性权益维护政策完善度
		(32）女性权益维护机构完善度
	12.社会配套	(33）相关非政府组织（NGO）参与度
		(34）培训、信息及指导等社会服务
	13.政府参与度	(35）劳动力市场规范程度（包括性别歧视与性别职业隔离）
		(36）女性用工合同保障与权益保护

（2）2010年女性生活质量指标体系设计情况

2010年的指标体系设定是在2009年基础之上进行的细微调整，2009年侧重于对女性基本情况的调查，是为了初步了解武汉市女性各方面的生活状况及其满意度。2010年按照项目组的研究计划，结合前一阶段调研的实际效果，逐步融入与制度供给相关的指标。表3—3给出了2010年武汉市女性生活生活质量测定的指标体系，包含了4个一级指标、12个二级指标和34个三级指标。

表3—3　　　　　　2010年武汉市女性生活质量指标体系框架

一级指标	二级指标	三级指标
生存状况	1.经济状况	(1）家庭年总收入
		(2）人均可支配收入
		(3）经济资源（资本、信贷、土地、技术、信息等）获得情况
	2.社会地位	(4）受教育机会与程度
		(5）参与公共事务的机会与能力
		(6）法律保障程度及对法律的认知与评价

一级指标	二级指标	三级指标
生活满意度	3. 家庭满意度	(7) 总负担系数（被抚养人口）
		(8) 婚姻关系和谐度
		(9) 亲属关系和谐度
	4. 工作满意度	(10) 工作与家庭平衡
		(11) 工作压力
		(12) 工作待遇
		(13) 发展前途
	5. 环境满意度	(14) 工作环境
		(15) 人际关系
		(16) 生活环境
	6. 女性权益	(17) 男女同工同酬
		(18) 对"四期"（经期、孕期、产期、哺乳期）的落实程度
		(19) 女性法律认知与维权意识
社会积极性	7. 政治参与度	(20) 政治关注频率
		(21) 选举权与被选举权的运用
		(22) 党派加入情况
	8. 经济参与度	(23) 收入来源
		(24) 生活质量
		(25) 经济政策关注度
	9. 文化参与度	(26) 娱乐时间
		(27) 家庭娱乐设施
		(28) 公共娱乐设施
保障因素	10. 政府政策法规	(29) 女性权益维护政策完善度
		(30) 女性权益维护机构完善度
	11. 社会配套	(31) 相关非政府组织（NGO）参与度
		(32) 培训、信息及指导等社会服务
	12. 政府参与度	(33) 劳动力市场规范程度（包括性别歧视与性别职业隔离）
		(34) 女性用工合同保障与权益保护

（3）2011 年女性生活质量指标体系设计情况

2011 年的指标体系对前两年的进行了较大的调整，主要因为逐步了解了武汉市女性生活状况，并结合调研的结果与经验，更多地融合了本书的分析框架。具体指标体系包含了 4 个一级指标、12 个二级指标以及 30 个三级指标，具体见表 3—4。

表 3—4　　　　　　　2011 年武汉市女性生活质量指标体系框架

一级指标	二级指标	三级指标
社会参与性	1. 政治参与度	（1）政治关注频率
		（2）选举权与被选举权的使用
		（3）党派加入情况
	2. 经济参与度	（4）收入来源
		（5）经济政策关注度
	3. 文化参与度	（6）娱乐时间
		（7）家庭娱乐设施
		（8）公共娱乐设施
制度保障性	4. 社会地位与角色	（9）对制度规定女性社会地位与角色改变的满意度
		（10）参与公共事务的机会与能力
		（11）法律保障程度及对法律的认知与评价
	5. 劳动权	（12）男女同工同酬
		（13）劳动力市场规范程度（包括性别歧视与性别职业隔离）
		（14）女性用工合同保障与权益保护
	6. 受教育平等度	（15）男女享受教育资源的平等性
	7. 资源掌控平等度	（16）经济资源（资本、信贷、土地、技术、信息等）获得情况
		（17）社会资源（医疗、住房、福利、养老、保险等）获得情况

一级指标	二级指标	三级指标
制度安排与公共政策	8. 制度（非正式）与政策的保障	（18）道德、习俗对女性生活质量的保障
		（19）政府政策对女性生活质量的保障
	9. 制度（非正式）与政策的协调度	（20）习俗与政府政策的契合度
		（21）习俗与政府政策的冲突与矛盾
	10. 制度供给动力	（22）市场与商业规则对女性的保护
		（23）制度提供的利益资源分配对女性是否均衡
		（24）经济发展是否提高女性制度的供给率
		（25）价值观念的发展是否催生女性制度的供给
制度变迁与均衡	11. 制度变迁	（26）保障女性生活的政策是否在发展
		（27）不利于女性发展的旧习俗是否在消亡
	12. 制度均衡	（28）能否接受社会现行制度保障
		（29）对制度的出台与保障是否有需求
		（30）法律与政策在区域内的实施是否均衡

（4）2012 年女性生活质量指标体系设计情况

2012 年的指标体系则是完全建立在本书设定的分析框架基础之上，融入了制度供给主体、制度有效性等维度的考量。指标体系包含了 4 个一级指标、16 个二级指标与 29 个三级指标，具体见表 3—5。

表 3—5　　　　　2012 年武汉市女性生活质量指标体系框架

一级指标	二级指标	三级指标
制度完整性	1. 制度供给有效性的完整度	（1）关于改善女性生活质量的制度是否完备有效
		（2）制度实施过程中的有效性缺失
	2. 制度安排与公共政策协调性	（3）非正式的制度安排（习俗、道德）与公共政策矛盾
	3. 制度安排内在化导致变迁动力缺失	（4）传统制度安排（习俗、道德）的内在性、稳定性影响制度的制定与发展
	4. 制度供给的"搭便车"	（5）个体规避制度供给投入成本，坐享制度成果

续表

一级指标	二级指标	三级指标
制度保障性	5. 社会地位与角色	(6) 对制度规定女性社会地位与角色改变的满意度
		(7) 参与公共事务的机会与能力
		(8) 法律保障程度及对法律的认知与评价
	6. 劳动权	(9) 男女同工同酬
		(10) 劳动力市场规范程度（包括性别歧视与性别职业隔离）
		(11) 女性用工合同保障与权益保护
	7. 受教育平等度	(12) 男女享受教育资源的平等性
	8. 资源掌控平等度	(13) 经济资源（资本、信贷、土地、技术、信息等）获得情况
		(14) 社会资源（医疗、住房、福利、养老、保险等）获得情况
制度发展性	9. 女性家庭生活及地位	(15) 总负担系数（被抚养人口）
		(16) 在家庭生活中的地位
		(17) 亲属关系和谐度
	10. 情感及婚姻	(18) 婚姻关系和谐度
		(19) 对婚姻制度的看法
	11. 事业发展状况	(20) 对制度关于工作环境规定的满意度
		(21) 对制度关于工作待遇规定的满意度
		(22) 对制度关于女性事业发展保障的满意度
	12. 人际交往联系度	(23) 人际交往和谐度
制度有效性	13. 制度惯性	(24) 对旧制度存在残余影响的满意度
		(25) 对其他制度带来的衍射性影响的满意度
	14. 传统利益结构阻碍制度有效性	(26) 对制度改变传统利益结构的有效性的满意度
	15. 形式上有效与实质上有效统一度	(27) 现行制度能否起到实质作用
		(28) 现行制度的实际实施效果是否背离其形式上目标
	16. 正式制度（公共政策）与非正式制度的契合程度	(29) 正式制度是否为非正式制度（道德、习俗）提供保障

2. 基于层次分析法的指标筛选

本研究对女性生活质量指标的筛选经历了两个阶段，2009—2011 年项目组根据城市女性生活的影响变量设计指标，经过三年的调研，对无效变量（难以测定或是无效的变量）进行剔除，使之逐渐完善。此外，为了使指标体系更加科学化和有针对性，在 2012 年的指标体系设计中，结合前面的筛选与剔除，我们采用了层次分析法抽取最为关键和重要的指标体系。为期四年的指标体系设计与筛选是为了让这项研究更加严谨，这也是本研究不同于以往女性问题研究的地方。

女性生活质量包含了丰富的内容，涵盖了经济、社会、文化等生活的方方面面。但就女性群体而言，不同层次、不同区域的女性生活质量的侧重也会有所差异。因此，需要根据不同区域、不同层次女性的实际情况，对城市女性生活质量指标进行甄别与筛选。有鉴于此，本研究采用了层次分析法（Analytic Hierarchy Process，AHP）。

（1）基本原理与步骤

AHP 是一种将定性与定量分析有机结合的分析方法，用于系统分析和决策分析，该方法是在 20 世纪 70 年代由美国运筹学家萨蒂（Thomas L. Saaty）创立的。在经济和社会问题中，许多决策问题涉及多个目标，因此简单的决策分析不能解决这一问题。这一方法采用系统的视角来看待多目标的复杂问题，通过采用多目标和标准分解目标，并在多层次划分的基础上，采用定性指标模糊量化的方法来计算权数和排序，以此作为多目标、多方法决策的依据与参考。从这点上来看，AHP 是一种系统方法。

AHP 方法建模一般遵循四个主要步骤：通过层次结构模型进行分层；建立不同层次的成对比较矩阵；对指标进行单层次排序并对排序进行一致性检验；进行总层次排序并进行一致性检验。

①层次结构模型

第一个步骤在于形成多层次的分析结构模型，将问题的影响因素进行层次化的划分，划分的标准是问题的性质以及决策目标。在建立模型之前要先将复杂的问题指标化，以此简化问题以便于建模，根据这些指标的性质进行分组，以此来划分不同的层次。在上一层级的指标基础上，形成下一层级指标，后者受前者支配。一般来说，最顶层的指标作为目标层只有一个，目标层通常是决策的预定目标和预设结果，其下支配的层次则是准则层（包括子准则层）。

②构造判断矩阵

指标以及各层次间变量元素的权重确定一般来说以定量分析结果为准，为了较为科学地对权重进行定量，一致矩阵法应运而生，这一方法的原理是：

A：用变量和因素间的两两比较来替代整体性比较；

B：用相对尺度而不是绝对尺度作为对比的依据，以此简化和减少因性质不同带来的因素比较的困难程度，同时还有利于提高分析精度与准度。

通过搭建判断矩阵来比较不同层次及不同因素的重要性，这里采用萨蒂 1—9 标度方法建立判断矩阵，具体见表 3—6。

表 3—6　　　　　　　　　　　　判断矩阵表

标度	含义
1	表示两个因素相比，具有同样重要性
3	表示两个因素相比，一个因素比另一个因素稍微重要
5	表示两个因素相比，一个因素比另一个因素明显重要
7	表示两个因素相比，一个因素比另一个因素强烈重要
9	表示两个因素相比，一个因素比另一个因素极其重要
2、4、6、8	上述两相邻判断的中值
倒数	因素 i 与因素 j 的比较判断，而因素 j 与因素 i 的判断为其倒数

③单层次排序与检验

计算得出权重向量，并进行一致性检验，可以得出比较矩阵的特征向量，同时还可得出最大特征根。通过一致性指标 CI、随机一致性指标 RI 和一致性比率 CR 作一致性检验（CR 约等于 CI/RI）。当 CR < 0.1 时，则认为判断矩阵具有满意一致性；当 CR > 0.1 时，则重新构建矩阵，使之达到一致性。具体见表 3—7。

表 3—7　　　　　　　　　　　　平均随机一致性表

N	3	4	5	6	7	8	9
RI	0.58	0.90	1.12	1.24	1.32	1.41	1.45

④层次总排序与一致性检验

不同层次下各个因素的重要程度可以通过权重值来反映，这也是总排序的标准，依据权重值的高低顺序排列可以得出不同层次的排序。在单层权向量及其权重值的比较上，可以套用步骤③的方法进行一致性检验，最终得出权重值并进行排序。

（2）供筛选的指标

表3—1给出了可供筛选的指标，将这些指标作为AHP分析的指标备选方案。

（3）AHP分析结果

在进行指标体系AHP分析过程中，为了避免单一群体对指标的主观偏好，或由于短视效应等可能带来的各种偏差，项目组发放AHP调研问卷（具体见附录）的对象包括相关部门（如劳动与社会保障部门、法律机构、妇女联合会等）工作人员、高校从事女性社会问题的相关专家及部分社会女性成员，共发放问卷120份，回收有效问卷99份，有效回收率为82.5%，调研基本统计情况见表3—8。

表3—8　　　　　　　　　　　AHP问卷发放情况

调研对象类别	问卷发放数量	回收有效问卷数	有效回收率（%）
相关部门工作人员	60	51	85
女性社会问题专家	30	29	96.67
社会女性成员	30	19	63.33

其中，在这些人员构成中，从事女性事业工作或是女性社会问题研究（对于社会女性成员则是以参加工作的年限为标准）有20年以上经验的共有17人，10—20年的有36人，5—10年的有29人，5年以下的为17人，分布情况如图3—5所示。

之所以要以调研对象的年限作为评判标准，是因为我们假设年限越长对待女性问题的理解和认知越成熟，以此来赋予不同性质工作与年限工作人员判断的权重。我们可以假设直接从事女性事业工作的人员及有较长年限的评价的可置信程度更高，根据这一假设我们给出不同专家的权重设置，具体见表3—9与表3—10。

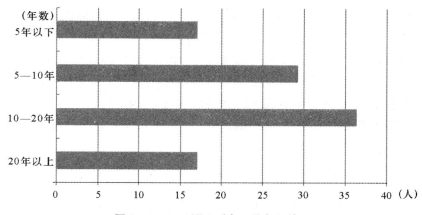

图 3—5　AHP 调研对象工作年限情况

表 3—9　　　　　　　　　AHP 评价人员工作性质权重值分配情况

人员工作类别	重要度	重要度说明	权重值
相关部门工作人员	1	重要性很强	0.45
女性社会问题专家	2	重要性较强	0.35
社会女性成员	3	重要性一般	0.2

表 3—10　　　　　　　　　AHP 评价人员工作年限权重分配情况

工作年限	重要度	重要度说明	权重值
20 年以上	1	重要性很强	0.4
10—20 年	2	重要性较强	0.3
5—10 年	3	重要性一般	0.2
5 年以下	4	重要性较弱	0.1

以此，构造两两对比的比较矩阵尺度，如表 3—11 所示。

表 3—11　　　　　　　　女性生活质量指标体系判断尺度

比较尺度	定义	说明
1	同等重要	两个因素对于同性质有相同的重要性
2	更加重要	因素 A 相比因素 B 具有绝对重要性
1/2	没其重要	因素 B 相比因素 A 具有绝对重要性

评价人员按照指定的判断尺度给出自己的意见。对被调查人员的问卷最终通过加权平均法将计算结果（近似取整数），形成最终判断矩阵（分数统计过程略）。这样对于同一层次的 i 个指标，可得到两两比较判断矩阵 A = $\{a_{ij}\}$。判断矩阵中的值满足下列条件：$a_{ij} > 0$，$a_{ij} = 1/a_{ji}$，$a_{ij} = 1$。

对各层次元素重要性的两两比较，可得到矩阵 A、A1、A2、A3、A4。根据对应的判断矩阵，运用方根法，求解其特征值及对应的特征向量，具体步骤如下：

①计算判断矩阵每一行元素的乘积：$M_i = \prod_{i=1}^{n} a_{ij}$ （$i = 1, 2, \cdots, n$）；

②计算 M_i 的 n 次方根：$\overline{W}_i = \sqrt[n]{M_i}$ （$i = 1, 2, \cdots, n$）；

③将向量 $W = [W_1, W_2, \cdots, W_n]^T, \lambda = \sum_{i=1}^{n} \dfrac{AW_i}{nW_i}$ 归一化，得 $W_i = \overline{W}_i / \sum_{i=1}^{n} \overline{W}_i$ （$i = 1, 2, \cdots, n$）,$W = [W_1, W_2, \cdots, W_n]^T$ 即为所求的特征向量；

④计算矩阵特征根 λ_i，得平均数 λ，即 $\lambda = \sum_{i=1}^{n} \dfrac{AW_i}{nW_i}$。

为了方便计算，这里给出不同指标的数字代码，如表 3—12 所示。

表 3—12   指标数字代码

一级指标	二级指标
女性生存状况 a1	女性经济状况 a11
	女性社会地位 a12
女性社会积极性 a2	女性政治参与度 a21
	女性经济参与度 a22
	女性文化参与度 a23
制度安排与公共政策 a3	制度（非正式）与政策的保障 a31
	制度（非正式）与政策的协调度 a32
	制度供给动力 a33
制度保障性 a4	女性社会地位与角色 a41
	女性劳动权 a42
	女性受教育平等度 a43
	女性资源掌控平等度 a44

由上述 AHP 过程即可求出单层指标的权重 $W = [W_1, W_2, \cdots, W_n]^T$，权重的大小排序代表着对应指标的紧迫性排序，这里先计算单个权重按行相乘的次方根 W_{an}。

此外，还可求得的单层指标权重及相应紧迫性排序，具体见表 3—13。

表 3—13   **女性生活质量指标体系一级指标紧迫性排序**

一级指标内容	权重值（W_i）	分层排序
制度保障性 a1	0.32457	1
制度安排与公共政策 a2	0.26157	2
女性生存状况 a3	0.23236	3
女性社会积极性 a4	0.1815	4

由于 $W_i = (0.38179, 0.24337, 0.25176, 0.19078)$，则可以计算出最大特征值为：

$$\lambda = \frac{1}{4} \sum \frac{W_i}{AW_i}$$

（4）一致性检验

由于每个人在受教育程度、社会经历、认知视角等方面的差异，因此在看待女性生活质量的相关问题上也会存在差异，进而导致在进行各个因素两两比较的判断过程中主观性强，进而存在估计误差的可能，影响到特征值的准确性。为了防止与避免更大的误差，需要对判断矩阵进行一致性检验。

在一级指标的两两比较中，由于一级指标有 4 个，故形成 4×4 矩阵；在二级指标的两两比较中，形成 1 个 4×4 矩阵和 3 个 3×3 矩阵。

结合不同矩阵的特征根可以计算出一致性指数，则五个判断矩阵的特征根及一致性指数、随机性指数及随机一致性比例分别见表 3—14。

表 3—14   **判断矩阵一致性检验**

判断矩阵出处	CI	RI	CR
a1 a2 a3 a4	0.003606	0.8931	0.004038
a11 a12 a13 a14	0.004632	0.8931	0.005186

续表

判断矩阵出处	CI	RI	CR
a21 a22 a23	0.004373	0.58	0.00754
a31 a32 a33	0.00013	0.58	0.000224
a41 a42 a43	0.002719	0.58	0.004688

从一致性检验结果来看，每个判断矩阵的 CR 都小于 0.1，表明所建立的判断矩阵是满足一致性要求的。

最终可以得到武汉市女性生活质量二级指标重要性排序，见表3—15。

表3—15   女性生活质量指标体系二级指标紧迫性排序表

二级指标内容	权重值	分层排序	分层总和排序
女性劳动权 a42	0.31219	1	3（0.10132）
女性资源掌控平等度 a44	0.26136	2	4（0.08482）
制度（非正式）与政策的保障 a31	0.23219	3	7（0.07536）
女性经济状况 a11	0.19426	4	9（0.06305）
女性受教育平等度 a43	0.44047	1	1（0.11521）
女性经济参与度 a22	0.30075	2	6（0.07866）
制度（非正式）与政策的协调度 a32	0.25878	3	8（0.06768）
女性社会地位与角色 a41	0.47807	1	2（0.11108）
女性社会地位 a12	0.25923	3	11（0.06203）
制度供给动力 a33	0.2627	2	10（0.06104）
女性政治参与度 a21	0.44511	1	5（0.06194）
女性文化参与度 a23	0.2666	3	13（0.04838）

通过 AHP 分析给我们划定了武汉市女性生活质量指标体系的优先级，换句话说，我们在进行女性生活质量研究时要更加侧重于从排序靠前的指标着手。在进行问卷设计及实证分析时，应优先保留处于优先级前列的指标。

第四章 实证分析方法及其说明

在正式进入本书的实证分析章节之前，需要对本书的实证分析思路进行介绍，包括纵向上的时间比对分析思路和横向上的区域比对分析思路等。在本章中，还需要对本研究采用的主成分分析法的原理与步骤进行大致说明，以及对项目组调查的基本情况进行总结，包括问卷发放与回收情况、抽样样本分布情况及数据的检验等。

第一节 实证分析思路与方法

一 实证分析思路

为了使本书的结论更加科学和精确，除了遵循"发现问题—分析问题—解决问题"的一贯思路外，在实证分析上采取了更加严谨的方法，将实证分析过程分为以下三个环节：

第一个环节为指标体系建立、筛选与抽取环节。女性生活质量研究的方向与结论在很大程度上取决于其指标体系的设定，这也是生活质量指标体系研究是女性问题重点研究领域的原因。为了使本书的指标体系更加科学，涵盖的女性生活质量范围更加合理，仅仅依靠文献分析法来总结女性生活质量指标体系是不够的。因此，在吸收借鉴前人关于指标体系研究成果的基础之上，本书罗列出涵盖女性生活方方面面的指标，将其一一归类。此外，通过向女性问题研究者和工作者发放问卷，并采用层次分析法（AHP）对其进行分析总结，区分女性生活质量的权重，以划定本书关注的重点。

第二个环节是实证调研环节。项目组采用时间连续性的调研，在2009—2012年四年间，对武汉市女性生活质量状况进行持续性调研。在调研的对象上进行科学划分，覆盖了中心城区、远城区、城乡接合部，并涵盖了各个年龄段女性，跨越了各行各业，在此基础之上采用随机样本抽样调查。在调研的形式上，除了传统的问卷发放外，还对相关人员进行访谈，问卷发放的形式也实现了多样化，包括网络调查、微博、微信等多种形式。

第三个环节为实证分析环节。鉴于本书的调研是连续性调研，因此在数据分析时存在一个时间序列的比较问题。这种做法的目的一方面是为了验证分析结论，并根据比较不断修正指标与问卷；另一方面则是根据每年的差异或走向判断武汉市女性生活质量的变化趋势。此外，横向区域间的比较也是本书考察的一个方面。

二 实证分析方法

在具体的分析方法上，本书除了采用基本的统计分析对武汉市女性生活质量的基本情况进行简单描述外，还将采取主成分分析和主成分回归的方法来挖掘武汉市女性生活质量的关键变量，并分析城市女性对其生活质量的满意度情况，通过这一方法找到关键变量，结合基本统计情况来考察武汉市女性对目前制度供给状况的认知和满意度。这里将对主成分分析法进行简单介绍。

美国学者哈罗德·霍特林（Harold Hotelling）在1933年首次提出了主成分分析法。这是一种基于降维的理念，通过对指标体系内在结构关系进行研究，从而把多指标转化成少数几个相互独立且包含原有指标大部分信息（80%—85%以上）综合指标的多元统计方法。[①] 主成分分析法（Principal Components Analysis，PCA）在统计学中是一种简化数据集的技术。这种技术把数据变化到一个新的坐标系统中，使得任何数据得到的第一大方差位于第一个坐标（又称第一主成分）上，第二大方差位于第二个坐标（第二主成分）上，依次类推。主成分分析保持了数据集的对方差贡献最大这一特征，并通过保留低阶主成分，忽略高阶主成分来减少数据的维数。因为只有这样，低阶成分才能保留住原有数据最重要的方面。

为系统全面地分析问题，在实证研究中需要考虑诸多的影响因素。

---

① 潘安娥、杨青：《基于主成分分析的武汉市经济社会发展综合评价研究》，《中国软科学》2005年第7期，第119页。

这些被涉及的因素在多元统计分析中被称为变量或指标。因为这些指标彼此之间必然存在一定的关联性，且每个变量都不同程度地反映了所研究对象的某些特征，因此通过变量得到的统计数据所反映的信息会在一定程度上产生重叠。而在研究多变量问题时，过多的变量会增加统计的计算量与问题的复杂性，而主成分分析法正是解决多指标问题的一个有效工具。

总的来说，主成分分析主要具备以下几个作用：

1. 主成分分析能降低所分析数据空间的维度。即用研究 m 维的 Y 空间替代 p 维的 X 空间，其中 $m < p$；同时，用低维的 Y 空间去代替高维的 X 空间，也不会产生很大的信息损失量。即便只有一个主成分 Y_i（即 $m = 1$）时，这个 Y_i 仍然是由全部 X 变量所得到的，也就是说要计算 Y_i 的均值也得使用全部 X 的均值。在前 m 个主成分中，如果某个 X_i 的系数全部近似于零，就可以把这个 X_i 删除，这同样是一种删除多余变量的方法。

2. 主成分分析法通过把各个主成分作为新的自变量来替换原来的自变量 X 作回归分析，可以构造回归模型。

3. 要想弄清 X 变量间的某些关系，有时可通过因子负荷 a_{ij} 的结论。

主成分分析法的主要计算步骤如下：

1. 原始指标数据的标准化采集 p 维随机向量 $x = (x_1, x_2, \cdots, x_p)^T$，$n$ 个样品，$x_i = (x_{i1}, x_{i2}, \cdots, x_{ip})^T$，其中 $i = (1, 2, \cdots, n)$，且 $n > p$，构造样本阵，并对样本阵元进行标准化变化得到标准化阵 Z，并且使

$$\overline{x_j} = \frac{\sum_{i=1}^{n} x_{ij}}{n}, \quad s_j^2 = \frac{\sum_{i=1}^{n} (x_{ij} - \overline{x_j})^2}{n-1}。$$

2. 对标准化阵 Z 求相关系数矩阵：

$$R = [r_{ij}]_p xp = \frac{Z^T Z}{n-1}$$

其中，$r_{ij} = \frac{\sum Z_{kj} \cdot Z_{kj}}{n-1}$，$i, j = 1, 2, \cdots, p$。

3. 解样本相关矩阵 R 的特征方程 $|R - \lambda I_p| = 0$，得到 p 个特征根，确定主成分。

按 $\dfrac{\sum_{j=1}^{m} \lambda_j}{\sum_{j=1}^{p} \lambda_j} \geqslant 0.85$ 确定 m 值，使信息的利用率达 85% 以上，对每个 λ_j，$j = 1, 2, \cdots, m$。解方程组 $Rb = \lambda_j b$，得到单位特征向量 b_j^o。

4. 将标准化后的指标变量转换为主成分。

$U_{ij} = z_i^T b_j^o$，$j = 1$，2，$\cdots$，m。

U_1 称为第一主成分，U_2 称为第二主成分，U_p 称为第 p 主成分。

5. 对 m 个主成分进行加权求和，即得最终评价值，权数为每个主成分的方差贡献率。

第二节　实证调查情况说明

一　调查基本情况说明

根据本研究的最初思路，要想了解女性生活质量状况的真实情况，需要长时间对女性群体进行关注和调查。为此，项目组从 2009 年起对武汉市女性进行随机抽样调查，对每年的数据进行分析和总结，调查研究持续了四年时间。其中，2009 年共发放 1300 份问卷，回收有效问卷 1072 份，有效回收率为 82.46%；2010 年共发放 1300 份问卷，回收有效问卷 983 份，有效回收率为 75.62%；2011 年共发放 2000 份问卷，回收有效问卷 1539 份，有效回收率为 76.95%；2012 年共发放 2000 份问卷，回收有效问卷 1665 份，有效回收率为 83.25%。2009—2012 年每年问卷发放及回收情况如表 4—1 所示。

表 4—1　　2009—2012 年武汉市女性生活质量问卷发放及回收情况

年份	发放问卷数（份）	回收问卷数（份）	回收率（%）	有效问卷数（份）	有效回收率（%）
2009	1300	1186	91.23	1072	82.46
2010	1300	1109	85.31	983	75.62
2011	2000	1711	85.55	1539	76.95
2012	2000	1804	90.2	1665	83.25

调研的地域覆盖了武汉市 13 个行政城区，根据武汉市各区经济社会发展状况的差异，又将各区分为两大类：第一类为 7 个中心城区，包括江岸、江汉、硚口、汉阳、武昌、青山、洪山；第二类为 6 个远城区，包括东西湖、汉南、蔡甸、江夏、黄陂、新洲。2009—2012 年武汉各城区问卷发放及回收分布情况，如表 4—2 至表 4—5 所示。

表4—2　　　　　　　2009 年武汉城区问卷发放及回收分布情况

城区		发放问卷数（份）	回收问卷数（份）	回收率（%）	有效问卷数（份）	有效回收率（%）
中心城区	江岸区	100	80	80	48	48
	江汉区	100	94	94	91	91
	硚口区	100	93	93	90	90
	汉阳区	100	95	95	92	92
	武昌区	100	98	98	93	93
	青山区	100	95	95	90	90
	洪山区	100	89	89	83	83
远城区	东西湖区	100	97	97	92	92
	汉南区	100	96	96	92	92
	蔡甸区	100	98	98	92	92
	江夏区	100	87	87	85	85
	黄陂区	100	88	88	84	84
	新洲区	100	76	76	40	40

表4—3　　　　　　　2010 年武汉城区问卷发放及回收分布情况

城区		发放问卷数（份）	回收问卷数（份）	回收率（%）	有效问卷数（份）	有效回收率（%）
中心城区	江岸区	100	81	81	72	72
	江汉区	100	84	84	73	73
	硚口区	100	83	83	75	75
	汉阳区	100	85	85	82	82
	武昌区	100	88	88	76	76
	青山区	100	85	85	79	79
	洪山区	100	89	89	76	76
远城区	东西湖区	100	87	87	77	77
	汉南区	100	86	86	80	80
	蔡甸区	100	87	87	72	72
	江夏区	100	82	82	71	71
	黄陂区	100	87	87	77	77
	新洲区	100	85	85	73	73

表 4—4   2011 年武汉城区问卷发放及回收分布情况

城区		发放问卷数（份）	回收问卷数（份）	回收率（%）	有效问卷数（份）	有效回收率（%）
中心城区	江岸区	150	115	76.67	103	68.67
	江汉区	150	131	87.33	118	78.67
	硚口区	100	93	93	85	85
	汉阳区	200	168	84	147	73.5
	武昌区	300	257	85.67	228	76
	青山区	250	193	77.2	183	73.2
	洪山区	250	229	91.6	209	83.6
远城区	东西湖区	100	86	86	80	80
	汉南区	100	85	85	76	76
	蔡甸区	100	89	89	81	81
	江夏区	100	93	93	82	82
	黄陂区	100	84	84	73	73
	新洲区	100	88	88	74	74

表 4—5   2012 年武汉城区问卷发放及回收分布情况

城区		发放问卷数（份）	回收问卷数（份）	回收率（%）	有效问卷数（份）	有效回收率（%）
中心城区	江岸区	150	132	88	122	81.33
	江汉区	150	141	94	128	85.33
	硚口区	100	93	93	84	84
	汉阳区	200	179	89.5	165	82.5
	武昌区	300	264	88	258	86
	青山区	250	214	85.6	195	78
	洪山区	250	232	92.8	217	86.8
远城区	东西湖区	100	95	95	86	86
	汉南区	100	91	91	78	78
	蔡甸区	100	90	90	82	82
	江夏区	100	93	93	85	85
	黄陂区	100	92	92	87	87
	新洲区	100	88	88	78	78

此外，结合制度供给——需求的分析框架，项目组还专门对涉及女性权益及发展职能的政府和非营利组织工作、管理人员进行了调研，以比对制度供给主体与需求者之间在认知上的契合度。表4—6给出了2009—2012年每年问卷（工作人员卷）的发放及回收情况。

表4—6　2009—2012年武汉市女性生活质量问卷（工作人员卷）发放及回收情况

年份	发放问卷数（份）	回收问卷数（份）	回收率（%）	有效问卷数（份）	有效回收率（%）
2009	100	98	98	87	87
2010	100	81	81	70	70
2011	100	87	87	79	79
2012	100	85	85	77	77

接下来，就每一年问卷发放的年龄、文化程度、婚姻、生育及工作状况这5项基本指标进行描述。

（一）2009年调查对象基本情况描述

2009年，就抽样女性的年龄情况来看，其中年龄在17岁以下（含17岁）的女性占3.4%，18—39岁的占56.5%，40—60岁的占37.5%，其他年龄的占2.6%。如图4—1所示。

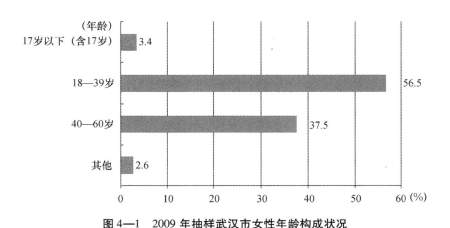

图4—1　2009年抽样武汉市女性年龄构成状况

就抽样女性的文化程度来看，大学本科以上学历的占24.3%，其中硕士和博士的比重为1.1%，本科学历的比重为23.2%；大专的比重为

21%；高中的比重为 36.8%；初中的比重为 17.9%，如图 4—2 所示。

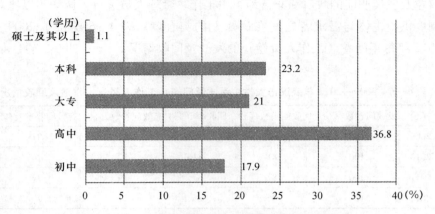

图 4—2　2009 年抽样武汉市女性文化程度构成状况

　　就抽样女性的婚姻状况来看，未婚女性的比重为 16.9%，已婚女性的比重为 75.6%，离婚女性的比重为 5.9%，丧偶女性的比重为 1.6%，如图 4—3 所示。

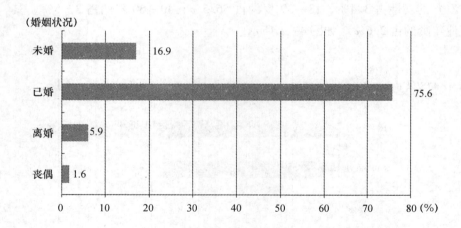

图 4—3　2009 年抽样武汉市女性婚姻状况

　　就抽样女性的生育状况看，21.6% 的女性未生育，78.4% 的女性已生育，如图 4—4 所示。

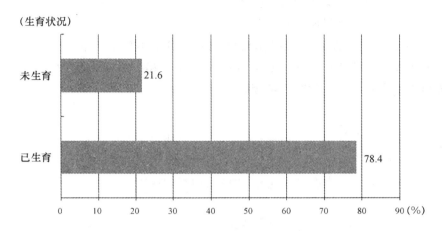

图4—4　2009年抽样武汉市女性生育状况

　　就抽样女性的职业情况来看，目前正在就业的女性占到59.5%，自主创业的女性占13.5%，下岗或待业的女性占26.1%，其他的占0.9%，如图4—5所示。

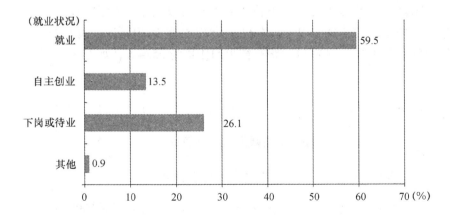

图4—5　2009年抽样武汉市女性就业状况

　　以上基本数据描述表明，2009年被调查的武汉市女性样本集中于年龄在18—60周岁的城市女性，所占比例为94%；82.1%的受访女性文化程度在高中以上（包括高中）；75.6%的受访女性已婚，78.4%的受访女性已生育；73%的受访女性职业状态为就业或自主创业。

（二）2010年调查对象基本情况描述

2010年，就抽样女性的年龄情况来看，其中年龄在17岁以下（含17岁）的女性占2.1%，18—39岁的占58.9%，40—60岁的占32.2%，60岁以上的占6.8%。如图4—6所示。

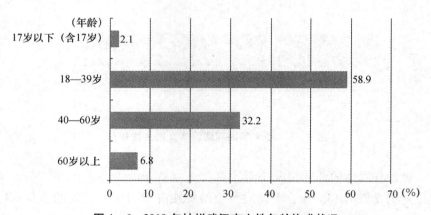

图4—6　2010年抽样武汉市女性年龄构成状况

就抽样女性的文化程度来看，大学本科以上学历的占21.4%，其中硕士和博士的比重为0.9%，本科学历的比重为20.5%；大专的比重为21.7%；高中的比重为31.5%；初中的比重为25.4%，如图4—7所示。

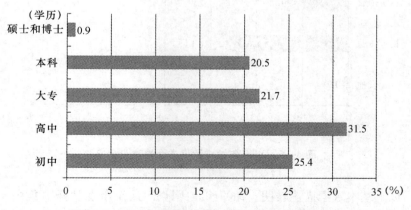

图4—7　2010年抽样武汉市女性文化程度构成状况

就抽样女性的婚姻状况来看，未婚女性的比重为 18.2%，已婚女性的比重为 73.2%，离婚女性的比重为 6.5%，丧偶女性的比重为 2.1%，如图 4—8 所示。

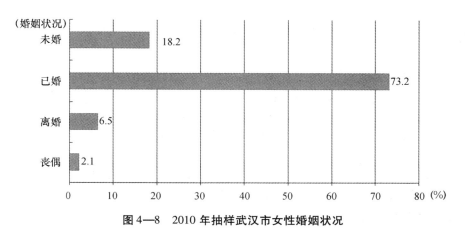

图4—8   2010 年抽样武汉市女性婚姻状况

就抽样女性的生育状况为，19.9% 的女性未生育，80.1% 的女性已生育，如图 4—9 所示。

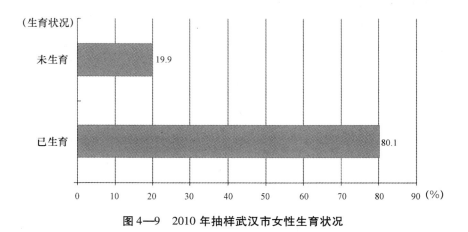

图4—9   2010 年抽样武汉市女性生育状况

就抽样女性的职业情况来看，目前正在就业的女性占到 54.5%，自主创业的女性占 10.8%，下岗或待业的女性占 27.3%，其他的占 7.4%，如图 4—10 所示。

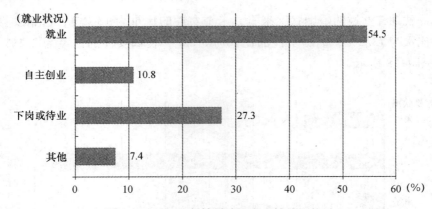

图 4—10   2010 年抽样武汉市女性就业状况

以上基本数据描述表明，2010 年被调查的武汉市女性样本集中于年龄在 18—60 周岁的城市女性，所占比例为 91.1%；74.6% 的受访女性文化程度在高中以上（包括高中）；73.2% 的受访女性已婚，80.1% 的受访者已生育；65.3% 的受访女性职业状态为就业或自主创业。同 2009 年相比，受访女性结构没有发生太大变化。

（三）2011 年调查对象基本情况描述

2011 年，就抽样女性的年龄情况来看，其中年龄在 17 岁以下（含 17 岁）的女性占 1.7%，18—39 岁的占 55.7%，40—60 岁的占 35.5%，60 岁以上的占 7.1%。如图 4—11 所示。

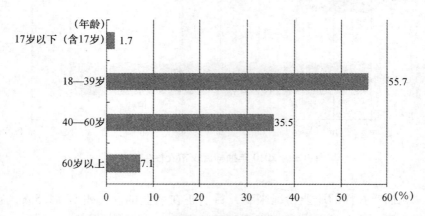

图 4—11   2011 年抽样武汉市女性年龄构成状况

就抽样女性的文化程度来看，大学本科以上学历的占 24.9%，其中硕士和博士的比重为 1.4%，本科学历的比重为 23.5%；大专的比重为 25.8%；高中的比重为 30.6%；初中的比重为 18.7%，如图 4—12 所示。

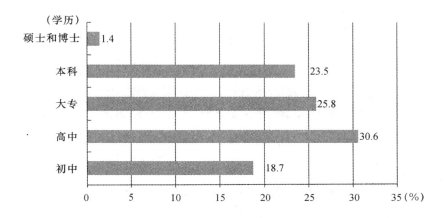

图 4—12　2011 年抽样武汉市女性文化程度构成状况

就抽样女性的婚姻状况来看，未婚女性的比重为 23.5%，已婚女性的比重为 67.4%，离婚女性的比重为 7.3%，丧偶女性的比重为 1.8%，如图 4—13 所示。

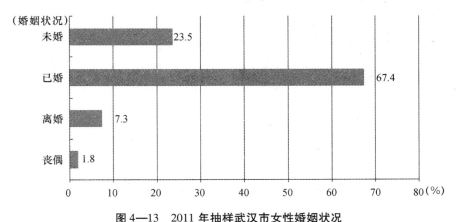

图 4—13　2011 年抽样武汉市女性婚姻状况

就抽样女性的生育状况为，20.8% 的女性未生育，79.2% 的女性已生育，如图 4—14 所示。

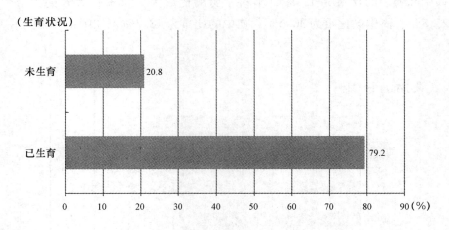

图4—14   2011 年抽样武汉市女性生育状况

就抽样女性的职业情况来看，目前正在就业的女性占到 53.2%，自主创业的女性占 9.9%，下岗或待业的女性占 26.6%，其他的占 10.3%，如图 4—15 所示。

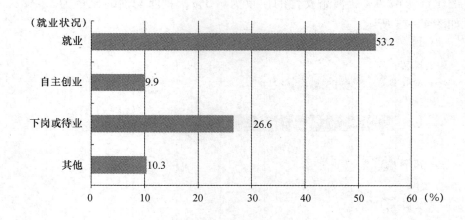

图4—15   2011 年抽样武汉市女性就业状况

以上基本数据描述表明，2011 年被调查的武汉市女性样本集中于年龄在 18—60 周岁的城市女性，所占比例为 91.2%；81.3% 的受访女性文化程度在高中以上（包括高中）；67.4%的受访女性已婚，79.2%的受访者已生育；63.1%的受访女性职业状态为就业或自主创业。

（四）2012 年调查对象基本情况描述

2012 年，就抽样女性的年龄情况来看，其中年龄在 17 岁以下（含 17 岁）的女性占 0.9%，18—39 岁的占 51.8%，40—60 岁的占 39.2%，60 岁以上的占 8.1%。如图 4—16 所示。

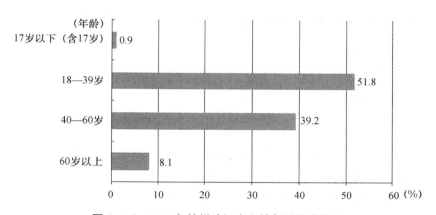

图4—16 2012 年抽样武汉市女性年龄构成状况

就抽样女性的文化程度来看，大学本科以上学历的占 26.1%，其中硕士和博士的比重为 0.9%；本科学历的比重为 25.2%；大专的比重为 26.3%；高中的比重为 29.4%；初中的比重为 18.2%，如图 4—17 所示。

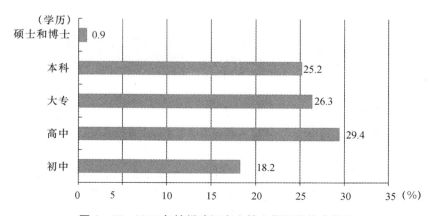

图4—17 2012 年抽样武汉市女性文化程度构成状况

就抽样女性的婚姻状况来看，未婚女性的比重为 25%，已婚女性的比重为 65.6%，离婚女性的比重为 7.8%，丧偶女性的比重为 1.6%，如图 4—18 所示。

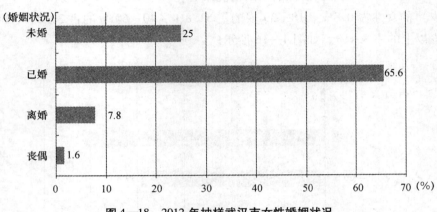

图 4—18   2012 年抽样武汉市女性婚姻状况

抽样女性的生育状况为，18.8% 的女性未生育，81.2% 的女性已生育，如图 4—19 所示。

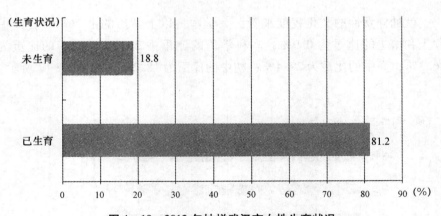

图 4—19   2012 年抽样武汉市女性生育状况

就抽样女性的职业情况来看，目前正在就业的女性占到 54.1%，自主创业的女性占 9.4%，下岗或待业的女性占 23.7%，其他的占 12.8%，如图 4—20 所示。

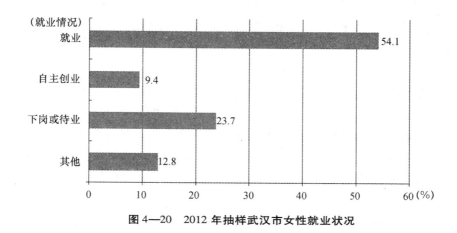

（就业情况）

图4—20 2012年抽样武汉市女性就业状况

以上基本数据描述表明，2012年被调查的武汉市女性样本集中于年龄在18—60周岁的城市女性，所占比例为91%；81.8%的受访女性文化程度在高中以上（包括高中）；65.6%的受访女性已婚，81.2%的受访者已生育；63.5%的受访女性职业状态为就业或自主创业。同2009年相比，此后三年受访女性结构并没有发生太大变化，不过依然可以看到某些指标的变动，如文化程度逐年提升等。但从总体来看，项目组四年内调查的女性群体是当前城市社会生活的中坚主流人群。

二 抽样数据检验情况

在对抽样的武汉市女性进行主成分因子分析之前还要对数据进行检验，以考察该组数据是否能采取因子分析，这里采用KMO（Kaiser – Meyer – Olkin）值检验法。KMO检验统计量主要是用于比较变量间简单相关系数和偏相关系数的指标，其取值在0和1之间。当所有变量间的简单相关系数平方和远远大于偏相关系数平方和时，KMO值越接近1，表明变量之间的相关性强，即原变量适合作因子分析；而当所有变量间的简单相关系数平方和接近0时，KMO值接近0，表明变量间的相关性越弱，原有变量不适合作因子分析[①]。

为了方便本研究的主成分因子分析，项目组根据实际调研情况对每年

---

① 李金林、赵中秋：《管理统计学》，清华大学出版社2006年版，第320页。

指标体系中无效指标（难以通过问卷反映或是抽样无效的指标）进行剔除。对剔除后的指标进行 KMO 值和 Bartlett 球度检验得到每年的检验结果。

（一）2009 年调查抽样数据检验情况

从检验得到的 KMO 值可以看到，其值为 0.626，表明搜集到的抽样数据较适合作主成分分析[①]。此外，通过对该组数据进行 Bartlett 球度以及显著性系数检验，都表明 2009 年抽取的三级指标之间并非独立，而是具有相关性的。抽样数据的检验情况表明，选取的关于城市女性生活质量的三级指标及其抽样数据可以采用主成分法进行实证分析。具体见表4—7。

表4—7　2009 年武汉市女性生活质量抽样数据 KMO 和 Bartlett 检验结果

抽样数据 KMO 值		0.626
Bartlett 球度检验	近似方差值	939.754
	自由度	153
	显著性系数	0.000

注释：检验及主成分分析均采用 SPSS 13.0 统计软件分析得出。

（二）2010 年调查抽样数据检验情况

从检验得到的 KMO 值可以看到，其值为 0.609，表明搜集到的抽样数据较适合作主成分分析。此外，通过对该组数据进行 Bartlett 球度以及显著性系数检验，都表明 2010 年抽取的三级指标之间并非独立，而是具有相关性的。抽样数据的检验情况表明，选取的关于城市女性生活质量的三级指标及其抽样数据可以采用主成分法进行实证分析。具体见表4—8。

表4—8　2010 年武汉市女性生活质量抽样数据 KMO 和 Bartlett 检验结果

抽样数据 KMO 值		0.609
Bartlett 球度检验	近似方差值	910.331
	自由度	179
	显著性系数	0.000

注释：检验及主成分分析均采用 SPSS 13.0 统计软件分析得出。

---

① 在统计分析中，KMO 值在 0.6 之上表明比较主成分分析的显著性较强。

（三）2011 年调查抽样数据检验情况

从检验得到的 KMO 值可以看到，其值为 0. 682，表明搜集到的抽样数据较适合作主成分分析。此外，通过对该组数据进行 Bartlett 球度以及显著性系数检验，都表明 2011 年抽取的三级指标之间并非独立，而是具有相关性的。抽样数据的检验情况表明，选取的关于城市女性生活质量的三级指标及其抽样数据可以采用主成分法进行实证分析。具体见表 4—9。

表 4—9 　2011 年武汉市女性生活质量抽样数据 KMO 和 Bartlett 检验结果

抽样数据 KMO 值		0. 682
Bartlett 球度检验	近似方差值	1032. 294
	自由度	206
	显著性系数	0. 000

注释：检验及主成分分析均采用 SPSS 13. 0 统计软件分析得出。

（四）2012 年调查抽样数据检验情况

从检验得到的 KMO 值可以看到，其值为 0. 655，表明搜集到的抽样数据较适合作主成分分析。此外，通过对该组数据进行 Bartlett 球度以及显著性系数检验，都表明 2012 年抽取的三级指标之间并非独立，而是具有相关性的。抽样数据的检验情况表明，选取的关于城市女性生活质量的三级指标及其抽样数据可以采用主成分法进行实证分析。具体见表 4—10。

表 4—10 　2012 年武汉市女性生活质量抽样数据 KMO 和 Bartlett 检验结果

抽样数据 KMO 值		0. 655
Bartlett 球度检验	近似方差值	992. 673
	自由度	197
	显著性系数	0. 000

注释：检验及主成分分析均采用 SPSS 13. 0 统计软件分析得出。

第五章　2009年武汉市女性生活质量的实证分析

本章节将对2009年的数据进行分析和说明，分析方法具体包括：相关性分析，用以考察不同变量与指标间的关联程度；主成分分析，抽取影响武汉市女性生活质量的主成分以便将问题聚焦；主成分回归，通过载荷值回归计算出武汉市女性对目前生活质量的满意度系数，并分析其整体分布情况与态势。根据这些实证分析的结论，结合2009年的基本统计分析情况，将对武汉市女性生活现状及制度供给状况进行分析，为后文的问题与原因分析提供依据。

第一节　相关性分析及主成分分析

一　相关性分析

前文中介绍了2009年项目组调研采用的指标体系，共包含了36个三级指标，通过对无效指标的剔除，最终选取了18个指标作为因子分析的因变量，并将其进行编号。被选取的三级指标：人均可支配收入、受教育机会与程度、参与公共事务的机会与能力、法律保障程度以及城市女性对法律的认知与评价、婚姻关系和谐度、亲属关系和谐度、生理健康、心理健康、公共卫生保健服务、娱乐时间、劳动卫生、竞争压力、工作强度、月收入、对"四期"（经期、孕期、产期、哺乳期）的落实程度、相关非政府组织（NGO）参与度、劳动力市场规范程度（包括性别歧视与性别职业隔离）、女性用工合同保障与权益保护。将这些指标依次进行编号为$X1$、$X2$、$X3$、…、$X16$、$X17$、$X18$。

在抽取的18个关于城市女性生活质量的影响因素间也会存在相互影响的情况，这点在Bartlett球度检验时也得到了验证。实际上，无论是女性家庭、生活、工作以及政府的相关政策都会相互影响，如家庭生活的和谐程度会影响到其工作效率，政府对女性生活质量问题的政策及执行情况会影响到其生活与工作等。为了全面考察 18 个三级指标之间的影响情况，这里将其各自之间的相关性系数以表的形式列出来，具体见表 5—1。

表 5—1　　　2009 年武汉市女性生活质量影响变量间相关性矩阵表

		X1	X2	X3	X4	X5	X6	X7	X8	X9
相关性系数	X1	1.000	0.426	0.051	− 0.015	− 0.107	0.029	− 0.139	0.178	0.063
	X2	0.426	1.000	− 0.008	− 0.128	− 0.027	− 0.024	− 0.69	0.087	0.073
	X3	0.051	− 0.008	1.000	0.134	0.028	− 0.014	0.106	0.088	0.054
	X4	− 0.015	− 0.128	0.134	1.000	0.147	0.149	0.158	0.078	0.075
	X5	− 0.107	− 0.027	0.028	1.47	1.000	0.354	0.287	− 0.132	0.115
	X6	0.029	− 0.024	− 0.014	0.149	0.354	1.000	0.165	0.020	0.137
	X7	− 0.139	− 0.069	0.106	0.158	0.287	0.165	1.000	− 0.162	0.158
	X8	0.178	0.087	0.088	0.078	− 0.132	0.020	0.162	1.000	− 0.027
	X9	0.063	0.073	0.054	0.075	0.115	0.137	0.158	− 0.027	1.000
	X10	0.007	0.027	0.053	0.042	0.053	0.042	0.080	0.012	0.108
	X11	− 0.045	− 0.041	− 0.046	0.069	0.083	0.069	0.045	− 0.001	0.119
	X12	− 0.023	− 0.092	0.089	0.153	− 0.015	− 0.038	0.055	− 0.042	− 0.076
	X13	− 0.065	0.011	0.003	− 0.049	0.068	0.059	0.025	− 0.011	− 0.035
	X14	0.449	0.481	0.088	− 0.078	− 0.054	− 0.096	− 0.067	0.097	0.060
	X15	− 0.236	− 0.141	− 0.023	0.245	0.161	0.105	0150	− 0.021	0.115
	X16	− 0.074	0.033	0.010	0.095	0.011	0.051	− 0.029	0.037	0.018
	X17	0.048	0.054	0.183	0.008	− 0.141	− 0.053	− 0.006	0.086	− 0.005
	X18	− 0.003	− 0.031	0.040	0.246	0.077	0.095	0.173	− 0.076	0.055

		X10	X11	X12	X13	X14	X15	X16	X17	X18
相关性系数	X1	0.007	− 0.045	− 0.023	− 0.065	0.449	− 0.236	− 0.074	0.048	− 0.003
	X2	0.027	− 0.041	− 0.092	0.011	0.481	− 0.141	0.033	0.054	− 0.031
	X3	0.053	− 0.046	0.089	0.003	0.088	− 0.023	0.010	0.183	0.040
	X4	0.042	0.069	0.153	− 0.049	− 0.078	0.245	0.095	0.008	0.246
	X5	0.053	0.083	− 0.015	0.068	− 0.054	0.161	0.011	− 0.141	0.077

		X10	X11	X12	X13	X14	X15	X16	X17	X18
相关性系数	X6	0.042	0.069	−0.038	0.059	−0.096	0.105	−0.029	−0.006	0.173
	X7	0.080	0.045	0.055	0.025	−0.067	0.150	−0.029	−0.006	0.173
	X8	0.012	−0.001	−0.042	−0.011	0.097	−0.021	0.037	0.086	−0.076
	X9	0.108	0.119	−0.076	−0.035	0.060	0.115	0.018	−0.005	0.055
	X10	1.000	0.088	−0.033	0.067	−0.073	0.194	0.021	0.026	−0.038
	X11	0.088	1.000	0.015	0.044	0.024	0.160	0.018	−0.032	0.025
	X12	−0.033	0.015	1.000	0.065	−0.034	−0.027	0.050	0.041	0.061
	X13	0.067	0.044	0.065	1.000	0.059	0.064	−0.019	0.061	0.097
	X14	−0.073	0.024	−0.034	0.059	1.000	−0.125	−0.061	0.047	−0.026
	X15	0.194	0.160	−0.027	0.064	−0.125	1.000	0.024	−0.182	0.095
	X16	0.021	0.018	0.050	−0.019	−0.061	0.024	1.000	0.049	0.091
	X17	0.026	−0.032	0.041	0.061	0.047	−0.182	0.049	1.000	−0.051
	X18	−0.038	0.025	0.061	0.097	−0.026	0.095	0.091	−0.051	1.000

从相关性矩阵中可以分离出 X8、X10、X11、X12、X13、X16 这六项三级指标，同其他影响因素间的相互影响程度不大（相关性系数低于 0.1 或是同其他指标相关性系数高于 0.1 的数量不多），这六项指标可以被视为影响武汉市女性生活质量的惰性指标，它们分别是心理健康、娱乐时间、劳动卫生、竞争压力、工作强度、相关非政府组织（NGO）参与度。这表明要提升武汉市女性生活质量水平，从这 6 个方面入手可以起到直接的效果，而无须通过其他的变量改变产生效果。

相对这以上六项惰性指标，还可以分离出 X1、X2、X4、X5、X6、X7、X14、X15、X18 这九项活性指标，同其他影响因素之间存在较大的相互影响（相关性系数大于 0.3 或是同其他指标相关性系数高于 0.2 的数量较多），这九项指标分别是人均可支配收入、受教育机会与程度、法律保障程度以及城市女性对法律的认知与评价、婚姻关系和谐度、亲属关系和谐度、生理健康、月收入、对"四期"（经期、孕期、产期、哺乳期）的落实程度、女性用工合同保障与权益保护。这表明这 9 个变量的变化对武汉市女性生活质量水平的改变产生的影响除了直接效果之外还有间接影响，因此要提升武汉市女性生活质量水平可以从制度上采取"一揽子"

工程实现。具体的各项活性指标的相关性分析如下：

1. X1 同 X2、X14 存在显著正相关，其相关性系数分别为 0.426 和 0.449。这表明武汉市女性的月收入和年均可支配收入在很大程度上与受教育机会与程度相关，越是受教育程度高的女性其收入会越高。而 X1 同 X15 存在较显著的负相关，其相关性系数为 - 0.236，这表明"四期"（经期、孕期、产期、哺乳期）的安排与落实会降低武汉市女性的基本收入，这多是由于女性处于"四期"期间无法获得相应的劳动报酬与福利。

2. X2 同 X4 之间存在一定的负相关性，其相关性系数为 - 0.128。表明越是受教育程度高的武汉女性对目前法律关于女性生活质量问题保障程度的评价越低。

3. X4 同 X3、X15、X18 存在加强正相关性，相关性系数依次为 0.134、0.245、0.246。其中 X4 同 X3 的正相关性表明女性通过各种途径参与公共事务对于其提升其对法律关于女性生活质量问题的认知有着一定的帮助。而 X4 同 X15 与 X18 之间的正相关性则说明了越是更多参与公共事务的武汉市女性越有维护自身工作与劳动权益的意识。

4. X5 同 X6 与 X7 存在显著正相关性，相关性系数分别为 0.354 和 0.278。这说明武汉市女性的婚姻和谐度与亲属关系和谐度有着密切的联系。而和谐度越高的家庭的女性，其身体健康状况越良好。此外，X5 同 X17 存在一定负相关性，相关系数为 - 0.141，说明女性在工作环境中受到的歧视和不公正待遇会对其婚姻产生一定的影响。

5. X7 除了同 X5、X7 有正相关性之外，还同 X8、X9、X15、X18 之间存在一定的正相关性，其相关性系数依次为 0.162、0.158、0.150、0.173。其中，X7 同 X9 的相关性说明了武汉市针对女性的公共卫生保健服务对女性生理健康有一定的影响。此外，这一指标也与女性"四期"的落实情况以及女性劳动权益的保障有着一定的关联。

二 主成分分析

为了方便采用主成分分析法，通过描述 18 个变量对武汉市女性生活质量的解释度，以作为降维和提取公因子的依据，在这里给出因子碎石图以观察变量解释度，具体如图 5—1 所示。

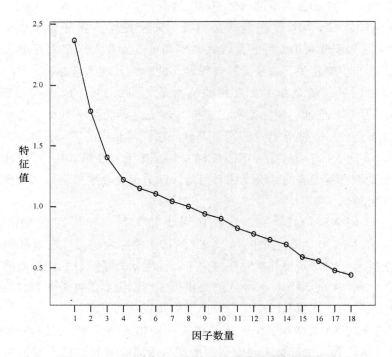

图 5—1　2009 年武汉市女性生活质量影响变量碎石图

　　根据碎石图特征，选取 6 个主成分因子整合为影响武汉市女性生活质量的关键变量，得出因子载荷矩阵，见表 5—2。

表 5—2　　　　　　2009 年武汉市女性生活质量影响因子载荷矩阵表

	因子数量					
	公因子 1	公因子 2	公因子 3	公因子 4	公因子 5	公因子 6
X1	-0.585	0.511	-0.003	-0.048	-0.163	-0.026
X2	-0.546	0.524	-0.173	-0.064	-0.013	0.107
X3	-0.003	0.251	0.557	0.032	0.321	-0.266
X4	0.413	0.039	0.442	0.089	-0.368	-0.028
X5	0.487	0.374	-0.238	-0.265	0.065	-0.145
X6	0.370	0.400	-0.150	-0.099	-0.126	-0.230
X7	0.479	0.313	0.038	-0.297	0.302	-0.159

	因子数量					
	公因子 1	公因子 2	公因子 3	公因子 4	公因子 5	公因子 6
X8	− 0. 267	0. 145	0. 255	0. 491	− 0. 285	− 0. 099
X9	0. 165	0. 457	− 0. 161	0. 174	0. 126	− 0. 241
X10	0. 179	0. 208	− 0. 064	0. 542	0. 367	0. 071
X11	0. 216	0. 197	− 0. 149	0. 353	0. 008	0. 340
X12	0. 112	− 0. 042	0. 504	− 0. 229	− 0. 011	0. 320
X13	0. 089	0. 107	0. 041	− 0. 074	0. 384	0. 662
X14	− 0. 560	0. 526	− 0. 063	− 0. 116	0. 019	0. 212
X15	0. 543	0. 137	− 0. 133	0. 381	− 0. 093	0. 217
X16	0. 104	0. 053	0. 263	0. 147	− 0. 339	0. 053
X17	− 0. 217	0. 036	0. 512	0. 111	0. 437	− 0. 144
X18	0. 297	0. 268	0. 252	− 0. 314	− 0. 284	0. 280

　　为了凸显各个因子的差异性，以便更好地进行主成分分析，这里将采用最大方差法（Varimax）对因子载荷矩阵进行旋转得到旋转后的因子载荷矩阵，具体如表 5—3 所示。

表 5—3　旋转后的 2009 年武汉市女性生活质量影响因子载荷矩阵表

	因子数量					
	公因子 1	公因子 2	公因子 3	公因子 4	公因子 5	公因子 6
X1	0. 768	− 0. 041	− 0. 112	− 0. 088	0. 062	− 0. 127
X2	0. 779	0. 006	0. 016	− 0. 101	− 0. 018	− 0. 026
X3	0. 038	0. 142	− 0. 038	0. 142	0. 710	0. 023
X4	− 0. 092	0. 260	0. 081	0. 710	0. 116	0. 068
X5	− 0. 047	0. 711	0. 062	− 0. 022	− 0. 118	0. 044
X6	0. 031	0. 579	0. 062	0. 172	− 0. 097	− 0. 135
X7	− 0. 139	0. 660	0. 017	− 0. 061	0. 203	0. 182
X8	0. 224	− 0. 318	0. 170	0. 409	0. 174	− 0. 334
X9	0. 163	0. 424	0. 287	− 0. 002	0. 120	− 0. 252
X10	− 0. 037	0. 052	0. 659	− 0. 098	0. 236	− 0. 096

续表

	因子数量					
	公因子 1	公因子 2	公因子 3	公因子 4	公因子 5	公因子 6
X11	0.032	0.026	0.551	0.094	-0.154	0.101
X12	-0.093	-0.082	-0.139	0.278	0.186	0.526
X13	0.083	-0.037	0.344	-0.194	0.030	0.668
X14	0.794	-0.035	-0.002	-0.071	0.037	0.117
X15	-0.245	0.197	0.575	0.242	-0.208	0.030
X16	-0.036	0.053	0.034	0.462	-0.014	-0.003
X17	0.039	-0.156	-0.018	-0.056	0.708	0.053
X18	0.053	0.272	-0.093	0.438	-0.120	0.435

　　通过观察旋转后的武汉市女性生活质量影响因子的载荷表可以发现主成分因子在极个别变量上已经凸显得非常明显。公因子 1（F1）在 X1、X2、X14 这三个变量上的载荷值较高，分别为 0.768、0.779 和 0.794，而这三个变量主要是女性收入及受教育机会和程度，因此可以将第一公因子归结为收入与教育因子。公因子 2（F2）在 X5、X6、X7 这三个变量上的载荷值较高，分别为 0.711、0.579、0.660，这三个变量主要涉及女性家庭婚姻生活及生理健康，由此将第二公因子归结为家庭婚姻生活及身体健康公因子。公因子 3（F3）在 X10、X11、X15 这三个变量上载荷值较高，分别为 0.659、0.551、0.575，根据三个变量考察的重点可以将第三公因子归结为娱乐卫生、群团组织参与因子。公因子 4（F4）在 X4 这一变量的载荷值为 0.710，根据变量特征将第四公因子归结为女性法律认知与评价因子。公因子 5（F5）在 X3、X17 这两个变量上的载荷值分别为 0.710 和 0.708，因此将第五公因子归结为女性公共事务参与能力和劳动力市场规范度因子。公因子 6（F6）在 X12、X13 这两个变量的载荷值依次为 0.526、0.668，根据这两个变量考察的内容可以将第六公因子归结为女性工作压力与强度因子。

　　在通过降维、无量纲化处理之后分离出的影响武汉市女性生活质量的 6 个关键因子，还需要通过方差解释表来说明其各自对生活质量的影响程度。下表给出了 6 个公因子的总分差解释情况，具体见表 5—4。

表5—4　　　　2009 年武汉市女性生活质量公因子总方差解释表

因子	初始特征值			荷载平方提取总数			荷载平方旋转总数		
	总数	方差贡献率（%）	累计数（%）	总数	方差贡献率（%）	累计数（%）	总数	方差贡献率（%）	累计数（%）
1	2.367	13.149	13.149	2.367	13.149	13.149	2.021	11.226	11.226
2	1.787	9.926	23.075	1.787	9.926	23.075	1.804	10.022	21.248
3	1.405	7.808	30.883	1.405	7.808	30.883	1.355	7.530	28.777
4	1.222	6.788	37.670	1.222	6.788	37.670	1.349	7.497	36.274
5	1.150	6.391	44.061	1.150	6.391	44.061	1.308	7.266	43.541
6	1.105	6.141	50.202	1.105	6.141	50.202	1.199	6.661	50.202
7	1.043	5.797	55.999						
8	1.001	5.561	61.560						
9	0.940	5.224	66.784						
10	0.901	5.006	71.790						
11	0.822	4.569	76.359						
12	0.776	4.310	80.669						
13	0.728	4.045	84.714						
14	0.689	3.829	88.543						
15	0.588	3.267	91.810						
16	0.555	3.082	94.892						
17	0.478	2.657	97.549						
18	0.441	2.451	100.000						

　　结合表5—3 和表5—4 可以发现，在武汉市女性对生活质量的主观评价中，收入和教育因素是排在第一位的，其次是家庭和身体健康，排在第三、第四的是娱乐、社会活动以及对女性生活质量问题的法律认知程度，最后才是与工作相关的因素与变量。当然也要注意，根据总方差解释表可以发现，这 6 个公因子的方差解释率依次为 11.226%、10.022%、7.530%、7.497%、7.266%、6.661%，累计解释率仅为 50.202%。表明武汉市女性的生活质量还受其他多个变量和因子的影响，无法完全忽略其他的各项指标，在考察这一问题时还需要全面考察各种指标与因素。在本书中为了简化分析，仅选取提取的 6 个公因子作因子的回归分析。

三 因子回归及主观评价分析

（一）因子回归分析

根据旋转后的武汉市女性生活质量影响因子载荷矩阵表，用 6 个公因子重新定义 18 个指标变量，这里给出 18 个指标的因子公式：

$X1 = 0.768F1 - 0.041F2 - 0.112F3 - 0.088F4 + 0.062F5 - 0.127F6$

$X2 = 0.779F1 + 0.006F2 + 0.016F3 - 0.101F4 - 0.018F5 - 0.026F6$

$X3 = 0.038F1 + 0.142F2 - 0.038F3 + 0.142F4 + 0.71F5 + 0.023F6$

$X4 = -0.092F1 + 0.26F2 + 0.081F3 + 0.71F4 + 0.116F5 + 0.068F6$

$X5 = -0.047F1 + 0.711F2 + 0.062F3 - 0.022F4 - 0.118F5 + 0.044F6$

$X6 = 0.031F1 + 0.579F2 + 0.062F3 + 0.172F4 - 0.097F5 - 0.135F6$

$X7 = -0.139F1 + 0.66F2 + 0.017F3 - 0.061F4 + 0.203F5 + 0.182F6$

$X8 = 0.224F1 - 0.318F2 + 0.17F3 + 0.409F4 + 0.174F5 - 0.334F6$

$X9 = 0.163F1 + 0.424F2 + 0.287F3 - 0.002F4 + 0.12F5 - 0.252F6$

$X10 = -0.037F1 + 0.052F2 + 0.659F3 - 0.098F4 + 0.236F5 - 0.096F6$

$X11 = 0.032F1 + 0.026F2 + 0.551F3 + 0.094F4 - 0.154F5 + 0.101F6$

$X12 = -0.093F1 - 0.082F2 - 0.139F3 + 0.278F4 + 0.186F5 + 0.526F6$

$X13 = 0.083F1 - 0.037F2 + 0.344F3 - 0.194F4 + 0.03F5 + 0.668F6$

$X14 = 0.794F1 - 0.035F2 - 0.002F3 - 0.071F4 + 0.037F5 + 0.117F6$

$X15 = -0.245F1 + 0.197F2 + 0.575F3 + 0.242F4 - 0.208F5 + 0.03F6$

$X16 = -0.036F1 + 0.053F2 + 0.034F3 + 0.462F4 - 0.014F5 - 0.003F6$

$X17 = 0.039F1 - 0.156F2 - 0.018F3 - 0.056F4 + 0.708F5 + 0.053F6$

$X18 = 0.053F1 + 0.272F2 - 0.093F3 + 0.438F4 - 0.12F5 + 0.435F6$

根据 18 个指标的因子公式模型与旋转后的总方差解释表，可以通过回归法得出公因子模型，通过该模型可以大致测算抽样的武汉市女性对目前生活现状的主观评价。由此可以得出武汉市女性生活质量主观评价系数 S 的模型为：

$S = 0.11226F1 + 0.10022F2 + 0.0753F3 + 0.07497F4 + 0.07266F5 + 0.06661F6$

（二）主观评价分析

将 S 模型代入到每个抽样样本数据，得到以下实证结果：

表 5—5　　　　　　　　武汉市女性生活质量满意度系数统计数据

统计项目	统计数值
平均值	0.0000
中位数	−0.0010
众数	−0.10
标准差	0.20893
方差值	0.044
偏度值	0.172
峰度值	0.269
极差值	1.44
最小值	−0.72
最大值	0.72

　　根据统计结果，将抽样数据还原成偏态分布图，以方便后续分析，具体如图 5—2 所示。

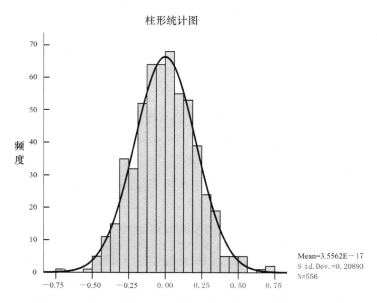

图 5—2　2009 年武汉市女性生活质量满意度系数偏态分布图

　　从武汉市女性生活质量满意度系数的基本统计数据中可以看到，偏度值为 0. 172, 呈轻微左偏态势, 表明目前半数以上武汉市女性对其生活质量现状稍有不满①。从峰度值 0. 269 可以看到, 对于目前的生活质量的整体态度, 武汉市女性呈现一般评价的女性较多, 也说明了其态度与看法较为一致②。而从极差值为 1. 44 以及最大值等于最小值的情况来看, 武汉市女性的生活满意度系数并没有出现两极分化的情况, 态度差异也并不大。根据统计数据值以及偏态分布图来看, 武汉市女性生活质量满意度系数整体上呈现高斯分布 (Gaussian distribution) 趋势③, 这表明 2009 年武汉市女性对自身的生活现状评价从概率上来说分布均匀, 并不存在极度满意或是极度不满意的极端情况。

第二节　2009 年武汉市女性生活质量的实证结论

通过主成分分析, 可以更好地了解和掌握武汉市女性生活质量的主要影响因素, 而这些因素则是改进其生活现状的关键变量, 因而也是制度供给主体所需努力的方向。从某种程度上来说, 对主成分因子的实证考察和满意度系数模型的建立, 是在分析武汉市女性关于生活质量的制度需求和对目前制度供给现状的主观评价。因此, 在接下来的定性分析中, 将重点从武汉市女性生活质量的制度需求和制度供给现状主观评价这两个角度展开。

一　2009 年武汉市女性生活质量的制度需求

（一）整体性的制度需求

1. 经济与教育保障方面的制度需求

美国著名的社会心理学家马斯洛指出, 人的需求具有层次性特征, 具

---

①　在统计分析中, 偏度值是表征概率分布密度曲线相对于平均值不对称程度的特征数, 直观看来就是密度函数曲线尾部的相对长度。偏度值大于 0 即为左偏, 表明满意度系数为负的数据量多于为正的量; 偏度小于 0 即为右偏, 表明满意度系数为正的数据量多于为负的量。

②　在统计分析中, 峰度值是表征概率密度分布曲线在平均值处峰值高低的特征数, 直观来看峰度反映了尾部的厚度。峰度值大于 0 时呈尖顶分布, 表明统计数据值分布较为集中; 当峰度值小于 0 时呈扁平分布, 表明统计值分布较为分散。

③　在统计分析中, 若随机变量 X 服从一个数学期望为 μ、标准方差为 $σ^2$ 的高斯分布, 记为: 则其概率密度函数为正态分布的期望值 μ 决定了其位置, 其标准差 σ 决定了分布的幅度。因其曲线呈钟形, 因此也被称为钟形曲线。

体包括生理需求、安全需求、归属与情感需求、尊重需求和自我实现需求，而这些层次存在高低排列，在满足下一层需求之后人会追求更高一层的需求，这就是马斯洛的需求层次理论。其中，生理上（包括衣、食、住、行）、安全上（包括健康保障、资源与财产所有性、工作职位保障、家庭保障等）的需求都需要特定的经济基础作为支撑。此外，尊重的需求中所包含的成就及被他人尊重等指标某些时候也都可以通过经济指标来进行衡量①。从这一角度来看，女性生活质量的基本保障是经济基础或是物质基础。因此，对自身可掌控的资源与经济容量的需求是提升女性生活质量的第一要素。当然，这也要取决于经济发展阶段与整体社会环境的主流意识形态，如在一个经济高度发达、整体公民素质卓越的社会中，资源和经济容量对女性生活质量的影响就会减少。根据武汉市目前的经济发展水平以及调研结果来看，经济基础与保障依然是制约女性生活质量改进的第一变量因素，这点可以通过主成分分析提取的第一公因子加以验证。

尽管这一变量在作为影响生活质量的关键因素上，男性与女性是无差异的，但在获取经济和资源的容量与途径上，两者还是存在一定的差异性。Lewis 和 Spanier 曾指出在资源掌控程度上两性存在着不平等，相对来说男性更容易获得更多的经济和社会资源，而这些资源对于改进经济和物质基础、提升生活质量有着重要的关联。这也是传统观念中以男性作为家庭经济支柱的一个重要原因。即便是在一些经济发达、社会文化程度高的国家，如在日本依然存在对女性掌控更多经济、社会资源的阻碍和歧视。经济基础对女性生活质量的影响至少包含以下两个方面：（1）生活保障。经济基础的改善可以直接提升生活的质量和水平，也是开展女性精神生活的前提与保障；（2）地位独立性。在传统的经济、社会资源掌控模式中，由于男性掌控了绝大多数资源，使得女性在社会地位上不能像男性一样具有与之平等的独立性。而提升女性的经济基础和资源掌控水平可以有效地提升其独立性，间接地提升其生活质量。

因此，提升武汉市女性生活质量存在一个改进其社会资源掌控与经济基础保障的制度需求。最基本的如获得平等劳动权与报酬权，尽管根据国

---

　　①　这种指标衡量具有较强的主观性，有的个体将取得的成就理解为自身可掌控的资源与经济容量，有的个体对尊重的需求更多地理解为精神、社会地位与贡献等方面的因素，这取决于不同个体自身的价值观。

家的相关法律规定，女性同男性一样在这些方面具有平等的权利，但在实际操作过程中面临一个制度实施有效性问题，如前面涉及的招聘或报酬支付过程中还是会出现职业隔离与歧视、报酬歧视等现象。而法律、法规的制度形式缺乏灵活性，不足以应对各种各样的歧视和不平等情况，因此这种制度需求更多的是一种正式制度与非正式制度的双重改进需求。此外，在更高层次的资源获得与掌控上，目前武汉市女性也存在着需求，如女性创业的资金获得、相关社会及部门支持、培训等各个方面。在关于女性创业障碍的问题上，本次调研作了初步的统计分析，具体如图5—3所示。

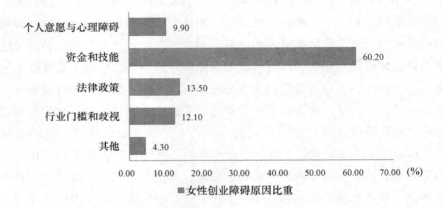

图5—3　2009年抽样武汉市女性创业障碍状况

从该图可以看到武汉市女性在获得资金和掌握技能方面还是存在较大困难。此外，在很多行业上还存在对女性的行业门槛和歧视，这导致了女性创业面较窄，如很多高新技术产业都是女性难以涉足的行业，而仅仅限于餐饮、服务等一些传统行业。而在同一行业内，也会存在对女性的岗位隔离与歧视的情况，如女性多处于副职或是文秘等岗位，这些都限制了女性获取更多的社会与经济资源的机会，不利于其改善现有的生活质量。

除了经济保障的制度需求之外，武汉市女性生活质量的第一公因子中还包含了教育这一指标，根据前面的相关性分析，教育机会与程度同武汉市女性经济状况呈较强的正相关性，表明这两个具有相关性的指标共同对女性生活质量产生了关键影响。因此，获取更多的教育机会和提升教育程度也是武汉市女性的一个重要制度需求，尤其是在武汉市这样一个教育资源发达、教育体制较成熟的城市，高端人才之间的竞争更加激烈。武汉市女性不仅面临同男性之间的竞争，其内部也存在竞争，通过提升教育背景与自身技能是改进女性生活质量较为直接的途径。教育对女性生活质量的改进也体现在两个方面：（1）物质层面，武汉市女性生活质量各指标的相关性分析已经得出，教育机会与程度对女性收入有着直接的影响，因此教育对生活质量的直接影响体现在物质层面；（2）精神层面，根据相关性矩阵表也可以看到，教育程度同生理健康和娱乐呈微弱正相关，表明教育程度对于女性的精神生活产生了正面效应。

因此，无论是从直接还是间接、物质层面还是精神层面，经济与教育保障是改进武汉市女性生活质量的第一要素与因子。从调研的结果来看，武汉市女性对这两个指标也存在较高的诉求，即需要制度供给者提供与经济和教育相关的制度保障。

2. 家庭生活与卫生保障方面的制度需求

尽管同传统女性相比，现代城市女性思想解放要求有自己的社交圈和事业，但家庭生活依然是女性的生活重心。这点通过观察武汉市女性生活质量的第二公因子可以得到验证，包括婚姻和谐度及亲属和谐度。在传统意义上，家庭生活与事务属于私人领域，但随着社会的发展与行为交互性变强，原先部分属于私人领域的家庭事务也逐渐具有公共领域的性质。尤其当特定的家庭生活行为与事务具有较强可复制性与外部性效应时，如家庭暴力、夫妻关系不协调或是亲属关系不协调，而且这种行为难以通过家庭内部方式加以解决，因此就产生外部对于解决家庭问题，实现家庭生活和谐的制度需求。

对于家庭生活的制度需求又包括两个方面：（1）强制性保障制度需求，这类制度需求主要规定关于家庭成员行为的权利与义务方面，如夫妻关系、子女与父母之间的关系等，防止和避免家庭暴力等各种情况；（2）辅助性保障制度需求，这类制度需求则是通过外部渠道和方式帮助家庭成员解决各种困难，如家庭冷暴力、夫妻感情问题等。前一种制度需求是女性对于具有较强外部性家庭事务需要有一种外在强制性的制度保障机制，而后一种则是对于有较强私人领域性家庭事务需要提供外在解决途径的制度保障机制。对于目前武汉市女性关于家庭纠纷与问题的解决途径在调研时也有所反映，具体见图5—4。

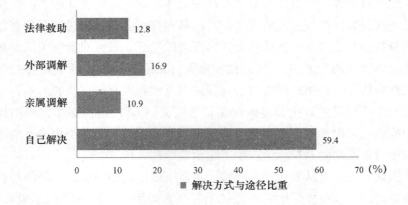

图5—4　2009年抽样武汉市女性家庭纠纷与问题解决途径状况

　　从调研的结果来看，武汉市女性在面对家庭纠纷与问题时，绝大多数都倾向于在家庭内部解决，抽样数据统计值高达59.4%，而其他三种调节方式的比重都相对较小。实际上，有两个方面导致了这种现象的产生：（1）传统思想观念的制约。我国关于家庭事务与问题的传统思想是"家丑不可外扬"，尤其是对于女性而言，以家庭生活为重心，容易受传统家庭观念的影响。（2）家庭纠纷与问题解决制度保障机制缺乏。表现为制度供给主体在这一方面的供给缺乏动力机制，没有提供多种家庭纠纷与问题解决渠道和方法，没有专门针对女性家庭生活辅导的计划与项目。

　　除了家庭生活和谐度之外，身体健康指标也是武汉市女性生活质量的关键性变量。良好的身体素质是一切行为与活动的基础，尤其是在生活节奏快、工作压力大的城市中，更需要有强健的身体。因此，城市女性自然会存在关于身体健康的卫生制度保障。这种保障体现在两个不同的方面：（1）基础卫生制度保障。这一保障是全社会公民个体都可以享受的基础卫生制度保障，如医疗保险、定期体检、劳动卫生条件等。（2）专门针对女性的卫生制度保障。相对于前一种制度保障，该种制度需求是专门针对女性这一群体的保障。由于女性的生理构造以及扮演的社会与家庭角色，需要给女性提供专门的卫生保障与服务。如女性的"四期"（经期、孕期、产期、哺乳期）劳动保护，还有关于乳腺癌、卵巢癌等相关妇科疾病知识的宣传与普及等。

3. 法律认知与公共事务参与保障方面的制度需求

根据主成分因子的分析结果，法律认知和公共事务参与能力已经成为影响武汉市女性生活质量的关键变量。从某种程度上来说，随着社会、经济的发展，武汉市女性的自我觉醒与发展要求提升自身的法律认知，并更多地参与到公共事务中来，因此也产生了相关方面的制度需求。

在法律认知上，女性对法律知识的了解以及对法律规定的诉求，直接关系到自身的权益，如自身的劳动权与获得劳动报酬的权利。通过提升女性法律认知水平，可以帮助其有效的保护自身的切身利益，这不仅体现在工作方面，也体现在家庭生活方面，如女性在面临工作性骚扰或家庭暴力时，可以诉诸法律等。这种法律认知的制度保障包括以下几个方面：（1）成熟的法律体系。这一体系不仅包括了法律规定，也包括了法律发展与变迁情况。前者是指关于女性权益规定的全面性程度，后者则是关于法律进一步完善的可能。比如在家庭暴力方面，根据 2010 年第三次"中国妇女社会地位调查"数据显示，在整个婚姻生活中遭受过来自配偶的不同形式的家庭暴力的女性高达 24.7%[①]。可见，家庭暴力在中国的发生率比较高，已经成为社会隐痛。为了解决这一问题，2014 年 11 月 25 日《中华人民共和国反家庭暴力法（征求意见稿）》出台，而全国人大常委会已将《反家庭暴力法》列入立法规划[②]，这正是我国法律制度发展与变迁的结果。同时，由于女性权益涉及方方面面，有很强的复杂性，也需要提升法律的灵活度与适应度，如面对新出现的家庭冷暴力等现象，都需要制定相应的法律规定。（2）诉诸法律的途径。制度的保障不仅在于制度的规定，更在于制度需求实现的方式与途径。尤其是在女性权益保护问题上，需要为女性开设特殊的渠道。（3）提升法律认知的途径。尽管城市女性较其他地区女性会有更强的法律维权意识，但多数女性无法较为全面地了解自身的权益。在调研中，有关女性权益受损时所选择的解决办法，统计结果见图 5—5。

---

① "中国《反家庭暴力法》已列立法规划，有望尽快出台"，人民网（http://politics.people.com.cn/n/2014/1124/c70731 - 26084710.html），2014 - 11 - 24。

② 傅莹：中国首部反家暴法或下半年提交审议，人民网（http://npc.people.com.cn/n/2015/0304/c14576 - 26635913.html），2015 - 03 - 04。

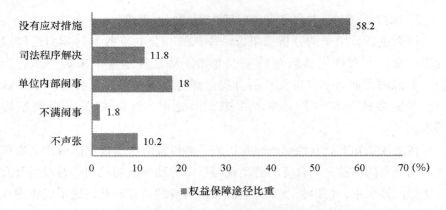

图5—5   2009 年抽样武汉市女性权益受损解决方法状况

除了法律认知之外，武汉市女性还存在公共事务参与的制度保障需求，这充分地表明了武汉市女性的公共行为意识及能力正在逐步增强。这种制度需求体现在以下几个方面：（1）群团组织及活动参与。在前面的主成分因子分析中已经得出结论，对群团组织的参与已经成为影响武汉市女性生活质量的一个关键因素。这一方面是女性出于开拓除了家庭之外的交往圈的需要，也可能是城市女性寻找自我归属感和自身价值实现的一个重要渠道。（2）公共事务参与。主要体现在与女性相关权益的公共事务及决策的参与，如有关特定公共政策的建议咨询以及听证等。

4. 工作保障方面的制度需求

同传统女性相比，工作已经成为现代城市女性生活构成中一个不可或缺的部分，随着经济社会不断发展、竞争日益激烈，女性就业面临的各种要求也越来越高，各种工作压力也越来越大。而由工作产生的制度需求则至少包括以下两个方面：（1）基本劳动权益的制度需求。这除了基本的一般性劳动保障之外，还包括针对女性劳动权益和基本权益的保障。如除了获取平等的劳动报酬权、基本工作卫生与安全保障，女性还应该享有其他的制度保障，如前文提到的"四期"劳动保护等。（2）辅助性的工作保障制度需求。同前一点保障女性基本权益相比，辅助性的制度需求是为了保障城市女性能更好地适应工作的要求。如基本的业务与技能培训制度，可以提升女性的工作能力；再如一些与工作相关的健康检查，可以及时地发现女性因工作压力和强度带来的生理与心理上的疾病等。

根据主成分因子分析的结果，武汉市女性生活质量的整体性制度需求包含四个部分，此外还包括了具体的方面，图 5—6 描述了制度需求。

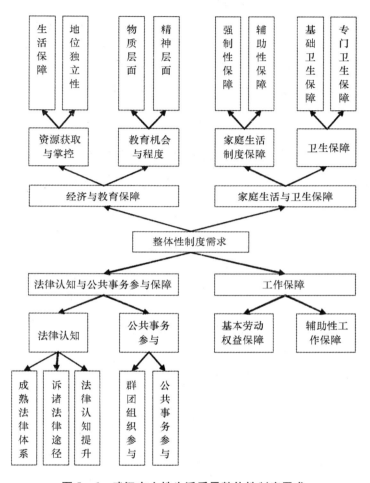

图 5—6　武汉市女性生活质量整体性制度需求

（二）差异性的制度需求

根据制度变迁的理论，制度需求产生于特定的社会环境，包括科技进步程度、经济发展水平等。由于社会发展水平的不均衡性，从而导致不同发展水平下的制度需求也存在不均衡性，如城市女性对制度的需求同农村女性就会存在差异，不同城市间女性的制度需求会存在差异性，甚至在同一城市内，由于区域空间发展以及群体之间的差异也会产生这种制度需求的差异性。发现并分析这种差异性，一方面有利于制度供给者实现制度的差异性供给，避免不必要的制度陷阱与资源浪费；另一方面也有利于抹平不同区域间女性生活质量满意度系数之间的不均衡。这里将考察武汉市不同城区女性生活质量的制度需求，发现影响其差异的因素与变量，以作为制度供给者提供差异性制度供给的依据。通过对武汉市 11 个城区（江岸区与新洲区因无效数据过多而被剔除）的主成分因子分析，考察 11 个城区的主要影响因子之间的差异。表 5—6 列出了影响武汉市不同城区女性生活质量的前三个主成分因子。

表 5—6　　　　　2009 年武汉市不同城区女性生活质量主成分因子

地区	区域发展类型	社区抽样类型	第一公因子	第二公因子	第三公因子
江汉区	中心城区	城市社区	教育与婚姻和谐度	收入与身体健康	工作强度与工作压力
硚口区	中心城区	城市社区	收入与教育	婚姻和谐度与身体健康	法律认知、劳动力市场规范度
汉阳区	中心城区	城市社区	教育与收入	家庭婚姻与亲属和谐度	劳动卫生与"四期"落实程度
武昌区	中心城区	城市社区	收入与教育	家庭婚姻和谐度与法律认知	身体健康、女性用工权益保护
青山区	中心城区	城市社区	法律认知与劳动力市场规范度	身体健康、女性用工权益保护	收入与教育
洪山区	中心城区	城市社区	教育与收入因子	公共事务参与、公共卫生服务	身体健康与劳动卫生
东西湖区	远城区	城市社区	身体健康与教育	工作强度与女性工作权益	对"四期"落实程度
汉南区	远城区	农村社区	工作强度与收入	家庭婚姻与亲属和谐度	法律认知与公共事务参与
蔡甸区	远城区	农村社区	收入和身体健康	法律认知公共卫生保健服务	工作强度
江夏区	远城区	城市社区	公共卫生、"四期"落实程度	收入与教育	婚姻和谐度与工作竞争压力
黄陂区	远城区	农村社区	收入与法律认知	身体健康、女性用工权益保护	工作强度、劳动力市场规范度

注释：因子顺序排列取决于因子载荷值绝对值的大小。

通过对武汉市不同城区女性生活质量的主成分因子进行比较分析，可以发现其关键影响变量之间的差异，或者说武汉市不同区域女性对影响其生活质量主要因子的主观评价是有区别的，从而也反映出其不同的制度需求。根据实证分析得出的结论，这种差异性主要体现在远城区与中心城区、农村社区与城市社区之间，主要包括两点：（1）中心城区和城市社区女性生活质量的第一影响变量关键在于收入和教育这两个指标，而后一个指标对远城区与农村城区女性的影响要微弱很多，表明中心城区、城市社区的女性对教育方面的制度需求可能更多；（2）婚姻和谐度与身体健康程度这两个指标是中心城区与城市社区女性生活质量的第二关键影响变量，与其相比远城区以及农村社区则更关注法律认知和工作的相关情况。

这种同性质区域影响因子的相关性以及同其他区域的差异性导致的制度需求的差别，可以通过经济、社会发展以及人口分布的情况加以解释：（1）武汉市作为中部的中心城市，还处于快速发展阶段，同北京、上海、广州、深圳这样的发达城市相比，其经济总量还比较落后，体现在女性的个体生活上就是人均可支配的收入相对较低，而人均收入则是生活水平的物质基础。从目前的情况来看，武汉市女性的生活档次与消费水平还有很大的提升空间。因此，无论是中心城区还是远城区、城市社区还是农村社区，通过提升个人可支配收入来改进生活质量的需求都是相同的，都存在一个希望借助制度供给者的相关制度安排来实现收入的提高的问题。（2）前面曾经指出，武汉市作为一个教育大市对其劳动力市场产生了巨大的影响，尤其是教育背景成为工作竞争与收入的一大影响因素。特别是分布在中心城区各个单位的工作性质也决定了具有较高教育背景女性的相对集中，根据前面分析指出的教育机会与程度指标对生活质量的间接影响，不难理解中心城区和城市社区女性对教育指标的重视程度与相关制度需求。（3）相对于中心城区与城市社区而言，远城区和农村社区女性的工作性质可能对教育水平并没有那么高的要求，如许多农村女性多在外面务工。因此，这些区域的女性更看重工作的强度以及自身的劳动权益保障等相关问题，这就产生了对法律认知的相关制度需求。此外，在调研过程中发现，中心城区许多女性由于下岗待业，其自主创业的需求要相对较高，因而也产生了制度供给者提供创业帮助的制度需求。

二   2009 年武汉市女性生活质量制度供给的满意度分析

在前面的满意度系数分析中已给出了一个大致结论，武汉市女性对目前生活质量的评价呈高斯分布，即在满意度的概率分布上属于正常情况。表明目前的制度供给还没有对女性生活质量产生太大的作用。在接下来的一部分将重点分析不同区域间的制度供给现状满意度系数。具体见表 5—7。

表 5—7   2009 年武汉市不同城区女性对于制度供给现状满意度系数

地区	区域发展类型	社区抽样类型	峰度值	偏度值	最大值	最小值	极差值
江汉区	中心城区	城市社区	0.085	0.381	0.58	-0.46	1.04
硚口区	中心城区	城市社区	-0.484	0.001	0.63	-0.74	1.39
汉阳区	中心城区	城市社区	0.045	0.543	0.63	-0.37	1.00
武昌区	中心城区	城市社区	0.063	0.418	0.55	-0.45	1.00
青山区	中心城区	城市社区	1.863	1.171	0.71	-0.36	1.07
洪山区	中心城区	城市社区	-0.203	0.545	0.58	-0.46	1.04
东西湖区	远城区	城市社区	0.858	-0.892	0.53	-0.82	1.35
汉南区	远城区	农村社区	-0.618	0.731	0.62	-0.36	0.98
蔡甸区	远城区	农村社区	-1.216	-0.118	0.58	-0.58	1.16
江夏区	远城区	城市社区	-0.562	0.407	0.49	-0.41	0.90
黄陂区	远城区	农村社区	-0.595	0.426	0.57	-0.41	0.98

通过对不同城区几个重要统计值进行总结和比较分析可以发现一些差别。具体体现在以下几个方面：（1）从峰度值来看，几个远城区和农村社区的女性对生活质量以及目前制度供给的态度更为分散和平缓，相比之下，中心城区的主观评价更为集中，但集中趋势也不太明显。（2）从偏度值来看，在调研的几个区中，只有东西湖区女性的主观评价相对较高，大多数城区女性对目前制度供给现状的主观评价度并不高，验证了前文的整体性满意度系数的分析。尤其是青山区偏度值高达 1.171，表明该地区的女性的主观评价相当低。（3）从极差值来看，武汉市女性整体的主观评价差距不大，没有出现满意度两极分化的情况，相比之下几个远城区和农村社区的极差值最小，都在 1.00 以下。这说明目前武汉市女性生活质

量问题制度供给在这些区域给不同层次女性带来的主观效果没有特别的差异性，或者说主观上制度供给是较为均衡的。

从这些差异性可以发现，同制度需求的区域非均衡一样，对制度供给的主观评价也存在一个中心城区同远城区的非均衡，这种非均衡产生的原因也在于前面指出的制度需求的差异性。在这里将要重新考察"均衡"的概念，在制度供给及变迁理论中的"均衡"通常是指，制度供给同制度需求双方相互作用而达到的一种相对静止的状态。从这点上来看，均衡不同于平等和平衡这两个概念，在很多时候实现平等与平衡不等于实现了均衡，这在制度供给中体现得非常明显。尽管在一个城市范围内也会有区域发展、群体特性等差异，而作为主要制度供给者的政府在很多相关制度供给上更侧重于平等的提供各种公共产品和服务，而难以针对不同区域给出差异性的供给方案。这种情况容易产生这样的问题，即在许多区域制度供给能够满足该区域女性的需求，从而提升其生活质量，但在其他很多区域同样的政策却不能对这些地区女性的生活质量产生改进效果。如根据武汉市中心城区女性对教育和家庭生活相关的制度需求而采取的各项公共政策和服务，用在远城区那些更看重工作强度、报酬及自身权益的女性身上，效果将会大不一样。从这点上来看，除了前面分析的武汉市女性制度供给需求的差异性会导致其主观评价的差异之外，制度供给者的供给方式也会产生这种差异性。

当然也要注意到，这种差异性即便是在中心城区也并不大，这点可以通过观察峰度值与极差值得出。结合前面考察中心城区与远城区的主成分因子分析，收入作为影响不同区域女性生活质量的共同因子，可能是影响差异性程度的关键变量。目前武汉市女性的月收入和家庭年人均可支配收入差距都不大，具体可见图 5—7 和图 5—8，可以大致推断武汉市女性主观评价差异性并不是在很大程度上受较为平衡的收入情况影响。

总体上来看，武汉市女性对目前生活质量以及制度供给现状的主观评价还是偏低，排除此次调研可能存在的误差以及个别女性极端评价的可能性，目前武汉市针对女性生活质量问题的制度供给还存在很多问题，在本节的定性分析中也有涉及。在下一章中，除了考察导致武汉市女性目前主观评价偏低的各种原因之外，还要重点分析制度供给现状的问题以及导致这些问题产生的各种原因。

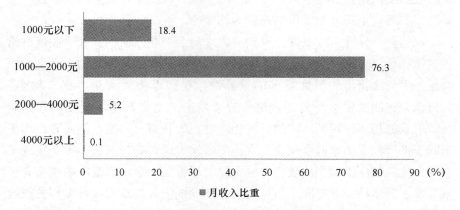

图5—7　2009年抽样武汉市女性月收入状况

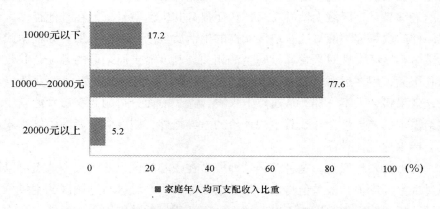

图5—8　2009年抽样武汉市女性家庭年人均可支配收入状况

第六章　2010 年武汉市女性生活质量的实证分析

第一节　相关性分析及主成分分析

一　相关性分析

2010 年，项目组调研采用的指标体系不同于 2009 年，共包含了 34 个三级指标，通过对无效指标的剔除，最终选取了 18 个指标作为因子分析的因变量，并将其进行编号。被选取的三级指标为月收入、受教育机会与程度、参与公共事务的机会与能力、法律保障程度以及城市女性对法律的认知与评价、婚姻关系和谐度、亲属关系和谐度、生理健康、心理健康、公共卫生保健服务、娱乐时间、劳动卫生、竞争压力、工作强度、对"四期"（经期、孕期、产期、哺乳期）的落实程度、相关非政府组织（NGO）参与度、劳动力市场规范程度（包括性别歧视与性别职业隔离）、女性用工合同保障与权益保护、女性权益维护政策完善度。将这些指标依次进行编号为 X1、X2、X3、…、X16、X17、X18。

在抽取的 18 个关于城市女性生活质量的影响因素间也会存在相互影响的情况，这点在 Bartlett 球度检验时也得到了验证。实际上，无论是女性家庭、生活、工作以及政府的相关政策都会相互影响，如家庭生活的和谐程度会影响到其工作效率，政府对女性生活质量问题的政策及执行情况会影响到其生活与工作等。为了全面考察 18 个三级指标之间的影响情况，这里将其各自之间的相关性系数以表的形式列了出来，具体见表 6—1。

表6—1　　　2010 年武汉市女性生活质量影响变量间相关性矩阵表

		X1	X2	X3	X4	X5	X6	X7	X8	X9
相关性系数	X1	1.000	0.326	0.051	0.039	0.108	0.184	-0.053	0.065	0.039
	X2	0.326	1.000	0.165	0.282	0.029	0.072	0.069	0.108	0.156
	X3	0.051	0.165	1.000	0.176	0.028	0.014	0.036	0.028	0.054
	X4	0.039	0.282	0.176	1.000	0.047	0.049	0.058	0.093	0.175
	X5	0.108	0.029	0.028	0.047	1.000	0.254	0.087	0.059	0.015
	X6	0.184	0.072	0.014	0.049	0.254	1.000	0.065	0.080	0.037
	X7	-0.053	0.069	0.036	0.058	0.087	0.065	1.000	0.062	0.158
	X8	0.065	0.108	0.028	0.093	0.059	0.080	0.062	1.000	0.027
	X9	0.039	0.156	0.054	0.175	0.015	0.037	0.158	0.027	1.000
	X10	-0.107	0.027	0.023	0.012	0.053	0.042	0.060	0.092	0.008
	X11	0.254	0.141	0.016	0.03	-0.083	0.089	-0.045	0.102	0.019
	X12	0.323	0.092	0.029	0.053	0.015	0.038	0.055	-0.142	0.006
	X13	0.365	0.081	0.003	0.029	-0.068	0.059	-0.225	-0.091	0.015
	X14	-0.149	0.107	0.038	0.278	0.054	0.016	0.067	0.027	0.020
	X15	0.036	0.021	0.223	0.045	0.014	0.005	0.010	0.021	0.015
	X16	0.074	0.033	0.010	0.095	0.011	0.025	0.029	0.017	0.048
	X17	0.748	0.054	0.083	0.308	0.019	0.006	0.006	0.016	0.075
	X18	0.103	0.031	0.140	0.146	0.032	0.013	0.013	0.012	0.055

		X10	X11	X12	X13	X14	X15	X16	X17	X18
相关性系数	X1	-0.107	0.245	0.323	0.365	-0.149	0.036	0.074	0.748	0.103
	X2	0.027	0.141	0.092	0.081	0.107	0.021	0.033	0.054	0.031
	X3	0.023	0.016	0.029	0.003	0.038	0.223	0.010	0.083	0.140
	X4	0.012	0.039	0.053	0.029	0.278	0.045	0.095	0.308	0.146
	X5	0.053	-0.083	0.015	-0.068	0.054	0.014	0.011	0.019	0.032
	X6	0.042	0.089	0.038	0.059	0.016	0.005	0.025	0.006	0.013
	X7	0.060	-0.045	0.055	-0.225	0.067	0.010	0.029	0.006	0.013
	X8	0.092	0.102	-0.142	-0.091	0.027	0.021	0.017	0.016	0.012
	X9	0.008	0.019	0.006	0.015	0.020	0.015	0.048	0.075	0.055
	X10	1.000	-0.128	-0.154	-0.167	0.073	0.014	0.011	0.015	0.008
	X11	-0.128	1.000	0.015	0.344	-0.024	-0.160	-0.018	0.032	0.025

		X10	X11	X12	X13	X14	X15	X16	X17	X18
相关性系数	X12	-0.154	0.015	1.000	0.265	-0.034	0.027	0.050	0.021	0.019
	X13	-0.067	0.344	0.265	1.000	-0.059	-0.024	-0.119	0.024	0.035
	X14	0.073	-0.024	-0.034	-0.059	1.000	0.025	0.214	0.175	0.206
	X15	0.014	-0.160	0.027	-0.024	0.125	1.000	0.024	0.102	0.095
	X16	0.011	-0.018	0.050	-0.119	0.214	0.024	1.000	0.149	0.191
	X17	0.015	0.032	0.021	0.024	0.175	0.102	0.149	1.000	0.227
	X18	0.008	0.025	0.019	0.035	0.206	0.095	0.191	0.227	1.000

从相关性矩阵可以看到，从相关性矩阵中可以分离出 X7、X8、X9 这三个指标属于惰性指标，分别为生理健康、心理健康及公共卫生保健服务，这三项都属于女性健康类的。表明目前武汉市女性健康需要由政府直接投入，通过政策手段进行提升。

此外，可以看到 X1、X2、X4、X5、X12、X13、X17、X18 为活性指标，这些指标之间及同其他指标间存在较强的相关性，其分别为月收入、受教育机会与程度、法律保障程度以及城市女性对法律的认知与评价、婚姻关系和谐度、竞争压力、工作强度、女性用工合同保障与权益保护、女性权益维护政策完善。

二　主成分分析

为了方便采用主成分分析法，通过描述 18 个变量对武汉市女性生活质量的解释度，以作为降维和提取公因子的依据。根据降维结果，我们选取 5 个主成分因子整合为影响武汉市女性生活质量的关键变量，得出因子载荷矩阵，见表 6—2。

表6—2　　　　2010 年武汉市女性生活质量影响因子载荷矩阵表

	因子数量				
	公因子 1	公因子 2	公因子 3	公因子 4	公因子 5
X1	0.634	0.341	0.016	-0.019	-0.003
X2	0.573	0.101	-0.097	0.014	-0.007
X3	-0.017	0.223	0.137	0.434	-0.121

续表

	因子数量				
	公因子 1	公因子 2	公因子 3	公因子 4	公因子 5
X4	0.243	-0.129	0.316	0.506	0.163
X5	0.410	0.362	-0.158	0.101	-0.003
X6	0.202	-0.090	0.116	0.087	-0.312
X7	0.275	0.513	-0.017	-0.109	0.143
X8	-0.116	0.440	0.255	0.491	-0.285
X9	0.165	0.457	-0.117	0.096	-0.017
X10	0.222	-0.118	0.130	0.475	0.281
X11	0.172	-0.200	-0.498	0.301	0.002
X12	0.114	-0.039	0.501	-0.208	-0.110
X13	0.024	0.209	-0.038	-0.016	0.245
X14	-0.107	0.210	-0.118	-0.223	0.010
X15	0.290	0.129	-0.120	0.327	-0.142
X16	0.165	0.201	-0.013	0.067	-0.375
X17	-0.117	0.031	0.200	0.201	0.398
X18	0.050	-0.117	0.206	-0.002	-0.401

　　为了凸显各个因子的差异性，以便更好地进行主成分分析，这里将采用最大方差法（Varimax）对因子载荷矩阵进行旋转得到旋转后的因子载荷矩阵，具体如表6—3所示。

表6—3　旋转后的 2010 年武汉市女性生活质量影响因子载荷矩阵表

	因子数量				
	公因子 1	公因子 2	公因子 3	公因子 4	公因子 5
X1	0.784	0.402	0.008	-0.008	-0.010
X2	0.633	0.076	-0.085	0.009	-0.020
X3	-0.034	0.201	0.108	0.563	-0.085
X4	0.204	-0.092	0.387	0.583	0.209
X5	0.480	0.402	-0.074	0.093	-0.002
X6	0.240	-0.048	0.109	0.035	-0.404

续表

	因子数量				
	公因子 1	公因子 2	公因子 3	公因子 4	公因子 5
X7	0.306	0.592	−0.020	−0.153	0.075
X8	−0.098	0.523	0.321	0.500	−0.194
X9	0.102	0.557	−0.083	0.067	−0.003
X10	0.201	−0.065	0.008	0.537	0.176
X11	0.129	−0.236	−0.588	0.355	0.001
X12	0.076	−0.023	0.535	−0.137	−0.062
X13	0.012	0.176	−0.025	−0.010	0.173
X14	−0.100	0.137	−0.068	−0.150	0.004
X15	0.202	0.135	−0.054	0.339	−0.098
X16	0.198	0.232	−0.009	0.046	−0.497
X17	−0.086	0.040	0.217	0.143	0.441
X18	0.009	−0.053	0.067	−0.002	−0.503

通过观察旋转后的武汉市女性生活质量影响因子的载荷表可以发现主成分因子在极个别变量上已经凸显得非常明显。

在通过降维、无量纲处理之后分离出影响武汉市女性生活质量的 5 个关键因子，还需要通过方差解释表来说明其各自对生活质量的影响程度。表 6—4 给出了 5 个公因子的总分差解释情况。

表 6—4　　　　　2010 年武汉市女性生活质量公因子总方差解释
（仅保留 5 个主成分因子）

因子	初始特征值			荷载平方提取总数			荷载平方旋转总数		
	总数	方差贡献率（%）	累计数（%）	总数	方差贡献率（%）	累计数（%）	总数	方差贡献率（%）	累计数（%）
1	2.573	15.264	15.264	2.573	15.264	15.264	2.213	13.431	13.431
2	2.268	13.119	28.282	2.268	13.119	28.282	2.172	11.886	25.317
3	1.998	12.015	40.297	1.998	12.015	40.297	1.745	10.086	35.403
4	1.707	10.565	50.862	1.707	10.565	50.862	1.596	9.004	44.407
5	1.659	9.497	60.359	1.659	9.497	60.359	1.458	7.357	51.764

结合旋转后的武汉市女性生活质量影响因子的载荷表和总方差解释表可以发现，在武汉市女性对生活质量的主观评价中，收入和教育因素是排在第一位的，收入与教育两个指标在第一公因子上的旋转载荷为 0.784 和 0.633，因此可以将其归结为收入与教育因子；第二公因子载荷值较高的为生理健康、心理健康以及公共卫生指标，分别为 0.592、0.523、0.557，因此可以将其归结为女性健康因子；第三公因子在载荷值较高的为工作压力、劳动强度影响变量，因此可以将其归结为职业状况因子；以此可以将第四公因子和第五公因子总结为公共事务能力因子与女性劳动权益因子。这 5 个因子的累计解释率为 51.764%，表明这 5 个因子可以较大程度上解释武汉市女性生活质量状况，但需要注意，其他指标和变量对生活质量的影响也较大。这里提取这五个公因子作因子回归分析。

三　因子回归及主观评价分析

（一）因子回归分析

根据旋转后的武汉市女性生活质量影响因子载荷矩阵表，用 5 个公因子重新定义 18 个指标变量，具体过程原理如第五章，这里不一一复述。

根据 18 个指标的因子公式模型与旋转后的总方差解释表，可以通过回归法得出公因子模型，通过该模型可以大致测算抽样的武汉市女性对目前生活现状的主观评价。由此可以得出武汉市女性生活质量主观评价系数 S 的模型为：

$$S = 0.12003F1 + 0.11107F2 + 0.08972F3 + 0.08026F4 + 0.07645F5。$$

（二）主观评价分析

将 S 模型代入到每个抽样样本数据，得到以下实证结果：

表6—5　　　　　　　武汉市女性生活质量满意度系数统计数据

统计项目	统计数值
平均值	0.0000
中位数	−0.003
众数	−0.13
标准差	0.21657
方差值	0.050
偏度值	0.281

续表

统计项目	统计数值
峰度值	0.298
极差值	1.62
最小值	−0.65
最大值	0.97

从武汉市女性生活质量满意度系数的基本统计数据中可以看到，偏度值为 0.281，呈轻微左偏态势，表明目前仍有较多武汉市女性对生活质量现状不满。从峰度值 0.298 可以看到，对于目前的生活质量的整体态度，武汉市女性呈现一般评价的女性较多，也说明了其态度与看法较为一致。而极差值（1.62）较 2009 年调研更高，但结合峰度值来看，这种差距是极个别情况，并未出现两极分化的情况，这点同 2009 年较为相似。根据统计数据值以及偏态分布图来看，武汉市女性生活质量满意度系数整体上呈现高斯分布（Gaussian distribution）趋势，这表明 2010 年武汉市女性对自身的生活现状评价从概率上来说分布均匀，并不存在极度满意或者极度不满意的情况。

第二节　2010 年武汉市女性生活质量的实证结论

一　2010 年武汉市女性生活质量的制度需求

（一）收入与教育方面的需求

一个值得我们关注的问题是，城市女性在衡量生活质量时，将收入与教育程度放在了较高的位置，2009 年、2010 年连续两年的调研都验证了这一观点，而通过后面的分析我们也可以看到，收入与教育程度将一直影响女性生活质量。这是由于收入状况好坏将直接决定女性的物质掌握与使用状况，而物质生活是生活质量的重要构成。

当然，需要注意的是，这里的收入指标并非完全是以家庭为核算单位，这也是 2010 年问卷调查在收入指标考察上同 2009 年的区别之处。项目组将收入范围进一步缩小到女性的工作收入或是可掌握的收入，这样可以更加精确地了解收入对女性生活质量的影响。

而教育对女性生活质量的影响主要包含了两个方面：（1）根据相关

性分析可以看到，教育程度同女性的收入程度呈正比，表明城市女性受教育程度与机会越高，其收入能力或潜在能力就越高，从间接上可以提升女性生活质量；（2）教育程度的提升可以改变女性对生活质量的理解，或是改变其生活质量考核指标的侧重点，如更多的追求精神生活质量的提升。

收入与教育作为女性生活质量的第一公因子，很大程度上表明了武汉市女性在这一方面的制度需求，即希望通过某种政策、制度提升其收入水平、能力及其受教育的程度与机会。

（二）健康的需求

尽管健康指标及其公因子排序在 2010 年同 2009 年有所不同，但作为最为重要的影响因子之一，它对女性生活质量的影响是毋庸置疑的。尤其是随着社会、经济的不断发展，女性个体越来越看重自己的身体健康。在健康方面的经济投入也日渐增加。根据我们的调研，当被问及"您每年花费在保健品上的费用"时，有 23.3% 的女性表示自己会花费 5000 元以上的费用来保养自己的身体。

当然，除了生理上的健康之外，心理的健康也受到了越来越多女性的关注，尤其是城市化的节奏越来越快，除了来自于家庭的压力外，女性面临的工作压力也越来越大，而多重社会角色的扮演也无形之中给女性造成了精神上的压力，如在项目组的问卷调查与访谈过程中，许多女性就表示照顾家人与事业拼搏经常会让其觉得分身乏术。

但有意思的现象是，尽管存在各种各样的健康隐患，但武汉市女性却没有更加积极地去排除这些隐患。如 74.6% 的女性表示除了单位安排的体检之外，自己不会主动去医院定期体检。绝大部分女性认为自己或多或少地存在心理压力或者障碍，但却表示会就心理问题去就医。这种有健康诉求，却没有实际行动的情况值得我们深入研究。

（三）职业状况改进的需求

同农村女性相比，职业状况成为了城市女性生活质量的重要影响因素。职业作为城市女性生活的重要构成，对其生活及其角色改变甚多。现在，大城市中职业女性所占比例相对较高，工作已经成为女性生活的一部分，使得女性扮演了多重社会角色，其行为模式、思维方式也都因职业和工作发生了较大改变。这种改变至少包括了以下几个方面：（1）工作成为女性收入的直接来源，为女性的经济独立提供了保障；（2）工作为女性提供了新的社交圈子，使得女性能够在独立的社会交往中获得自我实现和满足感。

同时也要意识到，工作给女性同时也带来了诸多问题：（1）工作压力。作为经济运行主体的企业和其他市场主体，存在着竞争与生存的压力，分解到女性员工个体，其面临的竞争压力也十分巨大，成为影响现代城市女性健康的主要原因之一。（2）角色冲突。传统中国家庭中的观念是"男主外、女主内"，但这种格局随着职业女性比重的增加被逐步打破，城市女性角色的多重性已经成为常态，但不同的角色间会存在时间、行为模式上的冲突，典型的如家庭女性同职业女性间的矛盾。在我们的调研中，86.67%的女性表示在工作与家庭（个人）生活间存在一定的冲突。

这就衍生了女性对职业状况改进的需求，一方面希望通过改善工作环境来减轻压力；另一方面也希望通过各种社会机制的完善来缓解不同角色间的冲突，如社区保育服务体系的完善等。

（四）公共事务参与的需求

调查结果显示，有一个较为明显的趋势，就是城市女性对公共事务参与的需求日渐增加，尽管这一指标对生活质量的影响不如其他几个指标，但可以预见未来一段时间里，女性要求参与公共事务将会是大的趋势。

从本质上来说，公共事务是对某些公共资源的安排和配置，参与公共事务意味着可以实现对自身有利的公共资源配置。要改善女性生活质量，最直接最有效的方式就是改变现有的公共资源配置方式，使公共政策更多地倾向于女性。正是意识到这一点，许多城市女性越来越多的要求参与到公共事务中来。如女性的就业政策、女性公共卫生政策等。

但是也应当认识到，尽管女性要求参与公共事务，但在参与方式上武汉市女性还是缺少有效渠道。当被问及"您对目前武汉市女性参与公共事务的方式与渠道的满意状况"时，68.2%的人表示不满意，甚至有许多人根本不知道有哪些渠道可以参与。

此外，需要注意的是，女性参与公共事务的能力问题，即对亟须解决的生活质量问题的认知与理解能力、表达诉求的能力、活动与组织能力等。而现状正是绝大多数女性对自身生活质量需要解决的问题没有清晰的认知，许多女性仅仅将问题简单地理解为经济问题，只需要"提高收入"即可。

对于这些问题，都需要作为制度供给者的政府出台一系列的措施改进女性参与公共事务的现状。笔者认为至少在以下几个方面需要作出努力：（1）提供女性公共事务的诉求途径，这点可以通过大范围的社会调查、访谈、网络民调来实现；（2）提供女性参与公共事务的渠道，这点可以通过培育女性自治组织及 NGO 组织来实现；（3）提升女性参与公共事务的能力，这点可以通过教育程度的提升以及公共事务实践来实现。

（五）女性劳动权益的需求

这一方面的需求实际上在第五章的分析中也被作为重点进行了分析，这是由于劳动权益对于城市职业女性而言，是关乎其经济收益、生存的重要内容。而且在现实生活中，尽管国家出台了关于女性劳动权益的各项政策制度，但其实质有效性却并没有那么理想，这造就了城市女性在职场中时常居于困难地位的现状。

而就女性而言，尽管存在关于劳动权益的认知，但却没有有效地维护自身的劳动权益。我们认为这主要有以下三个方面的原因：（1）对现状的接受。受传统观念的影响，一部分女性仍然持有自己处于困难地位的认知取向，因此即便是在遇到自身正当劳动权益受损的情况时也会逆来顺受。（2）缺乏法律意识。当正当权益受损时，不知道采用何种法律手段与工具维护自己的权益，也是困扰职场女性的一大问题。尽管城市女性的法律意识日渐增强，但没有准确法律认知的城市女性在权益受到侵犯时，也不知道如何具体操作。（3）缺乏有效的诉诸法律的途径。目前没有专门针对女性劳动权益的法律绿色通道，而是将女性劳动权益受损看作一般的劳动权益受损案件处理，事实上女性劳动权益涉及性别歧视问题，那些个人权益受损的女性应被给予特殊的保护渠道。

二　2010 年武汉市女性生活质量制度供给的满意度分析

在前面的满意度系数分析中已给出了一个大致结论，武汉市女性对目前生活质量的评价呈高斯分布，即在满意度的概率分布上属于正常情况，这一结论同 2009 年相比并没有太大变动。从总体趋势来看，2010 年武汉市女性生活质量制度供给的满意度状况存在以下一些特征：

1. 就横向区域间的主成分因子进行比较，同 2009 年的差异不大。中心城区同远城区之间在主成分因子上依然存在一些差异，具体见表 6—6。

表6—6　　　　2010 年武汉市不同城区女性生活质量主成分因子

地区	区域发展类型	社区抽样类型	第一公因子	第二公因子	第三公因子
江汉区	中心城区	城市社区	身体健康、收入	家庭和谐	工作压力
硚口区	中心城区	城市社区	收入与教育	婚姻和谐度与身体健康	法律认知、劳动力市场规范度
汉阳区	中心城区	城市社区	教育与收入	身体健康	劳动卫生、心理健康
武昌区	中心城区	城市社区	收入与教育	家庭婚姻和谐、公共事务参与	身体健康、女性用工权益保护
青山区	中心城区	城市社区	法律认知、收入	身体健康、女性用工权益保护	教育
洪山区	中心城区	城市社区	教育与收入因子	公共事务参与、公共卫生服务	身体健康、工作压力
东西湖区	远城区	城市社区	身体健康与教育	工作强度与收入	对"四期"落实程度
汉南区	远城区	农村社区	工作强度与收入	家庭婚姻、身体健康	法律认知与公共事务参与
蔡甸区	远城区	农村社区	收入和身体健康	法律认知公共卫生保健服务	工作强度、教育
江夏区	远城区	城市社区	收入	教育与身体健康	婚姻和谐度与工作竞争压力
黄陂区	远城区	农村社区	收入与法律认知	身体健康、女性用工权益保护	工作强度、劳动力市场规范度

2. 就横向区域间的满意度进行比较，同 2009 年存在一定的差异。这种差异主要体现在中心城区同远城区间的偏度值上，从 2010 年的数据中可以看到，不同的城市区域间女性对制度供给现状满意度逐渐分化开来，具体见表6—7。比较有意思的实证结果是，远城区女性对生活质量制度供给评价较高的比例较中心城区的更高，或者说远城区女性对制度供给的满意度相对较高。这不同于通常的理解，因为相对于远城区而言，中心城区无论是在硬件设施还是在软件政策上都是制度供给者关注的重点，从制度的完备程度来说，中心城区制度供给的现状相对要更好一些，而实证结果却不同于一般的猜想。对于这一结果，项目组认为这是由于中心城区女

性无论是在收入、工作，还是在教育水平、法律认知的平均水平上，都较远城区女性更高，其对制度的诉求也相对较高，因此也更难满足，进而导致了满意度的差异。

表6—7   2010 年武汉市不同城区女性对于制度供给现状满意度系数

地区	区域发展类型	社区抽样类型	峰度值	偏度值	最大值	最小值	极差值
江汉区	中心城区	城市社区	0.176	0.431	0.93	− 0.65	1.58
硚口区	中心城区	城市社区	− 0.347	− 0.029	0.76	− 0.45	1.21
汉阳区	中心城区	城市社区	− 0.103	0.587	0.61	− 0.63	1.24
武昌区	中心城区	城市社区	− 0.207	0.509	0.53	− 0.60	1.13
青山区	中心城区	城市社区	0.774	0.692	0.91	− 0.58	1.49
洪山区	中心城区	城市社区	0.199	0.365	0.54	− 0.65	1.19
东西湖区	远城区	城市社区	0.661	− 0.306	0.68	− 0.54	1.22
汉南区	远城区	农村社区	− 0.298	− 0.376	0.90	− 0.43	1.33
蔡甸区	远城区	农村社区	− 0.852	− 0.554	0.97	− 0.57	1.54
江夏区	远城区	城市社区	− 0.425	− 0.481	0.75	− 0.46	1.21
黄陂区	远城区	农村社区	− 0.255	− 0.339	0.77	− 0.38	1.15

第七章 2011 年武汉市女性生活质量的实证分析

第一节 相关性分析及主成分分析

一 相关性分析

2011 年的调研对 2010 年的指标体系进一步进行了修正，除了基本信息及生活质量的基本问题外，在指标体系中更多地涉及生活质量的制度供给问题，总共包含了 30 个三级指标，通过对无效指标的剔除，最终选取了 18 个指标作为因子分析的因变量，并将其进行编号。选取的指标包括收入、政治关注频率、经济政策关注度、娱乐设施、参与公共事务的机会与能力、法律保障程度及对法律的认知与评价、男女同工同酬、劳动力市场规范程度、女性用工合同保障与权益保护、男女享受教育资源的平等性、经济资源获得情况、社会资源获得情况、道德习俗对女性生活质量的保障、政府政策对女性生活质量的保障、市场与商业规则对女性的保护、价值观念的改变。其编号依次为 X1、X2、X3、…、X15、X16。

在抽取的 16 个关于城市女性生活质量的影响因素间也会存在相互影响的情况，这点在 Bartlett 球度检验时也得到了验证。为了全面考察 16 个三级指标之间的影响情况，这里将其各自之间的相关性系数以表的形式列出来，具体见表 7—1。

表7—1　　　2011 年武汉市女性生活质量影响变量间相关性矩阵表

		X1	X2	X3	X4	X5	X6	X7	X8
相关性系数	X1	1.000	0.326	0.051	0.015	0.087	0.129	0.017	0.058
	X2	0.326	1.000	0.028	0.095	0.027	0.064	0.029	0.012
	X3	0.051	0.028	1.000	0.014	0.128	0.114	0.026	0.071
	X4	0.015	0.095	0.014	1.000	0.027	0.013	0.008	0.053
	X5	0.087	0.027	0.128	0.027	1.000	0.614	0.587	0.125
	X6	0.129	0.064	0.114	0.013	0.614	1.000	0.125	0.183
	X7	0.017	0.029	0.026	0.008	0.587	0.125	1.000	0.197
	X8	0.178	0.087	0.088	0.078	-0.132	0.020	0.162	1.000
	X9	0.201	0.156	0.253	0.018	0.125	0.096	0.015	0.037
	X10	0.307	0.127	0.103	0.015	0.153	0.142	0.026	0.012
	X11	0.045	0.041	0.016	0.054	0.083	0.069	0.145	0.203
	X12	0.103	0.052	0.019	0.010	0.034	0.023	0.253	0.257
	X13	0.172	0.011	0.003	0.009	0.068	0.018	0.375	0.136
	X14	0.149	0.051	0.028	0.142	0.054	0.020	0.290	0.097
	X15	0.236	0.081	0.053	0.185	0.081	0.015	0.314	0.242
	X16	0.074	0.143	0.010	0.133	0.075	0.039	0.337	0.305

		X9	X10	X11	X12	X13	X14	X15	X16
相关性系数	X1	0.201	0.307	0.045	0.103	0.172	0.149	0.236	0.074
	X2	0.156	0.127	0.141	0.052	0.011	0.051	0.081	0.143
	X3	0.253	0.103	0.016	0.019	0.003	0.028	0.053	0.010
	X4	0.018	0.015	0.054	0.010	0.009	0.142	0.185	0.133
	X5	0.125	0.153	0.083	0.034	0.068	0.054	0.081	0.075
	X6	0.096	0.142	0.069	0.023	0.018	0.020	0.015	0.039
	X7	0.015	0.026	0.145	0.253	0.375	0.290	0.314	0.337
	X8	0.037	0.012	0.203	0.257	0.136	0.097	0.242	0.305
	X9	1.000	0.108	0.029	0.076	0.085	0.160	0.095	0.118
	X10	0.108	1.000	0.182	0.084	0.210	0.196	0.194	0.221
	X11	0.029	0.182	1.000	0.315	0.244	0.324	0.260	0.218
	X12	0.076	0.084	0.315	1.000	0.265	0.134	0.227	0.250
	X13	0.085	0.210	0.244	0.265	1.000	0.159	0.264	0.119

续表

相关性系数		X9	X10	X11	X12	X13	X14	X15	X16
	X14	0.160	0.196	0.324	0.134	0.159	1.000	0.225	0.161
	X15	0.095	0.194	0.260	0.227	0.264	0.225	1.000	0.124
	X16	0.118	0.221	0.218	0.250	0.119	0.161	0.124	1.000

从表 7—1 可以看到，相关性矩阵中 X3、X4 两个指标属于惰性指标，分别为经济政策关注度、娱乐设施这两个指标。惰性指标表明要改善这两个方面，不能通过其他指标的改进实现，而是需要政府直接投入，通过政策手段进行提升。

此外，X1、X5、X7、X16 这四个指标为活性指标，同其他指标之间存在较强的关联性，分别为收入、公共事务参与能力、男女同工同酬及传统习俗的转变。

（1）收入指标（为了使问题聚焦，这里的收入仅指女性自己可以支配的收入，而不是以家庭为单位的收入）同政治政策关注频率、经济资源获取程度、市场与商业规则对女性的保护及价值观念的改变有着较强正相关。而这些指标都涉及女性市场经济行为的规则问题，表明改善女性经济资源或缺状况、实现现行的市场与商业规则对女性的保护、转变传统的价值观念都有助于改进女性的收入状况。

（2）公共事务参与能力同法律保障程度及对法律的认知与评价、男女同工同酬这两个指标间存在正相关。表明提升女性公共事务参与能力有助于提升女性对法律的认知与评价，同时通过参与提高女性话语权进而有利于保障女性的劳动权益，实现男女同工同酬。

（3）男女同工同酬指标除了同公共事务参与能力有明显正相关外，还同道德习俗对女性生活质量的保障、市场与商业规则对女性的保护、价值观念的改变这三个指标有着较强正相关。这某种程度可以理解为，随着社会经济不断发展，传统"女主内"的观念发生了较大的改变，市场与商业规则也逐渐接受职场女性作为重要的经济主体与角色参与进来，这种规则的改变都进一步保障了男女同工同酬。而随着女性经济地位改善并日渐独立，反过来又会对传统价值观念及市场商业规则起到反作用力。

（4）价值观念转变同男女同工同酬、劳动力市场规范程度、经济资源获得情况、社会资源获得情况有着较强的相关性。从某种意义上来说，男女同工同酬程度、劳动力市场规范程度、女性对经济资源及社会资源获取的程度都是价值观念转变程度的另一种体现方式。因此，这几个指标之间存在明显的正相关性。

二　主成分分析

为了方便采用主成分分析法，通过描述 16 个变量对武汉市女性生活质量的解释度，以作为降维和提取公因子的依据。根据降维结果，我们选取 4 个主成分因子整合为影响武汉市女性生活质量的关键变量，得出因子载荷矩阵，见表7—2。

表7—2　　　　　2011 年武汉市女性生活质量影响因子载荷矩阵表

	因子数量			
	公因子 1	公因子 2	公因子 3	公因子 4
X1	0.553	0.276	−0.084	0.107
X2	0.290	−0.142	0.097	0.100
X3	0.163	−0.207	0.091	−0.005
X4	−0.201	0.134	−0.015	0.006
X5	0.220	0.573	−0.075	0.011
X6	−0.067	0.634	−0.101	0.063
X7	0.498	0.182	0.022	0.165
X8	−0.265	−0.080	−0.212	0.038
X9	0.117	0.016	−0.295	0.252
X10	−0.127	−0.109	0.530	0.243
X11	0.248	−0.095	0.470	0.303
X12	0.111	−0.022	0.496	0.198
X13	−0.018	0.192	0.271	0.516
X14	−0.215	−0.199	0.318	0.103
X15	0.499	0.107	−0.155	0.287
X16	0.208	−0.184	−0.006	0.567

为了凸显各个因子的差异性，以便更好地进行主成分分析，这里将采用最大方差法（Varimax）对因子载荷矩阵进行旋转得到旋转后的因子载

荷矩阵，具体如表7—3所示。

表7—3　　旋转后的2011年武汉市女性生活质量影响因子载荷矩阵

	因子数量			
	公因子1	公因子2	公因子3	公因子4
X1	0.618	0.229	-0.037	0.072
X2	0.179	-0.211	0.056	0.082
X3	0.009	-0.182	0.044	-0.016
X4	-0.091	0.079	-0.038	0.010
X5	0.082	0.596	-0.035	0.019
X6	-0.183	0.704	-0.067	0.048
X7	0.513	0.115	0.008	0.127
X8	-0.164	-0.004	-0.012	0.017
X9	0.094	0.010	-0.156	0.213
X10	-0.089	-0.064	0.632	0.118
X11	0.175	-0.043	0.538	0.207
X12	0.080	-0.047	0.542	0.094
X13	-0.032	0.216	0.184	0.580
X14	-0.203	-0.160	0.341	0.129
X15	0.557	0.082	-0.104	0.217
X16	0.219	-0.126	-0.013	0.615

　　通过观察旋转后的武汉市女性生活质量影响因子的载荷表可以发现主成分因子在极个别变量上已经凸显得非常明显。在通过降维、无量纲处理之后分离出影响武汉市女性生活质量的4个关键因子，还需要通过方差解释表来说明其各自对生活质量的影响程度。表7—4给出了4个公因子的总分差解释情况。

表 7—4　　　　　　2011 年武汉市女性生活质量公因子总方差解释表
（仅保留 4 个主成分因子）

因子	初始特征值			荷载平方提取总数			荷载平方旋转总数		
	总数	方差贡献率（%）	累计数（%）	总数	方差贡献率（%）	累计数（%）	总数	方差贡献率（%）	累计数（%）
1	3.027	21.388	21.388	3.027	21.388	21.388	2.902	20.121	20.121
2	2.816	19.979	41.367	2.816	19.979	41.367	2.697	17.978	38.099
3	2.598	17.632	58.999	2.598	17.632	58.999	2.506	15.213	53.313
4	2.335	15.184	77.183	2.335	15.184	77.183	2.248	12.172	65.484

综合旋转后的武汉市女性生活质量影响因子的载荷表和总方差解释表可以发现，在武汉市女性对生活质量的主观评价中，收入、男女同工同酬、市场与商业规则对女性的保护在第一公因子上载荷值较高，由于这三个指标涉及女性经济收益规则与能力，因此也可将第一公因子理解为经济收益规则与能力因子；第二公因子在参与公共事务的机会与能力、法律保障程度及对法律的认知与评价这两个指标上载荷值较高，因此也可将其理解为公共事务参与及法律认知因子；同理可以将第三、第四公因子理解为资源获取因子和习俗与价值观念因子。这 4 个因子的累计解释率达到了65.484%，表示这 4 个公因子能够较好地解释女性生活质量对制度的需求与满意度状况。接下来提取这 4 个公因子作因子回归分析。

三　因子回归及主观评价分析

（一）因子回归分析

根据旋转后的武汉市女性生活质量影响因子载荷矩阵表，用 4 个公因子重新定义 16 个指标变量，具体过程原理见第五章，这里不一一复述。

根据 16 个指标的因子公式模型与旋转后的总方差解释表，可以通过回归法得出公因子模型，通过该模型可以大致测算抽样的武汉市女性对目前生活现状的主观评价。由此可以得出武汉市女性生活质量主观评价系数 S 的模型为：

$$S = 0.20121F1 + 0.17.978F2 + 0.15213F3 + 0.12172F4$$

（二）主观评价分析

将 S 模型代入到每个抽样样本数据，得到以下实证结果：

表 7—5　　　　　　　武汉市女性生活质量满意度系数统计数据

统计项目	统计数值
平均值	0.0000
中位数	−0.008
众数	−0.09
标准差	0.22653
方差值	0.047
偏度值	0.365
峰度值	0.132
极差值	1.94
最小值	−0.98
最大值	0.96

　　从武汉市女性生活质量满意度系数的基本统计数据中可以看到，偏度值为 0.365，呈左偏态势，表明目前仍有较多武汉市女性对生活质量制度供给的现状不满，这点较 2009 年与 2010 年更为严重。从峰度值 0.132 可以看到，对于目前的生活质量的整体态度，武汉市女性呈现一般评价的较多，也说明了其态度与看法较为一致，但相对于前两年的调研，这种一致性被拉开了。而极差值（1.94）较前两年的调研更高，结合峰度值来看，对武汉市女性生活质量制度供给满意度的态度呈现一种两端分布的走向。从整体上来说，武汉市女性生活质量制度供给满意度系数呈现高斯分布（Gaussian distribution）趋势。

第二节　2011 年武汉市女性生活质量的实证结论

一　2011 年武汉市女性生活质量的制度需求

（一）经济收益规则与能力的需求

　　同 2009 年、2010 年调研指标体系不同的是，2011 年调研的重点放在了提升女性生活质量所需的制度供给及其满意度测评上，这同女性生活质量满意还是有所差异，因此在结论上也有较大差异。在第一公因子的抽取上就不同于前两年，2011 年的第一公因子中依然保留了女性收入状况指标，这一指标反映了女性经济收益的能力，也是直接决定女性生活质量的物质基础。

但除此之外，可以看见同工同酬以及市场与商业规则也是第一公因子的重要构成，实际上这两个指标的重要性程度还要高于女性经济收入指标，这是因为这两个指标都属于经济收益规则指标，其决定了在经济行为中（包括劳动力市场）的收益流与成本流的走向，或者甚至可以将其理解为资源配置的规则。这种规则直接决定了不同群体、个体的经济收入分配方式，或者说决定了其经济收益能力的上限。

从这点来看，要改善女性的生活质量，就要提高女性的经济收益能力，而要实现这一目标则需要建立有利于女性的经济收益规则。这也是以往研究女性生活质量问题经常容易忽视的问题。而现实生活中，实践者们也存在这样的误解，即要改善女性的生存现状，只需要提高其可支配的经济收入即可，这种"授之以鱼"的做法往往不能够起到好的效果。作为制度供给者，应该更多地将关注的焦点放在市场与商业规则的制定与修正上，为女性提供同男性等同的经济行为规则，提升其获得经济收益的上限。从 2011 年的调研中也可以看到，武汉市女性除了关注自己可支配的收入之外，更加关注平等的经济环境、制度等。

（二）公共事务参和与法律认知需求

公共事务的参与机会与能力代表了一个群体的觉悟与意识高度，也代表了其所处的政治、社会地位。从连续三年的调研来看，武汉市女性对公共事务参与的需求一直处于前几位，表明武汉市女性群体的整体觉悟与社会地位都得到了较高的提升。

这种公共事务参与的热情也体现了女性社会角色的转变。传统的中国社会奉行的观念是"男主外、女主内"，公共事务是属于男人的事，而不允许女性过多的参与。即便是改革开放之后，思想观念逐步解放，关于女性在公共事务中所扮演的角色依然没有得到有效的破解。因此，可以看到这样的一个过程，即女性从"女主内"的行为模式中走出来，社会交往行为越来越多样化，却依然被禁锢在私人领域，如自身的休闲娱乐、消遣保健等。即便是有女性参与到公共事务中，也是被限制在较小范围的公共事务，如社区邻里的公共事务等。

而 2011 年调研得出的结论是，武汉市女性对公共事务参与的需求出现了新的发展趋势，要求改变被限定在私人事务和小范围公共事务领域内的局面。在我们的访谈中，许多女性表示，在政府的关键部门和关键岗位需要更多的女性角色，在关键决策过程中也需要更多的女性身影，这样才能使领导层、决策层站在女性思维与角度制定出真正符合女性需求的制度与政策。

除了公共事务参与之外，对法律的认知也是一个重要的需求。目前我国关于女性权益保护的法律相对完善，但在具体的实施与操作过程中却存在诸多的问题，如司法解释的完整性、法律的可操作性等，这些都直接影响了法律的实质有效性。目前女性对法律的认知需求不仅仅是对正式法律出台的需求，更是对具体操作的认知需求，具体体现在以下几个方面：（1）全国性法律的完整性需求，如应对家庭暴力，应当出台一套法律；（2）地方性法规，应根据本地的实际情况，制定具有较强操作性的法规；（3）行业性法规，针对各行各业中存在的"隐性性别歧视"。

此外，许多女性还表示，尽管有许多法律来保障女性权益，但这些法律对于普通女性存在准入门槛的障碍，即不能被一般女性所熟练掌握，因而当遇到自己权益受损的情况时，也无法拿起法律工具捍卫与维护自己的权益。因此，制度的供给者除了提供法律制度外，还需要提高女性对法律的认知，以此来增强可操作性，进而提升实质有效性。

（三）资源获取的需求

从2009年、2010年的调研中发现，武汉市女性对于受教育的机会与程度十分看重，因为受教育的状况同收入成正比。而教育属于资源的一种，除了教育资源之外，还包括经济资源与社会资源等，前者如贷款获取等，后者如医疗、社会保障等。从经济学的角度来看，女性可掌控与支配的资源越多，其获益的能力就会越强，根据这一理解，经济资源与社会资源对女性生活质量的改善都有着重要影响。2011年的实证调研结论验证了这一点。

在项目的调研中发现，除了教育资源外，武汉市女性也十分看重对经济资源的获取。如许多下岗女工创业从事餐饮与服务行业，想通过小额贷款来弥补资金匮乏的问题，但由于银行审批及贷款程序无法实现。我们认为，就武汉市的女性就业结构及教育程度来说，两极分化的情况在长时间内还会存在，即还是有许多没有多少就业技能和教育水平的女性存在，对于这些女性而言，经济资源获取的范围与程度有限，从而堵塞了其改进生活质量的空间。因此，需要由制度供给者出面，出台相应的优惠政策或措施帮助女性获得更多的经济资源。

在社会资源方面，有的实践者认为实现资源男女平等享有即可，但相对于男性来说，女性需要分享更多的社会资源，如医疗资源。这是由于女性的社会角色呈现多元化的趋势，其面对的社会压力在很多方面要大于男性。可见，仅仅是采取平等的社会资源分享机制，不足以满足女性的需求，制度供给者应在社会资源分配上适当地向女性倾斜。

（四）习俗与价值观改进的需求

在 2009 年、2010 年的调研中没有涉及对内在制度的考察，而在 2011 年中的调研则包含了女性对习俗与价值观改进的需求及现状的满意度。根据调研发现，这一问题也是影响女性生活质量的重要问题。前面的理论分析曾指出，习俗与价值观属于内在制度，其对人们的影响是潜移默化的，而制度变迁的过程也并非是一蹴而就的，新旧更迭过程中旧制度对新制度也会产生惯性影响，这在我们的调研过程中普遍存在。

尽管经济社会不断发展，人们的思想观念逐步解放，但传统的思想观念不会轻易地退出历史舞台，尤其是在男女两性问题上，中国男女两性行为模式存在了数千年，其思想观念的影响已经体现在人们生活的方方面面，"女不如男""重男轻女"的价值观念至今依然残留在许多人的观念中。如在项目组的调研与访谈过程中，许多女性表示影响家庭与婚姻和谐的一个原因在于男性的大男子主义。此外，在职场中也存在着两性不平等的价值观念。家庭与职场两个领域的传统价值观念制约着女性生活质量的改进。因此，城市女性对目前习俗与价值观的满意度总体偏低，而要求改进价值观与习俗的呼声越来越高。

然而，习俗与价值观作为内在制度，不受制度供给者的直接控制，政府及相关部门无法通过某种政策、法规在短期内改变人们的想法、思维及社会的行为模式。但这并不意味着正式制度的供给者无能为力，通过宣传教育、长时间的行为模式纠正与固化、搭建两性沟通的平台等方式，促进制度的变迁也是有可能的，这都是需要我们进一步去研究的。

二　2011 年武汉市女性生活质量制度供给的满意度分析

前面的满意度系数分析已给出了一个大致结论，武汉市女性对目前生活质量的评价呈高斯分布，即在满意度的概率分布上属于正常情况。但在具体的细节上同 2009 年、2010 年的结论还是存在一定的差异，这绝大部分是由于指标体系的侧重点发生了改变。具体的差异体现在以下几个方面：

1. 就总体满意度来看，2011 年武汉市女性的满意度偏低，但这并不意味着 2011 年武汉市女性生活质量下降，而是由于 2009 年、2010 年重点考察的是生活质量现状，而 2011 年考察的是生活质量制度供给的满意度。这一结论说明，目前武汉市女性对于女性生活质量供给现状满意度不高，其中除了正式的制度之外，对习俗、传统价值观的满意度较低是主要的原因。

2. 就横向区域间的主成分因子进行比较，中心城区同远城区之间在主成分因子上依然存在一些差异，但差异的内容同前两年不同。其中，几个主城区的公因子内容较为一致，而远城区的公因子内容差距较大。具体见表 7—6。

表 7—6　　　　　2011 年武汉市不同城区女性生活质量主成分因子

地区	区域发展类型	社区抽样类型	第一公因子	第二公因子	第三公因子
江汉区	中心城区	城市社区	资源获取	公共事务参与	法律保障程度及对法律的认知
硚口区	中心城区	城市社区	经济收益规则与能力	公共事务参与	法律保障程度及对法律的认知
汉阳区	中心城区	城市社区	资源获取	法律保障程度及对法律的认知	公共事务参与
武昌区	中心城区	城市社区	经济收益规则与能力	公共事务参与	法律保障程度及对法律的认知
青山区	中心城区	城市社区	习俗与价值观念	法律保障程度及对法律的认知	经济收益规则与能力
洪山区	中心城区	城市社区	经济收益规则与能力	公共事务参与及法律认知	资源获取
东西湖区	远城区	城市社区	经济收益规则与能力	资源获取	公共事务参与及法律认知
汉南区	远城区	农村社区	经济收益规则与能力	公共事务参与及法律认知	资源获取

地区	区域发展类型	社区抽样类型	第一公因子	第二公因子	第三公因子
蔡甸区	远城区	农村社区	习俗与价值观念	经济收益规则与能力	法律保障程度及对法律的认知
江夏区	远城区	城市社区	经济收益规则与能力	习俗与价值观念	法律保障程度及对法律的认知
黄陂区	远城区	农村社区	经济收益规则与能力	资源获取	法律保障程度及对法律的认知

3. 就横向区域间的满意度进行比较，区域间的差异也较大。从表7—7可以看到，武汉市所有的城区对女性生活质量制度供给满意度的偏度值都为正，表明有较多的人满意度不高。相对来说，主城区的偏度值低于远城区，表明主城区的女性满意度较远城区稍高一些。其中青山区、蔡甸区的峰度值与偏度值都较好，表明该区域女性对制度供给的满意度要远远低于其他部分地区，是值得关注的区域。

表7—7　　2011 年武汉市不同城区女性对于制度供给现状满意度系数

地区	区域发展类型	社区抽样类型	峰度值	偏度值	最大值	最小值	极差值
江汉区	中心城区	城市社区	0.075	0.332	0.87	-0.76	1.63
硚口区	中心城区	城市社区	0.217	0.431	0.71	-0.96	1.67
汉阳区	中心城区	城市社区	-0.074	0.159	0.83	-0.83	1.66
武昌区	中心城区	城市社区	-0.030	0.279	0.91	-0.70	1.61
青山区	中心城区	城市社区	0.325	0.506	0.84	-0.98	1.82
洪山区	中心城区	城市社区	0.275	0.047	0.96	-0.69	1.65
东西湖区	远城区	城市社区	-0.012	0.119	0.63	-0.74	1.37
汉南区	远城区	农村社区	0.108	0.323	0.86	-0.79	1.65
蔡甸区	远城区	农村社区	0.362	0.518	0.73	-0.97	1.70
江夏区	远城区	城市社区	0.143	0.089	0.67	-0.75	1.42
黄陂区	远城区	农村社区	0.228	0.316	0.88	-0.82	1.70

第八章　2012 年武汉市女性生活质量的实证分析

第一节　相关性分析及主成分分析

一　相关性分析

2011 年的调研将调研的重点放在了女性生活质量的制度供给上，在 2011 年调研基础上，2012 年的指标体系又再次作了调整，这次的指标体系完全以制度供给为调研对象，考察其对女性生活质量的影响，及武汉市女性对制度供给的满意度状况。为了方便我们的实证分析，这里仅抽取出 16 个关键指标作为数据分析，包括关于改善妇女生活质量的制度是否完备有效、非正式的制度安排（习俗、道德）与公共政策矛盾、对制度规定女性社会地位与角色改变的满意度、参与公共事务的机会与能力、法律保障程度及对法律的认知与评价、劳动力市场规范程度（包括性别歧视与性别职业隔离）、女性用工合同保障与权益保护、男女享受教育资源的平等性、社会资源（医疗、住房、福利、养老、保险等）获得情况、亲属关系和谐度、婚姻关系和谐度、对制度关于工作环境规定的满意度、对制度关于工作待遇规定的满意度、人际交往和谐度、现行制度能否起到实质作用。将这些指标依次进行编号为 X1、X2、X3、…、X14、X15、X16。以下给出这 16 个指标的相关性矩阵表，见表 8—1。

表 8—1　　2012 年武汉市女性生活质量影响变量间相关性矩阵表

		X1	X2	X3	X4	X5	X6	X7	X8
相关性系数	X1	1.000	−0.016	0.151	0.065	0.287	0.029	0.057	0.158
	X2	−0.016	1.000	−0.028	0.015	0.027	0.034	0.029	0.012
	X3	0.151	−0.028	1.000	0.014	0.058	0.014	0.026	0.171
	X4	0.065	0.015	0.014	1.000	0.127	0.083	0.048	0.053
	X5	0.287	0.027	0.058	0.127	1.000	0.314	0.487	0.325
	X6	0.029	0.034	0.014	0.083	0.314	1.000	0.125	0.183
	X7	0.057	0.029	0.026	0.048	0.487	0.125	1.000	0.297
	X8	0.158	0.012	0.171	0.053	0.325	0.183	0.297	1.000
	X9	0.201	−0.156	0.153	0.118	0.325	0.056	0.015	0.007
	X10	0.107	0.127	0.203	0.135	0.153	0.042	0.046	0.052
	X11	0.025	0.010	0.076	0.024	0.025	0.069	0.013	0.013
	X12	0.013	0.012	0.059	0.010	0.034	0.093	0.016	0.027
	X13	0.172	−0.132	0.305	0.049	0.168	0.088	0.375	0.136
	X14	0.149	−0.051	0.328	0.023	0.154	0.090	0.290	0.297
	X15	0.036	0.018	0.153	0.027	0.041	0.015	0.014	0.042
	X16	0.472	−0.143	0.210	0.015	0.275	0.079	0.037	0.305

		X9	X10	X11	X12	X13	X14	X15	X16
相关性系数	X1	0.201	0.107	0.025	0.013	0.172	0.149	0.036	0.472
	X2	−0.156	0.127	0.010	0.012	−0.132	−0.151	0.018	−0.143
	X3	0.153	0.203	0.076	0.059	0.305	0.328	0.153	0.210
	X4	0.118	0.135	0.024	0.010	0.049	0.023	0.027	0.015
	X5	0.325	0.153	0.025	0.034	0.168	0.154	0.041	0.275
	X6	0.056	0.042	0.069	0.093	0.088	0.090	0.015	0.079
	X7	0.015	0.046	0.013	0.016	0.375	0.290	0.014	0.037
	X8	0.007	0.052	0.013	0.027	0.136	0.297	0.042	0.305
	X9	1.000	0.018	0.009	0.016	0.014	0.019	0.025	0.098
	X10	0.108	1.000	0.021	0.007	0.120	0.156	0.004	0.121
	X11	0.009	0.021	1.000	0.034	0.014	0.016	0.030	0.018
	X12	0.016	0.007	0.034	1.000	0.015	0.009	0.037	0.060
	X13	0.014	0.120	0.014	0.015	1.000	0.069	0.014	0.119

续表

		X9	X10	X11	X12	X13	X14	X15	X16
相关性系数	X14	0.019	0.156	0.016	0.009	0.069	1.000	0.025	0.161
	X15	0.025	0.004	0.030	0.037	0.014	0.025	1.000	0.024
	X16	0.098	0.121	0.018	0.060	0.119	0.161	0.024	1.000

从表 8—1 可以看到，相关性矩阵中 X2、X11、X12、X15 这四个指标属于惰性指标，分别为非正式的制度安排（习俗、道德）与公共政策矛盾、亲属关系和谐度、婚姻关系和谐度、人际交往和谐度。表明这几个指标不能通过其他指标的改进而实现。其中制度矛盾是属于制度变迁层面的，可以理解其不受个体行为影响的结果；而亲属关系、婚姻关系及女性人际交往关系属于私人领域，其关系程度受个人性格、交往方式的影响较大，因此其受其他指标影响也相对较小。

此外，X1、X3、X5、X7、X8、X16 这六个指标为活性指标，同其他指标之间存在较强的关联性，分别为关于改善妇女生活质量的制度是否完备有效、对制度规定女性社会地位与角色改变的满意度、法律保障程度及对法律的认知与评价、女性用工合同保障与权益保护、男女享受教育资源的平等性、现行制度能否起到实质作用。其中：

（1）制度完备性指标同现行制度实质作用性指标间存在较强正相关，这说明目前武汉市女性对制度的完备性有着更为深刻的理解，制度的完备性不仅仅是指政策、法规的齐备，还要关注制度是否落实到实处，是否对女性生活质量起到了实质性的作用。此外，制度完备性还同法律保障及对法律的认知与评价成正比，也进一步说明了制度完备性对提升女性制度预期有着正效应。

（2）制度对女性社会地位指标同对制度关于工作环境规定的满意度、对制度关于工作待遇规定的满意度、现行制度能否起到实质作用这三个指标存在正相关，表明随着制度对女性社会地位的提升有利于改进女性的工作环境、待遇，进而起到实质性的影响。从某种意义上来说，女性社会工作环境、待遇的改进也是女性社会地位提升的一种表现。

（3）法律保障程度及对法律的认知与评价指标同劳动力市场规范程度（包括性别歧视与性别职业隔离）、女性用工合同保障与权益保护、男女享受教育资源的平等性、社会资源（医疗、住房、福利、养老、保险等）获得情况这几个指标存在较强正相关性。表明随着法律对女性生活质量的保障程度不断提升，女性的劳动权益及各种资源获取情况日益改善。而状况的改善又会提升女性对法律的认知与评价。

（4）女性用工合同保障与权益保护指标同对制度关于工作环境规定的满意度、对制度关于工作待遇规定的满意度两个指标存在较强相关性。表明制度对女性劳动权益的保障，可以有效地提升女性工作于劳动的各个方面，而后者某种程度上也是前者的直接体现。

（5）男女享受教育资源的平等性指标同制度实质作用性指标存在相关性，表明在武汉市女性来看，制度是否有实质性的作用，一个很重要的方面在于男女是否享有平等的教育资源。

（6）制度实质作用性指标除了同以下几个指标存在相关性外，还同对制度规定女性社会地位与角色改变的满意度存在正相关性。表明制度实质性作用越高，女性对制度的满意度会越高。

二　主成分分析

为了方便采用主成分分析法，通过描述 16 个变量对武汉市女性生活质量的解释度，以作为降维和提取公因子的依据。根据降维结果，我们选取 5 个主成分因子整合为影响武汉市女性生活质量的关键变量。为了凸显各个因子的差异性，以便更好地进行主成分分析，这里将采用最大方差法（Varimax）对因子载荷矩阵进行旋转得到旋转后的因子载荷矩阵，具体如表 8—2 所示。

表 8—2　旋转后的 2012 年武汉市女性生活质量影响因子载荷矩阵表

	因子数量			
	公因子 1	公因子 2	公因子 3	公因子 4
X1	0.537	−0.109	0.229	−0.008
X2	0.276	−0.154	−0.083	0.100
X3	0.014	−0.008	0.036	0.438
X4	−0.127	0.101	−0.241	0.007
X5	0.505	−0.192	−0.019	0.123
X6	−0.203	0.066	0.489	0.054
X7	0.117	−0.233	0.527	−0.027

	因子数量			
	公因子 1	公因子 2	公因子 3	公因子 4
X8	0.239	0.645	−0.172	0.021
X9	0.121	0.575	−0.013	−0.102
X10	0.265	−0.036	−0.018	0.043
X11	−0.087	0.163	0.229	0.592
X12	0.135	−0.248	−0.083	0.527
X13	0.111	0.251	0.035	0.006
X14	−0.079	−0.017	0.241	0.140
X15	−0.098	0.152	0.096	−0.077
X16	0.561	−0.194	−0.099	0.203

通过观察旋转后的武汉市女性生活质量影响因子的载荷表可以发现主成分因子在极个别变量上已经凸显得非常明显。在通过降维、无量纲处理之后分离出影响武汉市女性生活质量的 4 个关键因子，还需要通过方差解释表来说明其各自对生活质量的影响程度。表 8—3 给出了 4 个公因子的总分差解释情况。

表 8—3　　　　　2012 年武汉市女性生活质量公因子总方差解释表
（仅保留 4 个主成分因子）

因子	初始特征值			荷载平方提取总数			荷载平方旋转总数		
	总数	方差贡献率（%）	累计数（%）	总数	方差贡献率（%）	累计数（%）	总数	方差贡献率（%）	累计数（%）
1	3.133	22.019	22.019	3.133	22.019	22.019	2.979	21.027	21.027
2	3.071	20.984	43.003	3.071	20.984	43.003	2.772	19.503	40.53
3	2.902	18.781	61.784	2.902	18.781	61.784	2.498	17.265	57.795
4	2.699	16.826	78.61	2.699	16.826	78.61	2.326	15.228	73.023

综合旋转后的武汉市女性生活质量影响因子的载荷表和总方差解释表可以发现，在武汉市女性对生活质量的主观评价中，改善妇女生活质量的制度是否完备有效、法律保障程度及对法律的认知与评价、现行制度能否

起到实质作用在第一公因子上载荷值较高，由于这三个指标涉及制度的完备性与实质有效性，因此也可将第一公因子理解为制度完备与有效性因子；第二公因子在女性用工合同保障与权益保护、男女享受教育资源的平等性这两个指标上载荷值较高，因此也可将其理解为女性劳动权益与教育资源因子；同理可以将第三、第四公因子理解为劳动市场规范因子和婚姻与工作和谐度因子。这 4 个因子的累计解释率达到了 73.032%，表示这 4 个公因子能够较好地解释女性生活质量对制度的需求与满意度状况。接下来提取这 4 个公因子作因子回归分析。

三　因子回归及主观评价分析

（一）因子回归分析

根据旋转后的武汉市女性生活质量影响因子载荷矩阵表，用 4 个公因子重新定义 16 个指标变量，具体过程原理见第五章，这里不一一复述。

根据 16 个指标的因子公式模型与旋转后的总方差解释表，可以通过回归法得出公因子模型，通过该模型可以大致测算抽样的武汉市女性对目前生活现状的主观评价。由此可以得出武汉市女性生活质量主观评价系数 S 的模型为：

$$S = 0.21027F1 + 0.19503F2 + 0.17265F3 + 0.15228F4。$$

（二）主观评价分析

将 S 模型代入到每个抽样样本数据，得到以下实证结果。

表 8—4　　　　2012 年武汉市女性生活质量满意度系数统计数据

统计项目	统计数值
平均值	0.0000
中位数	−0.012
众数	−0.08
标准差	0.21094
方差值	0.051
偏度值	0.331
峰度值	0.209
极差值	1.86
最小值	−0.95

续表

统计项目	统计数值
最大值	0.91

从武汉市女性生活质量满意度系数的基本统计数据中可以看到，偏度值为 0.331，呈左偏态势，表明目前仍有较多武汉市女性对生活质量制度供给的现状不满，这点同 2011 年的调研结果较为吻合。从峰度值 0.209 可以看到，对于目前的生活质量的整体态度，武汉市女性呈现一般评价的较多，也说明了其态度与看法较为一致。整体上来说，武汉市女性生活质量制度供给满意度系数呈现高斯分布（Gaussian distribution）趋势。

第二节　2012 年武汉市女性生活质量的实证结论

一　2012 年武汉市女性生活质量的制度需求

（一）对制度完备性与有效性的需求

通过 2011 年及 2012 年对武汉市女性生活质量制度供给需求及满意度的调研，可以看到这样一个趋势，即除了提高女性收入这样的直接措施之外，武汉市女性也关注与女性生活质量有关的制度，包括政策、法律等。事实上，女性生活质量的许多内容是在大的制度背景下才得以实现的，这一点也逐渐被女性群体所认识。因此，提升制度的完备性是提升女性生活质量的重要前提。

但从调研的实际结果来看，武汉市女性对制度完备性的理解已经达到了新的高度，即制度不仅要被制定出来，更要被付诸行动，且产生其特定的效果，这点可以通过制度完备性与制度实质有效性的强正相关性验证。具体地又体现在女性的劳动权益保障、各种资源获取等各方面。从这点上来看，武汉市政府及相关群体应该更多地关注制度所产生的实际效果，而不仅仅是制度制定与出台的过程。

（二）对劳动权益与教育资源的需求

连续四年的调研，项目组发现了一个共同点，即武汉市女性非常关注劳动权益，具体又包括平等就业权、平等报酬权等。随着城市的不断发展，女性开始作为重要的劳动力群体登上舞台，职场女性的数量和比重在不断地攀升，与之一同不断增长的是对劳动权益的诉求，这种诉求的增长可以归结为以下几个方面的原因：（1）职场女性无差异的劳动要求获取无差异的报酬；（2）女性要想获得同男性平等的社会地位，就需要独立的经济作为支撑，因此也需要获得劳动的机会。

但是在现实生活中，由于社会偏见、传统价值观念以及对女性劳动力价值错误的认知，都使得女性不能获得同男性平等的劳动权益，各行各业中普遍存在"隐性性别歧视"。此外，在就业中女性相对于男性来说处于困难群体的地位，因此劳动权益更没有办法保障。如调研发现，武汉市许多城区的下岗女工由于没有一技之长，缺少培训机会，进而丧失了许多就业的机会。

除了劳动权益，教育资源的获取也是武汉市女性非常关注的。这可能与武汉市教育大市的特点有一定的关系。从连续四年调研的情况来看，女性中普遍存在的一个认知是，教育程度和机会的提升同劳动、就业、待遇有着直接的关联，前者可以带来后者水平的极大提升，因此女性要提升生活质量，还是要获取更多的教育资源。

（三）对劳动力市场规范的需求

从某种程度上来说，劳动力市场规范的需求同前面劳动权益的需求存在内容上的重合性。但这里的劳动力市场的需求包含的内容又相对更广，因为其还包含了就业结构的问题。

在项目组调研与访谈的过程中，许多武汉市女性表示，尽管目前劳动力市场的规范程度较原来更高，但由于对女性劳动力错误的定位及理解偏差，其就业结构还是不合理。我们对许多用人单位的调研也发现了这一点，许多用人单位的工作人员认为，女性只适合从事比较细琐、日常型的一般性工作，如财会、文秘等工作，而诸如领导、决策、科研这样的工作岗位不适合女性担任。这种思维局限了女性劳动力的走向，许多女性就业都被限定在服务性行业，或是单位里中、低层的岗位。

这种就业结构很大程度上决定了女性生活质量的高低，因为收入、社会关系以及各种资源都同工作和岗位存在较大的联系，对于女性来说，劳动力市场就业结构是女性生活质量改进的结构性问题。这就不难理解武汉市女性要求规范劳动力市场的诉求，要求改变劳动力市场关于女性就业的错误认知与定位。

（四）对婚姻与工作和谐度的需求

在传统的理解过程当中，家庭与婚姻是女性的生活重心，女性的行为都要围绕家庭与婚姻来展开。确实，女性扮演的最为重要的社会角色就是妻子这一家庭成员角色，因此婚姻的和谐度与女性的生活质量是息息相关的。随着社会多元化与开放化，传统的中国家庭受到了新思维的冲击，如"男主外、女主内"的观念正逐步被瓦解，许多女性甚至已经成为家庭经济的顶梁柱。但需要注意的是，新的观念同传统观念会存在冲突与矛盾的可能，如果不能处理好观念的冲突，将会引发家庭的不和谐。如许多男性忍受不了女性的收入比自己高，再如大男子主义同女性自我解放的碰撞等。

除了婚姻和谐度外，工作和谐度也已经成为女性生活质量的重要衡量指标。这是由于传统女性角色正在不断发生转变，现代城市女性基本完成了由单一的家庭妇女向多重角色的转变，工作已经成为城市女性生活的一部分。但由于前面所论述的劳动力市场规范程度、劳动权益等问题，加上日益激烈的竞争，都影响了女性工作的和谐度。如生理健康、心理健康都承受了巨大的风险等。此外，如何平衡婚姻、家庭同工作间的关系，也是困扰女性的一大问题。这些都是值得制度供给者去深入研究的。

二 2012 年武汉市女性生活质量制度供给的满意度分析

2012 年武汉市女性生活质量供给的满意度具有以下几个特征：

1. 就总体满意度来看，2012 年武汉市女性的满意度偏低，这点同 2011 年的实证结论较为一致。表明目前武汉市女性对于女性生活质量供给现状满意度并不高，从因子贡献率来看，第一公因子制度的完备性及有效性占据了 1/3 的原因。

2. 就横向区域间的主成分因子进行比较，中心城区同远城区之间在主成分因子上依然存在一些差异。具体见表 8—5。

表 8—5　　　　　2012 年武汉市不同城区女性生活质量主成分因子

地区	区域发展类型	社区抽样类型	第一公因子	第二公因子	第三公因子
江汉区	中心城区	城市社区	制度的完备性与实质有效性	女性劳动权益与教育资源	劳动市场规范

续表

地区	区域发展类型	社区抽样类型	第一公因子	第二公因子	第三公因子
硚口区	中心城区	城市社区	女性劳动权益与教育资源	制度完备与有效性	劳动市场规范
汉阳区	中心城区	城市社区	制度的完备性与实质有效性	婚姻与工作和谐度	女性劳动权益与教育资源
武昌区	中心城区	城市社区	女性劳动权益与教育资源	婚姻与工作和谐度	制度完备与有效性
青山区	中心城区	城市社区	女性劳动权益与教育资源	制度完备与有效性	劳动市场规范
洪山区	中心城区	城市社区	制度的完备性与实质有效性	婚姻与工作和谐度	女性劳动权益与教育资源
东西湖区	远城区	城市社区	劳动市场规范	制度完备与有效性	女性劳动权益与教育资源
汉南区	远城区	农村社区	制度的完备性与实质有效性	女性劳动权益与教育资源	劳动市场规范
蔡甸区	远城区	农村社区	劳动市场规范	制度完备与有效性	婚姻与工作和谐度
江夏区	远城区	城市社区	制度的完备性与实质有效性	女性劳动权益与教育资源	劳动市场规范
黄陂区	远城区	农村社区	劳动市场规范	女性劳动权益与教育资源	制度完备与有效性

3. 就横向区域间的满意度进行比较，区域间的差异也较大。从表8—6可以看到，武汉市所有的城区对女性生活质量制度供给满意度的偏度值都为正，表明有较多的人满意度不高。

表8—6　　　2012年武汉市不同城区女性对于制度供给现状满意度系数

地区	区域发展类型	社区抽样类型	峰度值	偏度值	最大值	最小值	极差值
江汉区	中心城区	城市社区	0.132	0.276	0.86	−0.83	1.69
硚口区	中心城区	城市社区	−0.016	0.435	0.81	−0.95	1.76
汉阳区	中心城区	城市社区	0.009	0.207	0.90	−0.79	1.69

地区	区域发展类型	社区抽样类型	峰度值	偏度值	最大值	最小值	极差值
武昌区	中心城区	城市社区	−0.123	0.341	0.89	−0.86	1.75
青山区	中心城区	城市社区	0.275	0.319	0.84	−0.83	1.67
洪山区	中心城区	城市社区	0.368	0.392	0.79	−0.87	1.66
东西湖区	远城区	城市社区	−0.117	0.083	0.74	−0.74	1.48
汉南区	远城区	农村社区	0.374	0.120	0.85	−0.79	1.64
蔡甸区	远城区	农村社区	0.192	−0.075	0.91	−0.88	1.79
江夏区	远城区	城市社区	0.094	−0.053	0.84	−0.79	1.63
黄陂区	远城区	农村社区	0.396	0.388	0.82	−0.82	1.64

第九章　武汉市女性生活质量及其制度供给的问题与原因

　　通过第五章至第八章给各位读者展现了 2009—2012 年项目组在武汉市展开的城市女性生活质量的调研及其分析结论，考察了影响武汉市女性生活质量的关键变量和主要因子，作为分析武汉市女性制度需求的基础。根据项目组调研的实证结论，尽管武汉市女性对生活质量的满意度正逐年增加，但总体的满意度系数还偏低，而且增长的趋势较缓，根据态势分布情况来看，评价也存在两极分化的情况，对相关制度供给现状还不甚满意的人还居多。本章正是要结合前面的实证分析结论，从制度供给与公共政策、制度有效性、制度变迁与均衡三维架构的角度来分析目前女性生活质量制度供给存在的问题，并以制度经济学的相关理论为切入点，具体分析导致这些问题的原因。

第一节　城市女性生活质量的制度供给与公共政策分析

一　城市女性生活质量的制度供给主体

（一）女性生活质量制度供给主体的一般形式

　　前面的理论分析中曾经指出，制度的产生与发展最初遵循着一种自我演化的路径，即制度是在个体行为互动过程中逐渐形成，用以规范个体行为并节约交易费用的准则，这种制度多见之于习俗、习惯等非正式制度。就这一种制度形成和发展的方式与路径来看，自我演化的制度供给主体是参与行为互动与交往的个体以及构成的群体。这里借用博弈论关于个体行为博弈均衡的理解，本研究涉及了两个均衡的概念，第一个均衡是关于制度供给理论的概念，是指制度供给同制度需求双方相互作用而达到的一种相对静止的状态①；第二个均衡则是博弈演化关于个体行为的均衡概念，是指在特定环境约束下博弈行为的参与各方的行为交互达到了一种稳定状态，没有任何一方愿意改变自己的战略选择，从而使支付矩阵处于相对静止的状态②。当然，这两个不同的概念和解释也有着密切的关联，因为制度影响着（某种程度上甚至是决定性的）行为参与个体的策略选择集合，同时制度和环境约束是一种相互影响的关系，而环境约束的改变也将打破个体行为的博弈均衡。

这一规律在女性社会地位形成与发展的过程中体现得非常明显，如在生产力并不发达的旧石器时代，科技这一外部环境变量制约了原始氏族部落中男性同女性的行为交互（或者说生产关系），出于一种劳动力（人口）再生产的价值取向，这反映在双方的策略选择集上则是由女性掌控氏族的生产与生活安排。而随着科技的不断发展与前进，生产力因为劳动工具和技术的改进而提高，进而引发了外部环境约束的转变，使得不断进步的社会部落价值取向由劳动力生产转向了物质生产，男性同女性在行为交互过程中的策略选择集也发生了相应的改变，从而促使生产关系和两性社会关系发生了改变③。当然，需要注意的是环境约束所包含的变量包括了许多方面，科技仅仅是其中之一，其他的影响变量还包括个体和社会认知的改变等。如随着经济、社会的发展，女性的自我意识也越来越强，这些都将促使新制度的产生与演化。根据分析，就自我演化的制度来看，对于女性生活质量问题的制度供给，其参与主体包括了全体女性以及同女性进行互动的所有个体与集体。

除了以上出现的制度供给主体形式之外，还有其他主体，这与制度形成的方式相关。正如前面所论述的，自我演化并非是制度形成的唯一方式，因为在很多时候行为互动不仅涉及个体行为，更包含了集体行动。在集体行动过程中，自我演化的制度安排形式往往会失效，这是由于同私人产品不同的是，制度的效用边界更为模糊，或者说制度安排不仅对社会中极个别个体有效，而是在整个社会范围内都具有效用性。这种模糊性也可以被理解为一种公共性，从而导致个体缺乏动力去寻找有效的制度安排。

---

①　卢现祥：《西方新制度经济学》，中国发展出版社 1996 年版，第 153 页。

②　同上书，第 135 页。

③　［德］弗里德里希·恩格斯：《家庭、私有制和国家的起源》，中共中央马克思恩格斯列宁斯大林著作编译局译，人民出版社 1999 年版，第 168 页。

这种个体与集体的"智猪博弈"或者说"搭便车"行为①会导致制度安排自我演化路径的失效。正如前文所说，这种制度安排的公共产品特性决定了需要诺思所说的"第一行动集团"作为制度供给者的身份参与进来②。

第一种形式制度供给的失效是国家和政府作为供给主体参与进来的理由，而这种主体角色随着社会、经济、文化的不断发展而得到增强。一方面，随着个体之间行为交互越来越频繁和复杂，对制度的需求量也会随之增加，较长时间的自我演化显然不能满足这种快速增长的需求；另一方面，由于分工的细化和专业化，使得对制度供给的水平和要求超出了某一单个个体的理性和知识结构范畴，这都需要一个集体行动的制度供给主体出现。此外，从国家和政府在制度供给方面的发展趋势来看，也已经由被动的"守夜人"角色转变成为主动的制度供给者。

国家和政府作为制度供给主体参与进来的另一个原因在于，制度自我演化的过程漫长且交易费用巨大。制度的演化是一个漫长的过程，因为个体行为交互的改变需要通过反复的博弈来进行策略的修正，尤其是在行为参与者较多的情况下，个体策略的演变及其效果显现需要一个周期，伴随这个周期的还有单个个体支付的交易费用。如从女性甘愿接受较低的社会地位到自我意识觉醒，再到通过各种形式争取自身的平等权利，这一周期跨越了人类历史上一个较长的时间段，且耗费了巨大的社会资源。尽管站在非正式制度的角度来看已经有所改善，但国家和政府的参与在其中起到了多大的作用也无法衡量和说明，不过显而易见的是，强制性的制度供给主体在保障女性的基本权益上的确起到了效果。

可以看到制度供给的主体包括了两个不同的方面，这是由制度的形式所决定的。前一个制度供给主体包括了所有参与的行为个体，而后者则是以"第一行动集团"身份出现的强制性的制度供给主体。而两者在提供的制度形式和作用上也存在差异：（1）以行为个体形式出现的制度供给者主要实现自我演化制度或者说非正式制度的提供与演变，体现在女性生活质量问题上则是与女性有关的各种社会习俗、习惯与观念；（2）以强

---

① 张维迎:《博弈论与信息经济学》，上海人民出版社 2012 年版，第 10 页。

② Lance Davis, Douglass North: Institutional Change and American Economic Growth: A First Step Towards a Theory of Institutional Innovation, *The Journal of Economic History*, Vol. 30, No. 1, 1970: pp. 133 – 134.

制性制度供给主体出现的国家和政府，主要是提供正式的、强制性的制度，主要包括各种与女性有关的法律、法规等，用以保障女性最基本的权利与权益。从制度发挥作用的角度来看，前一种制度供给是后者的基础，根据正式制度要同非正式制度契合的观点来看，由强制性供给主体提供的制度也要遵循非正式制度的演化方向和路径。当然，正如前一段的分析，正式的制度供给也是后者的有效补充。因此，在制度供给主体上，两者是缺一不可、相辅相成的。不同的制度供给主体及其关系可以用图9—1加以描述。

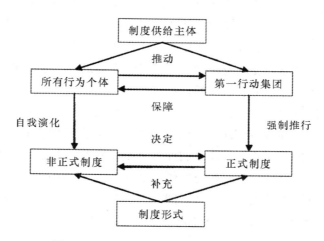

图9—1　制度供给主体与制度形式区分图

（二）武汉市女性生活质量的制度供给主体

从武汉市女性生活质量制度供给的主体来看，其无论是管理的主体还是体制都是依照国家的相关设置和程序。就我国全国范围内女性生活质量的制度供给主体而言，依据职能与作用范围，从纵向上大致可以划分为三个不同层次：（1）法律、法规与政策制定主体。这一角色由人民代表大会和各级政府来承担，从最高的宪法关于女性相关权益的规定再到具体的法律、法规，都需要立法机关和行政机关这种具有合法性、强制性的供给主体来加以保障。（2）专门性负责女性权益保障的主体。负责担当这一主体角色的是全国妇女联合会（以下简称妇联），根据我国法律规定，其职责是团结和引导妇女发展、代表妇女参与国家和社会事务、参与与女性相关的各项政策的制定、监督和保障妇女的合法权益等。（3）具体承担相关服务的基层组织主体。这一层次的构成更为多样和复杂，包括机关和事业单位建立的妇女委员会、厂矿企业的基层工会女职工委员会及其以上各级工会女职工委员会，还包括各行业妇女自愿组成的群众团体妇女组织。此外，居委会、街道办也起到了一定的提供服务的作用。三个层次分别从宏观、中观与微观的层面对我国女性生活质量的制度供给主体进行了划分，这种划分的依据不仅在于主体的合法性与权威性地位，也在于其发挥作用的范围与效果。作为合法性与强制性制度供给主体出现的立法机关与行政机关，可以制定元法律（宪法）来保障女性权益，并在此基础之上出台一整套法律体系。在本书中以武汉市为个案进行分析，尽管武汉市政府没有制定元法律（如宪法、法律）的权力，但其作为一个制度供给主体，可以制定相关的政策与法规来影响行政区域内的女性权益和生活质量。同时应该注意到，政府作为一个正式制度提供者和强制保障者，其作用和地位是无可替代的，但在微观执行方面可以有其他主体参与进来。在我国的女性问题上，妇联是政府之外的有力补充，中观上不仅可以给政府提供政策咨询，在很多时候也可以直接提供针对女性的公共服务。此外，作为神经末梢的基层组织主体是制度的直接实施者，也是女性公共服务的直接提供者，如女性权益保护与宣传、女性卫生和健康的宣传、家庭矛盾与家庭暴力和纠纷的处理等。从不同的层次及其发挥作用的范围来看，三者构成了一个较为有效的制度供给体系，这一体系可以通过图9—2反映出来。

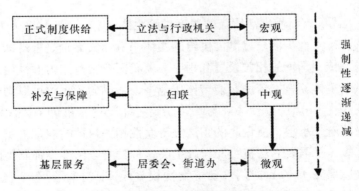

图9—2　女性生活质量问题制度供给体系现状

不过，武汉市女性生活质量的制度供给主体还存在着一些问题，主要在于中观和微观层面。根据调研和考察，这里总结出了以下几个方面的问题：

（1）制度供给主体的权威性与效果问题。就权威性来说，作为宏观的立法机关和政府，其权威性是毋庸置疑的，通过相应的立法程序确定的法律与法规具有强制性的特征。但就中观层面的制度供给主体来说，妇联作为民团组织，起到的作用仅仅是在中国共产党和中国政府与妇女群众之间承上启下，或者说是一种桥梁和纽带，因而不具有行政职能。在《中华全国妇女联合会章程》中关于妇联的职能与职责范围，有明确和具体的规定，主要包括以下几个方面：代表妇女参与国家和社会事务的民主决策、民主管理、民主监督，参与有关法律、法规、规章和政策的制定，参与社会管理和公共服务，推动保障妇女权益法律政策和妇女、儿童发展纲要的实施；维护妇女儿童合法权益，倾听妇女意见，反映妇女诉求，向各级国家机关提出有关建议，要求并协助有关部门或单位查处侵害妇女儿童权益的行为，为受侵害的妇女儿童提供帮助；关心妇女工作生活，拓宽服务渠道，建设服务阵地，发展公益事业，壮大巾帼志愿者队伍，加强"妇女之家"建设。[①] 可见，依据《章程》的规定，妇联更多的是作为辅助性的制度供给主体这样一个角色而存在的，就正式制度的供给而言，妇联的权威性与效果远不如政府部门。而作为基层服务提供者出现的居委会与街道办也是自我管理、建设和服务的基层群众性组织，在女性生活质量问题上的作用也是极其有限的。当然，这一问题是由目前我国妇女问题制度设计的整体情况所决定的，不仅是武汉市，全国其他城市也都会存在这样的问题。

（2）制度供给主体的组织结构安排问题。在上一段中就已经指出，地方妇联是一个民团组织，同时也起着人大、政党、政府同妇女进行联系的作用。就其组织制度来看，目前实行的是地方组织和团体会员相结合的形式。除了设立各地的领导机构之外，还在机关和事业单位里建立妇女委员会，在厂矿企业设立女职工委员会等。但在妇联同各个团体会员之间，只有业务指导关系却没有领导关系，而各个团体会员多是隶属于单位公

[①] 《中华全国妇女联合会章程》，2013年10月31日中国妇女第十一次全国代表大会部分修改并通过。

会，这种组织结构安排容易降低妇联及其团体会员在女性生活质量问题上的实际效果，很有可能使得妇女问题的制度安排形式化。同前一个问题一样，制度供给主体的组织结构安排受制于目前整体的情况，是武汉市同其他城市共同存在的问题。

（3）制度供给主体的形式问题。尽管立法与行政机构—妇联—居委会、街道办这样的制度供给层次较为系统，但目前武汉市女性生活质量制度供给主体的形式还存在单一化的问题，尤其是在最为基层的层面。在前文分析女性社会角色的豪笼模型时曾指出，女性存在角色多样化的特征，这决定了女性生活质量的影响因素是来自多方面的。就宏观层面来说，由立法与行政机构这一制度供给主体提供的元法律和政策，用以保障女性的基本权益，其范围可以涵盖女性生活的各个方面，包括平等的劳动与报酬权、免受不同形式的歧视和暴力的权利等。但就微观层面来说，女性的权益的保障和相关的服务提供还需要多种不同形式的供给主体，如居委会、街道办这样的制度供给主体可以就女性的家庭、情感和卫生等方面提供相应的服务，但在女性工作方面的需求还远远不能满足。这就决定了需要多个或多种形式的制度主体参与，用以满足女性扮演不同角色时的制度需求，如在不同的行业里建立关于女性生活质量问题的民间组织团体，为该行业中女性的各种工作、卫生问题提供相应的服务和保障，才能更有效地实现基层的制度供给。此外，其他领域也缺乏针对女性生活质量问题的制度供给机制和主体，如医疗卫生、法律等领域。尽管在妇联的领导和牵头下，会间歇性地组织不同领域的专家，为女性提供无偿的技术支持和服务，如进行女性卫生和疾病知识的宣传，或者是向女性进行法律知识的宣传或讲解等，但这种机制由于缺乏自主的供给主体，因而不具有持续性和固定性的特征。

（4）制度供给主体的功能与定位问题。在对制度供给主体一般形式的分析中我们曾指出，自我演化的非正式制度需要依靠行为个体，而正式制度则需要有以强制力作为支撑的政府，但在非正式制度同正式制度之间、行为个体同政府之间还需要一个制度联结。在这一点上，我国的女性生活质量问题的制度安排较为合理，通过妇联实现了这样的对接。在图9—1中我们也可以看到，妇联是作为立法和行政机构的补充和保障而出现的，这样的功能与定位在《章程》中也充分体现了出来。但在促进行为个体改进进而推进非正式制度的自我演化这一功能上，妇联及基层服务组织还较为乏力，这主要是由于其服务宗旨和导向更多的是权益保障而非生活质量改进造成的。如妇联与居委会更多的是关心和解决家庭暴力、社会歧视这样的女性基本权益问题，而不涉及改进女性生活环境、缓解工作压力这样的深层次的领域。此外，妇联的功能更多地集中在代表女性参与国家、社会事务管理上，而不是创造各种渠道鼓励女性直接参与公共事务与政策，这种功能定位也非常明显地体现出其在促进非正式制度上的困乏。

二　城市女性生活质量的公共政策

所谓公共政策，是公共权力机关经由政治过程所选择和制订的为解决公共问题、达成公共目标、以实现公共利益的方案，其作用是规范和指导有关机构、团体或个人的行动，其表达形式包括法律法规、行政规定、命令等①。从这点上来看，公共政策也是属于正式制度的范畴，由立法和行政机关制定并保证强制施行。

就女性问题的公共政策而言，根据其发挥作用的方式与功能，可以分为两个不同类型的公共政策：（1）保障性的公共政策。这类政策多是以法律的形式出现，用以保障女性的基本权益，如宪法及其相关法律对女性权利的规定等。（2）发展性的公共政策。这类政策多是以政府的法规、发展规划等形式出现，其作用在于通过公共产品和服务的提供，提升女性的生活水平和质量。从两种不同类型公共政策的关系来看，前者是后者的基础，没有基本权益的保障也就谈不上生活质量的进一步改进；而后者则是更高的要求和目标，是对前者的进一步阐释与发展。从两种类型公共政策的特征来看，由于前一种公共政策类型是法律形式的正式制度，因而具有稳定性的特征；而后者则是政府根据当前社会、经济发展状况制定的关于女性发展和生活水平提升的具体举措，因而具有针对性和阶段性的特征。对于女性生活质量的提升而言，除了需要有较完善的保障性公共政策之外，更需要有较好的发展性公共政策。目前武汉市女性生活质量的公共政策还存在以下几个方面的问题：

（1）政策功能的导向问题。前一段对不同的政策功能的导向进行了区别和分析，作为正式规则提供者的政府实现两种政策功能是其基本职能，但在具体的功能导向上，不同层级的政府是存在差异的。中央政府和

---

① 张金马：《政策科学导论》，中国人民大学出版社 1992 年版，第 19—20 页。

全国人大在关于女性生活质量上的公共政策供给，侧重于从宏观上进行把握，从立法的角度提供女性权益保障的各种依据，因而其政策功能导向是一种保障性的。而作为公共产品与服务直接供给者的地方政府，则更应该从微观角度入手，除了贯彻落实整体性的女性权益保障政策之外，还应该根据地方的实际发展水平，制定提升和发展女性相关方面的各种具体举措。从这一点上来看，地方政府关于女性生活质量问题的政策功能导向则应是一种发展性的。在女性生活质量发展性公共政策上，武汉市政府做出了一定的成绩，如在 2011 年武汉市十二届人大七次会议上通过的《政府工作报告》中，将"为全市 20 万名 35—45 岁农村户籍妇女免费进行乳腺癌和宫颈癌检查"作为 2011 年市政府为民办十件实事的内容①；而武汉市各级政府和市妇联已经联手开展了帮助女性创业的相关工作与服务，其中创立于 2013 年 7 月由武汉市妇联为创业女性搭建的"巾帼创业者联盟"通过积极组织政策宣传、学习培训、观摩座谈以及金融合作等方式为创业女性搭建了一个全方位优质服务平台②。

不过需要注意的是，武汉市这类发展性公共政策还缺乏长远规划性，也不具备稳定性的特征，因此在效果上缺乏长效性。产生这一问题的原因是由于在妇女问题的公共政策上武汉市的政策导向还没有转变：没有明确自身发展性公共政策的定位，因此更多的也是将工作重心放在保障女性的基本权益上，也没有将方向转向为女性提供更多的公共产品和服务，以提升其生活质量和水平。此外，在相关公共政策的内容上，还存在范围较窄的问题。目前武汉市女性问题的相关公共政策更多的主要集中在妇女卫生与健康、就业与创业等方面，根据前面的分析，女性生活质量还包括工作、家庭生活的方方面面。如除了身体健康状况之外，城市女性由于工作和家庭等各方面的压力，心理健康也成为影响其生活质量的一个方面；再如夫妻家庭生活的和谐度也是生活质量的影响变量。但就目前武汉市女性生活质量公共政策的涉及面来看，还远不能覆盖这些方面的内容。

（2）政策背景与环境的独特性、复杂性。公共政策的出台是有一定背景和环境的，不同的外部变量会影响到政策功能导向，甚至影响其效

---

① "农村适龄妇女免费'两癌'检查成为 2011 年武汉市政府为民办实事内容"，湖北妇女网（http：//www. hbwomen. org. cn/2011 – 02/22/cms954407article. shtml），2011 – 02 – 22。

② "武汉巾帼创业者联盟'孵化'女性创业"，人民网（http：//acwf. people. com. cn/n/2015/0212/c99057 – 26555175. html），2015 – 02 – 12。

果。如在中东的伊斯兰教国家，由于文化背景、风俗习惯的影响，并不存在实行男女平等政策的土壤，实行提升女性生活质量的相关公共政策，其效果也会不明显。此外，城市女性生活质量的相关公共政策还与社会、经济发展的阶段相关，这都决定了出台公共政策还要考察其背景与环境。

对于武汉市而言，其城市发展和整体女性情况同其他城市相比具有自身的独特性。在前文的分析中我们也已经指出过，湖北省是教育大省，武汉市作为省会城市聚集了多所高等教育学校，这也决定了武汉市女性从业分布情况是高级知识分子占据了一定的比例，而不同群体妇女对生活质量的标准及主观评价都会存在差异，这也决定了武汉市女性政策背景的独特性与复杂性。根据华中科技大学朱玲怡教授对高级知识分子女性的生活质量的研究结论，目前高知女性对精神层面的要求相对于其他群体女性而言要更高，换句话说这一女性群体在衡量自己生活质量时会更侧重于精神方面的改进。根据她对目前高知女性生活质量的调研，目前这一女性群体的精神生活满意度相对较高，这种满意度一方面来自于自身素质的提升而带来的价值观的转变，另一方面则可能来自于社会地位等心理满足因素。在物质生活条件方面，就武汉市的经济发展水平同沿海城市同等教育背景的妇女的收入状况相比，以及同自身教育投入的匹配度相比，高知女性对物质生活的主观评价相对较低[①]。因此，武汉市政府在制定与女性生活质量相关的公共政策时，应该充分考虑到本市女性的群体构成及其各自特征，以便有针对性地制定符合背景的公共政策。

此外，武汉市女性公共政策背景的独特性与复杂性还体现在区域差异上，武汉市由于社会、经济发展的不均衡，不同区域之间的女性无论是在职业构成、收入状况还是教育背景上都存在较大差异。这种差异性导致了不同区域女性对相关制度的需求不同，对生活质量的主观评价及满意度也存在差异。因此，武汉市在制定改进生活质量的公共政策时，如果在大范围内仅采取同一化的公共政策并不能起到较好的作用，区域发展的不均衡、不同区域女性对制度的差异性需求及不同的满意度都应该被充分考虑进来。表9—1 至表9—4 给出了2009—2012 年项目组调研发现的区域性差异。

---

① 朱玲怡、孙进：《高级知识女性人口工作生活质量调查》，《中国人口科学》1995 年第 3 期，第 34 页。

表9—1　　　　　2009 年武汉市不同城区女性生活质量主成分因子

地区	区域发展类型	社区抽样类型	第一公因子	第二公因子	第三公因子
江汉区	中心城区	城市社区	教育与婚姻和谐度	收入与身体健康	工作强度与工作压力
硚口区	中心城区	城市社区	收入与教育	婚姻和谐度与身体健康	法律认知、劳动力市场规范度
汉阳区	中心城区	城市社区	教育与收入	家庭婚姻与亲属和谐度	劳动卫生与"四期"落实程度
武昌区	中心城区	城市社区	收入与教育	家庭婚姻和谐度与法律认知	身体健康、女性用工权益保护
青山区	中心城区	城市社区	法律认知与劳动力市场规范度	身体健康、女性用工权益保护	收入与教育
洪山区	中心城区	城市社区	教育与收入因子	公共事务参与、公共卫生服务	身体健康与劳动卫生
东西湖区	远城区	城市社区	身体健康与教育	工作强度与女性工作权益	对"四期"落实程度
汉南区	远城区	农村社区	工作强度与收入	家庭婚姻与亲属和谐度	法律认知与公共事务参与
蔡甸区	远城区	农村社区	收入和身体健康	法律认知公共卫生保健服务	工作强度
江夏区	远城区	城市社区	公共卫生、"四期"落实程度	收入与教育	婚姻和谐度与工作竞争压力
黄陂区	远城区	农村社区	收入与法律认知	身体健康、女性用工权益保护	工作强度、劳动力市场规范度

表9—2　　　　　2010 年武汉市不同城区女性生活质量主成分因子

地区	区域发展类型	社区抽样类型	第一公因子	第二公因子	第三公因子
江汉区	中心城区	城市社区	身体健康、收入	家庭和谐	工作压力
硚口区	中心城区	城市社区	收入与教育	婚姻和谐度与身体健康	法律认知、劳动力市场规范度
汉阳区	中心城区	城市社区	教育与收入	身体健康	劳动卫生、心理健康

续表

地区	区域发展类型	社区抽样类型	第一公因子	第二公因子	第三公因子
武昌区	中心城区	城市社区	收入与教育	家庭婚姻和谐、公共事务参与	身体健康、女性用工权益保护
青山区	中心城区	城市社区	法律认知、收入	身体健康、女性用工权益保护	教育
洪山区	中心城区	城市社区	教育与收入因子	公共事务参与、公共卫生服务	身体健康、工作压力
东西湖区	远城区	城市社区	身体健康与教育	工作强度与收入	对"四期"落实程度
汉南区	远城区	农村社区	工作强度与收入	家庭婚姻、身体健康	法律认知与公共事务参与
蔡甸区	远城区	农村社区	收入和身体健康	法律认知公共卫生保健服务	工作强度、教育
江夏区	远城区	城市社区	收入	教育与身体健康	婚姻和谐度与工作竞争压力
黄陂区	远城区	农村社区	收入与法律认知	身体健康、女性用工权益保护	工作强度、劳动力市场规范度

表9—3　　　　2011年武汉市不同城区女性生活质量主成分因子

地区	区域发展类型	社区抽样类型	第一公因子	第二公因子	第三公因子
江汉区	中心城区	城市社区	资源获取	公共事务参与	法律保障程度及对法律的认知
硚口区	中心城区	城市社区	经济收益规则与能力	公共事务参与	法律保障程度及对法律的认知
汉阳区	中心城区	城市社区	资源获取	法律保障程度及对法律的认知	公共事务参与
武昌区	中心城区	城市社区	经济收益规则与能力	公共事务参与	法律保障程度及对法律的认知
青山区	中心城区	城市社区	习俗与价值观念	法律保障程度及对法律的认知	经济收益规则与能力
洪山区	中心城区	城市社区	经济收益规则与能力	公共事务参与及法律认知	资源获取

续表

地区	区域发展类型	社区抽样类型	第一公因子	第二公因子	第三公因子
东西湖区	远城区	城市社区	经济收益规则与能力	资源获取	公共事务参与及法律认知
汉南区	远城区	农村社区	经济收益规则与能力	公共事务参与及法律认知	资源获取
蔡甸区	远城区	农村社区	习俗与价值观念	经济收益规则与能力	法律保障程度及对法律的认知
江夏区	远城区	城市社区	经济收益规则与能力	习俗与价值观念	法律保障程度及对法律的认知
黄陂区	远城区	农村社区	经济收益规则与能力	资源获取	法律保障程度及对法律的认知

表9—4　　　　2012年武汉市不同城区女性生活质量主成分因子

地区	区域发展类型	社区抽样类型	第一公因子	第二公因子	第三公因子
江汉区	中心城区	城市社区	制度的完备性与实质有效性	女性劳动权益与教育资源	劳动市场规范
硚口区	中心城区	城市社区	女性劳动权益与教育资源	制度完备与有效性	劳动市场规范
汉阳区	中心城区	城市社区	制度的完备性与实质有效性	婚姻与工作和谐度	女性劳动权益与教育资源
武昌区	中心城区	城市社区	女性劳动权益与教育资源	婚姻与工作和谐度	制度完备与有效性
青山区	中心城区	城市社区	女性劳动权益与教育资源	制度完备与有效性	劳动市场规范
洪山区	中心城区	城市社区	制度的完备性与实质有效性	婚姻与工作和谐度	女性劳动权益与教育资源
东西湖区	远城区	城市社区	劳动市场规范	制度完备与有效性	女性劳动权益与教育资源
汉南区	远城区	农村社区	制度的完备性与实质有效性	女性劳动权益与教育资源	劳动市场规范
蔡甸区	远城区	农村社区	劳动市场规范	制度完备与有效性	婚姻与工作和谐度

续表

地区	区域发展类型	社区抽样类型	第一公因子	第二公因子	第三公因子
江夏区	远城区	城市社区	制度的完备性与实质有效性	女性劳动权益与教育资源	劳动市场规范
黄陂区	远城区	农村社区	劳动市场规范	女性劳动权益与教育资源	制度完备与有效性

　　尽管每一年的指标体系不尽相同，但从实证的结果都可以看到，不同区域的女性对生活质量的制度供给存在一定差异，这种差异更多的是由于区域间经济、社会、文化发展而引发的。如武昌区、洪山区等中心城区是高校密集分布地带，处于这一地带的女性有许多从事教育或是相关行业，她们除了物质生活改善的需求之外，还有更多的精神生活的诉求。这点同汉阳区、江汉区的女性有所不同，位于金融密集地区的女性，其就业结构不同于其他地区，女性多是从事金融、服务业及其他高强度劳动行业，在工作上面临着更加激烈的竞争，对生理与心理健康的需求可能更多，而工作繁重同家庭生活也会存在一定的冲突，因此如何提升婚姻、工作的和谐度也是该区域女性关注的重点；相比之下，硚口区、东西湖区的女性关注更多的是劳动权益及法律保障程度，这是由于这两个区域属于经济开发区，第二产业及高新技术产业密集，也是劳动力较为密集的地区；而处于远城区的蔡甸区、江夏区、黄陂区等地区，很多地方还处于城乡接合部，当地女性在就业上多是农户或是个体商贩，对制度需求的侧重点也各不相同。更多地关注如何提升个体收入，改善自身的物质生活。

　　当然也应该看到，即便是不同的区域也会有共同的需求，在前面采用的 AHP 法筛选指标时，就可以看到女性对教育资源的需求被排在了前列。而连续四年的调研也都验证了这一点，武汉市女性非常看重受教育程度与机会，在许多女性看来，提高自己受教育的层次是改变自己生活境遇、提高生活质量的最佳出路。这种观念和诉求不仅出现在武昌区、洪山区这样教育资源集中的区域，蔡甸区、江夏区等许多远城区的女性也都赞同这种观点。

　　因此，在制定女性生活质量改进的制度时，要充分考虑不同发展水平区域女性的需求，实现差异化的供给，这一点将在本章第三节中再次提到。

第二节　武汉市女性生活质量的制度供给有效性分析

在第三章的分析中，笔者提出了女性生活质量制度供给的三维分析框架，其中的一个维度是制度供给有效性，进而又将其细分为形式有效性和实质有效性两个不同的层面。在考察武汉市女性生活质量制度供给的有效性问题时，也将从这两个方面着手展开。

一　女性生活质量的制度供给形式有效性

制度供给的有效性问题并非本书的首创，诺思在分析制度这一概念时就曾指出，制度的三要素包括正式制度、非正式制度、实施的形式与有效性①。根据诺思的理解，制度能否起到有效规范个体行为的作用，是三个因素共同的结果。不过本研究并没有完全采纳诺思的实施的形式与有效性这一说法，而是采用了形式有效性与实质有效性来进行区分。采用这一区分的原因在于，采取形式与实质两分涵盖的内容较为全面，例如形式的有效性包含了正式制度的有效和实施的有效等方面。接下来将重点分析女性生活质量问题制度供给的形式有效性问题。

（一）正式制度的形式有效性问题

在进行进一步的论述之前，有必要就形式有效性的含义进行解释。这里所指的形式实际上是指制度实行的依据，或者说是相关的明确规定，类似于有法可依的含义。制度供给的效果很多时候也取决于形式的有效程度，没有明确规定的制度，实施起来更似于无源之水、无本之木。就我国而言，单一制的国家体制决定了以法律形式出现的正式制度多是由中央政府制定的，因而不会出现像美国那样联邦制国家不同州之间对于女性生活质量问题制度供给形式上的差异性。这种正式制度供给主体的中央集权性质决定了正式制度的形式有效性问题并非是武汉市特有的情况，而是全国范围内都会存在的问题。

在女性问题的正式制度供给上，不同的国家因为宗教信仰或传统等各方面的原因，其形式有效性程度存在较大差异。如此前反复提到的伊斯兰

---

① ［美］道格拉斯·诺思：《制度、制度变迁与经济绩效》，杭行译，上海人民出版社 2008 年版，第 7 页。

教国家,由于受《古兰经》和沙里阿法的影响,在法律条文上就并没有赋予女性同男性平等的权利,甚至还对女性的生活、工作设置了诸多的限制性条件。比如,在沙特阿拉伯这样恪守传统伊斯兰教法的国家,规定女性不能驾驶汽车,甚至不允许女性从事营业员等"抛头露面"的工作。[①]由此可见,伊斯兰教国家女性生活质量问题的正式制度有效性较低。相比之下,欧美等发达国家的有效性要相对更高,关于女性家庭生活、工作等各方面的法律规定也逐渐健全和完善。如在美国,除了有关于男女同工同酬的《平等工资法》以及避免女性工作歧视的《1978年妊娠歧视法》等涉及女性工作权益的法律之外,还有专门处理对女性施以性虐待和家庭暴力等犯罪行为的《反对妇女暴力法》,以保障女性的工作权益和人身安全。[②]不过也应当看到,尽管相关法律体系较为完善,但欧美许多发达国家依然存在正式制度形式有效性问题,这主要体现在其作为根本制度而存在的宪法中并没有明确赋予女性同男性具有同等权利的条款,从而存在制度陷阱的可能。

就这点而言,我国关于女性生活质量问题正式制度的形式有效性要更高些,在我国的宪法中明确地规定了男女平等的条款,以宪法作为根本大法,为相关法律提供依据。不过这并不是说我国女性问题正式制度的形式有效性并不存在问题,以目前女性权益保障的法律条款为例来看,其效果范围还远远不能涵盖女性生活的方方面面。典型的如家庭暴力问题,在20世纪90年代,许多国家出于保障和完善女性相关问题的法律体系的目的,相继出台了应对家庭暴力的法案:美国1994年出台的《反对妇女暴力法》、英国于1994年出台的《家庭暴力法》、新西兰国会于1995年通过的《家庭暴力法案》、我国台湾地区也于1998年通过了《家庭暴力防治法》。但截至目前我国还没有正式出台一部应对家庭暴力的法律。尽管我国现行的《婚姻法》及其他法律都有关于禁止家庭暴力的规定,但多数属于原则性、精神性的规定,这种落实性不强的法律规定都降低了形式的有效性。

不过,正式制度有效性程度并非完全取决于中央政府,根据我国相关规定,许多地方政府在某种程度上也可以制定正式制度,包括政策法规

---

① 范若兰:《伊斯兰教与穆斯林妇女》,《西亚非洲》1989年第6期,第63页。
② 李傲:《美国有关性别歧视的判例研究》,《法学评论》2008年第6期,第127页。

等。事实上，我国反家暴专门立法正是从地方开始的。湖南省人大常委会早在 2000 年出台了《关于预防和制止家庭暴力的若干规定》①，这是我国第一部预防和制止家庭暴力的地方性法规，把家庭暴力正式纳入法制范畴。而 2006 年南通市公安局和妇联联合出台的《反对家庭暴力报警投诉工作规范》对反对家庭暴力报警投诉的工作职责、制度、原则和程序等方面作出了明确的规定②。截至目前已经有 29 个省区市出台了反家庭暴力的地方性法规或政策③。这些法规从内容和形式上来看，既充分体现妇女权益保障法律修改重点，也重视保留地方与时代特色，因而在问题反映以及操作性上更加有保障。比如，黑龙江省出台了具体的政策和实施办法以保障男女职工取暖费的平等发放④；上海市、山西省的劳动和社会保障厅等相关部门为了保证企业中女性职工的特殊权益，已经出台要求企业和女职工签订专项集体合同的规定⑤；相比之下，武汉市在正式制度的有效性上同其他省市仍然存在一定差距。

　　不过，正式制度的有效性并非完全指法律法规的有效，正如前文所指出的，除了保障女性基本权益的正式制度之外，还有促进女性自身发展、提升生活质量的发展性公共政策。如在联合国及相关机构的领导与帮助下，在许多国家成立了家庭计划协会（Family Planning Association，FPA)⑥，其职责与功能在于促使相关部门提供保障妇女儿童健康与发展、相关公共服务均等化的公共政策，其中包括家庭生育计划、家庭健康计

---

①　"湖南反家暴工作情况"，人民网（http：//hn. people. com. cn/n/2014/1209/c367950 –23161406. html），2014 – 12 –09。

②　"江苏南通：出台《反对家庭暴力报警投诉工作规范》"，厦门妇女网（http：//www. xmwomen. org. cn/E_ ReadNews. asp? NewsID =3133），2006 – 12 –15。

③　"首开先河将经济伤害纳入家庭暴力"，人民网（http：//legal. people. com. cn/n/2014/0819/c188502 –25490847. html），2014 – 08 – 19。

④　刘福国：《补贴男女平等，复婚大幅增加》，《中国妇女报》2014 年 11 月 29 日第 2 版。

⑤　"关于进一步推进女职工权益保护专项集体合同工作的意见"，上海市总工会网（http：//www. shzgh. org/renda/node5902/node6520/node6526/node6527/node6531/u1a1571017. html），2008 – 12 –25；"山西专项合同庇护 62 万女职工特殊权益"，人民网（http：//acftu. people. com. cn/GB/67575/6614498. html），2007 –12 –05。

⑥　各国的家庭计划协会（FPA）大多是民间组织，截至 1983 年，已经有 119 个国家和地区的全国性家庭计划机构参与国际计划生育联合会，受其业务指导。但在 FPA 的功能上，由于各个国家社会、经济发展水平和人口状况的差异，其工作重点也存在较大差别，除了妇女儿童的健康这一共同点之外，西方发达国家更多地强调人权，包括女性权益与发展、教育均等等等各种问题。

划、家庭教育计划等不同的内容。此外，还有联合国推行的家庭发展规划，也将家庭妇女的相关发展问题作为重要的指标列入进来。在家庭计划委员和家庭发展规划的指导与帮助下，韩国和印度的许多城市都先后制订了相应的女性发展计划，如印度新德里市鼓励女性接受高等教育，并采取了有针对性的发放补贴等措施。而从目前武汉市乃至全国的情况来看，还没有专门针对女性发展的家庭发展规划的相关公共政策出台，更多的是将计划生育作为工作的重点，而不是女性自身发展和生活质量的改进问题。从这点上来看，武汉市目前在这一块正式制度上的有效性还属于空白。

（二）实施方式的有效性问题

从制度供给的整套流程来看，正式制度除了制定之外，还包括了制度的实施。前面分析的形式有效性实际上是关于制定的问题，接下来的部分将分析实施方式的有效性。形式有效性是实施的前提和依据，如果没有制度的制定也就不存在实施，但实施方式的有效性直接决定了制度的效果。

在通常的情况下，正式制度的制定是由政府来承担，其实施也是由政府通过强制力来保障实现，如军队、法庭、机构等。排除正式制度同非正式制度之间契合度这一变量对制度效果可能产生的影响，正式制度实施方式因其强制性特征，其有效性是较高的。但对于女性生活质量问题的正式制度实施则要区分来看，因为在这一问题上尽管形式上有效，也不一定可以达到实施方式的有效。

在第三章的理论分析中曾指出，两性社会关系在很多内容上存在公共领域和私人领域不甚明确的地方，或者说在很多方面两者间的界限是模糊的，尤其是家庭生活。在封建时期，家庭生活中的两性关系很明确是属于个人家庭内部事务，属于私人领域，在特定的历史、文化背景下演化出自己的一套非正式规则，并在较长一段时间里起到了约束作用，如我国封建时期惯用的类似于"三纲五常""以夫为纲"等的法则，规定了家庭里两性之间的家庭地位及行为方式，也对女性生活质量起到了直接的影响。即便是具有权威和强制力的政府部门，不会也不能参与私人领域的事务，典型的如"清官难断家务事"。这实际上划定了不同类型规则与制度发挥作用的方式与边界。

女性的社会地位随着社会经济不断发展而得到提升，这也是社会进步的标志，在这一过程中传统的非正式制度约束被打破，社会各界逐渐认识到原先属于私人领域的两性社会关系存在着明显的外部性。外部性最初是一个经济学概念，在 20 世纪初由美国著名经济学家马歇尔和庇古提出，是指单个经济行为主体（包括生产者和消费者）的个体行为对周围主体的权益或福利产生的影响（包括有利或不利影响），而这种影响带来的各种后果（包括有利影响带来的收益或不利影响带来的成本）是由周围主体而非行为主体承担，或者说是某一个体对其他个体强加的"非市场"附带影响。这种外部性在两性关系与家庭生活中体现为某一两性行为模式、行为互动关系及对其他个体产生的一种影响与示范效果。如家庭暴力不仅会影响到整个社区的和谐，对孩子心理产生的不良影响甚至有可能影响其正常发展，为社会埋下隐患等；而平等和谐的两性关系则有助于帮助构建和谐的社会，进而促使女性生活质量的提升。

正是由于存在这种外部性效应，在许多问题和场合，女性生活质量并不仅仅是私人领域问题，而上升到了公共领域。在家庭生活之外，由政府出台相关的法律保障女性的劳动权利和平等获取报酬的权利等；在家庭生活上，则是通过婚姻法及相关法律保障家庭生活中的两性平等权利等，从形式上来看有效性还是较高的。但从实施方式上来看，两者还是存在一定的差距。

对于女性工作中的劳动权利、平等获取报酬权以及相关权利，除去用人单位方对制度遵守程度这一变量的考察，政府在保障其正式制度实施上还是较为有效的。在保障制度实施的方面，除了政府作为保障主体外，还包括劳动仲裁机构以及司法部门等多个主体与渠道。相比之下，关于家庭生活两性关系的正式制度，其实施的有效性相对要低一些。这是由于很多人依然受传统观念与思维的影响，认为家庭生活属于私人领域，公共权力不应过多地介入，也正是这种思维模式降低了实施的有效性。在实施方式上，家庭中两性关系的保障也并没有像工作中有多种渠道可以进行强制性的保障和实施那样。就目前情况来看，对于家庭两性关系出现的矛盾和纠纷（包括家庭暴力）多是依靠居委会、街道办及妇联这种群众自治组织或是民团组织，在介入的方式上也是以调解、教育为主，较为单一。在实施的模式上，受传统思想观念的制约，更多的是被动介入和事后参与，而不是主动介入和预防为主的模式。此外，由于武汉市内不同区域之间的差异较大，也存在实施方式有效性的均衡性问题。根据项目组四年间对武汉市各城区典型案例的分析，武汉市远城区或农村社区中女性生活质量制度有效性相对更低，也更需要通过各种方式提升正式制度实施方式的有效性。

二　女性生活质量的制度供给实质有效性

本节的前一部分探讨了女性生活质量问题制度供给的形式有效性，这是制度产生效果的一个前提，能否实现制度设定的目标还取决于实质有效性，后者则是站在行为个体的角度来思考有效性问题。根据新制度经济学的相关理论，制度是社会中个人遵循的一套行为规则[①]，这些规则涉及社会、政治及经济行为[②]，而在这些规则下行为个体展开行为互动与博弈，同时个体同制度之间也存在着博弈，个体通过遵守或不遵守制度进行试探，以此来改进自身的行为策略。因此，个体对制度的遵守与互动也影响到制度供给的实质效果。

在第二章的理论分析中曾指出，制度供给的有效性机制受三个方面的影响，或者说行为个体对制度的遵守与互动也受这三个因素的制约，这三个方面的因素同样也制约了女性生活质量问题制度供给的实质有效性程度：（1）正式制度与非正式制度的契合程度。这是指自我演化形成的非正式制度同理性设计的具有强制性保障的正式制度之间的关系。在女性生活质量问题上，个体的行为同时受到了两种不同类型制度供给的制约，我国关于两性社会家庭关系的传统观念就是重男轻女，男性的地位要高于女性。无论是在家庭生活中还是在社会交往中，这种非正式制度都对个体的观念和行为产生了影响，这种影响甚至要大于有强制力保障的正式制度。如在一个恪守传统伊斯兰教法的国家，要出台实现女性所有权利同男性平等的法案将会违背其宗教教义，从而遇到巨大的执行阻力。（2）利益结构。在前文的分析中我们曾经指出，制度涉及资源配置和利益结构的安排问题，在特定的制度供给下会产生特定的利益集团。如在我国的传统社会中，男性占主导地位的制度局面决定了男性群体在社会资源分配中的优势地位，并由男性建立一整套正式制度加以巩固，以达到利益的静态均衡。尽管随着社会、经济的发展，女性自我意识逐渐觉醒，要求实现整体制度

---

①　林毅夫：《关于制度变迁的经济学理论：诱致性变迁与强制性变迁》，载［美］R. 科斯、A. 阿尔钦、D. 诺斯 等《财产权利与制度变迁》，刘守英 等译，上海人民出版社1994年版，第375页。

②　［美］T. W. 舒尔茨：《制度与人的经济价值的不断提高》，载［美］R. 科斯、A. 阿尔钦、D. 诺斯 等《财产权利与制度变迁》，刘守英 等译，上海人民出版社1994年版，第253页。

的动态均衡，即改变传统的以男性为主导的利益结构与格局，但这种制度的变更还是会受到既得利益集团的阻碍。（3）制度惯性。在第三章的理论分析中我们曾指出，制度惯性对有效性机制的影响包含了制度变更和替换以及制度衍射性两个方面，但就女性生活质量问题而言，制度惯性对制度供给有效性机制的制约主要在于制度变更和替换。在上一点的分析中，社会良性关系的静态均衡会被打破，新的制度供给不会顺利地形成，因为在替换与变迁这一过程中旧制度对个体的行为、观念和习惯依然存在影响。但更重要的影响还在于利益结构也会存在结构上的惯性，从而产生阻碍新制度供给的因素。

这三个方面的因素都影响到制度的有效性供给，从而导致制度的形式有效性和实质有效性发生脱节。根据对武汉市女性基本情况的调研我们发现，在武汉市女性的工作方面这一问题体现得非常明显。我国《宪法》第四十八条明确规定"中华人民共和国妇女在政治的、经济的、文化的、社会的和家庭的生活等各方面享有同男子平等的权利。国家保护妇女的权利和利益，实行男女同工同酬"①。在根本大法的指导下，1994 年通过的《中华人民共和国劳动法》专门针对女性职工特殊保护方面尤其是女性"四期"权益保护等作出了相关规定②。但在具体的执行过程中，这类制度规定未能完全落到实处。在调研对象对工作中遭遇的可能歧视类型选择上，有较大一部分武汉市女性表明存在性别歧视，这可以通过 2009—2010 年的调研结果得以验证：从图 9—3 和图 9—4 可以看到，武汉市女性在工作过程中会遇到各种各样的歧视，2009 年及 2010 年的调研数据都表明，在女性的工作过程中会存在性别歧视，如招聘、晋升等各个环节都存在男女的不平等，这作为歧视的最主要的类型对女性生活质量有着重要影响。此外，除了教育背景歧视外，生育歧视及外貌歧视也都是性别歧视的另一种表现类型，从调研可以看到，生育歧视与外貌歧视所占的比重也都较大。

除了女性外，2009—2012 年项目组先后对 200 多家不同的用人单位进行了相关的调查，也发现在招聘和使用女性员工方面存在着不同类型的歧视。图 9—5、图 9—6、图 9—7、图 9—8 分别为 2009—2012 年用人单位的调查结果。

---

① 《中华人民共和国宪法》第四十八条。
② 《中华人民共和国劳动法》第七章第五十八至六十三条。

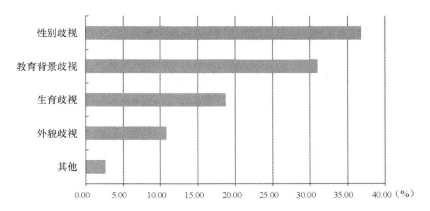

图9—3　2009年抽样武汉市女性工作遭受歧视类型分布

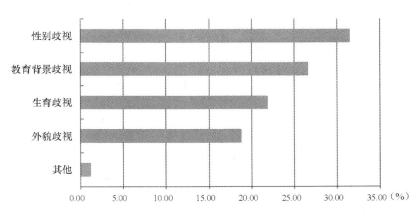

图9—4　2010年抽样武汉市女性工作遭受歧视类型分布

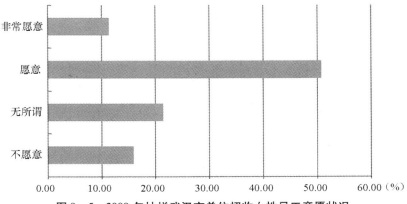

图9—5　2009年抽样武汉市单位招收女性员工意愿状况

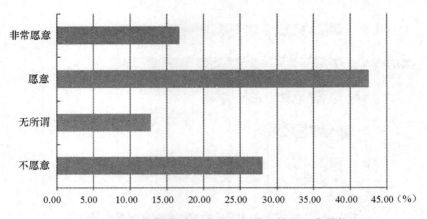

图9—6　2010年抽样武汉市单位招收女性员工意愿状况

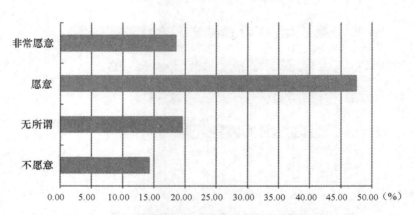

图9—7　2011年抽样武汉市单位招收女性员工意愿状况

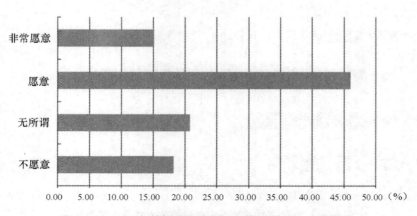

图9—8　2012年抽样武汉市单位招收女性员工意愿状况

　　根据调研结果可以看到，尽管表示愿意接受女性员工的单位居多数
（不排除有隐瞒真实意愿的可能），但明确表示不愿意招收女性员工的也
有一部分。2009年调研的用人单位中，有13家单位表示是由于女性生理
限制而不愿意招收，而有6家则是由于岗位要求和限制，还有2家单位则
是由于存在社会偏见与歧视而不愿意招收。

　　图9—9、图9—10、图9—11、图9—12则给出了2009—2012年我们
抽样的武汉市用人单位对女性员工相貌状况的要求。

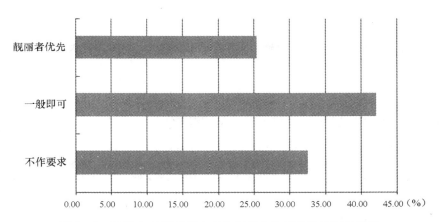

图9—9　2009年抽样武汉市单位招收女性员工相貌要求状况

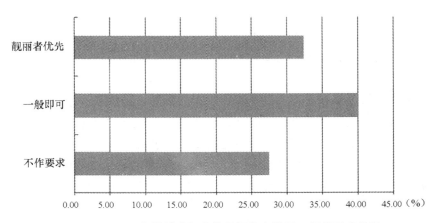

图9—10　2010年抽样武汉市单位招收女性员工相貌要求状况

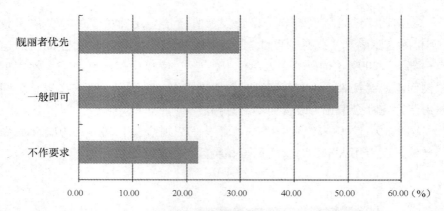

图9—11   2011年抽样武汉市单位招收女性员工相貌要求状况

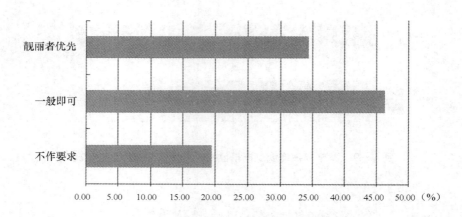

图9—12   2012年抽样武汉市单位招收女性员工相貌要求状况

从调研结果来看，对女性员工相貌有要求的占了多数。在对用人单位的深度访谈中我们了解到，尽管在招聘或是工作环节过程中，对相貌并没有明确成文的要求，但相貌姣好者会得到印象加分。

图9—13、图9—14、图9—15、图9—16则给出了2009—2012年我们抽样的武汉市用人单位对女性员工婚姻和生育状况的要求情况。

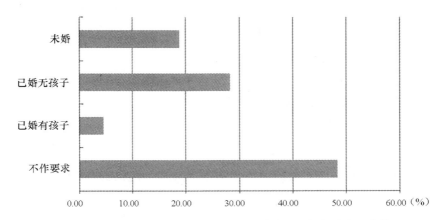

图9—13　2009年抽样武汉市单位招收女性员工婚姻与生育要求状况

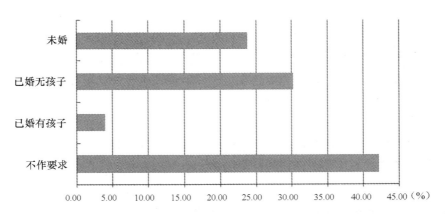

图9—14　2010年抽样武汉市单位招收女性员工婚姻与生育要求状况

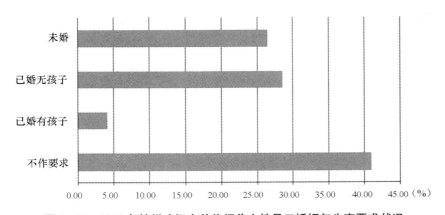

图9—15　2011年抽样武汉市单位招收女性员工婚姻与生育要求状况

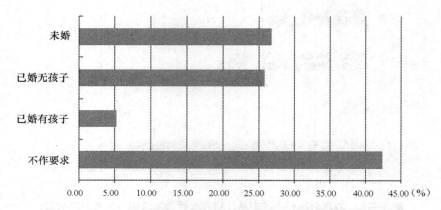

图9—16　2012年抽样武汉市单位招收女性员工婚姻与生育要求状况

　　根据调研结果可以看到，目前武汉市许多用人单位或多或少的对女性应聘者的婚姻与生育状况都有要求。而且通过对部分用人单位的深度调研，许多招聘者都表示，相对于相貌和婚姻状况而言，对生育的要求要更多一些，之所以不愿意招收已生育女性应聘者的原因在于，担心其对孩子和家庭的照顾会影响到工作。

　　通过以上一些问题调研结果的列举，我们可以发现，尽管目前有关于女性与男性拥有平等劳动权的相关法律，但实际上在武汉市劳动力市场上还是存在较多的不平等的现象，用人单位存在各种形式的女性员工门槛和障碍，这就是影响女性生活质量问题制度供给实质有效性的因素。

　　由于存在形式有效性的制约，这些因素对实质有效性的影响通常会以非表象的方式进行，因而难以以精确的方式查找。制度设定了行为个体的行为互动方式，行为个体在预设规则下进行策略的选择。但对于理性构建的制度，由于制度的宏观性问题，或是制度本身缺陷，导致无法对行为个体的所有策略作出规定，或者无法对未来行为互动进行有效规范，从而导致个体可能通过策略选择集的演化来规避制度约束，在制度契约理论中也被称为不完全契约①。而不完全契约面临的核心问题就是因为缔约方的机

———————

　　①　在新制度经济学家的理解中，契约也是制度的一种类型，甚至很多学者将制度理解为广义的契约，将外部强制性契约等同于正式制度，而内部隐性契约则等同于非正式制度。

会主义行为造成的资源配置的帕累托无效①。如在男女同工同酬问题上，在工作绩效和报酬的关联机制上还存在主观性因素，特别是非可量化的指标的存在，这给用人单位不遵守男女同工同酬的规则提供了很好的发挥空间。在沃尔玛女性雇员诉沃尔玛一案中就存在这一问题，面对其女性雇员关于性别歧视的起诉，沃尔玛坚持声称其报酬给付是根据公司内部的绩效报酬机制进行，经由了特定的业务主管进行观察和测评②，而这种测评是否违反了男女同工同酬的原则非常难以精确验证。同样的问题也存在于女性员工招聘上，由于有法律的强制力保障，因此在形式上不会出现与法律条款相抵触的性别要求，如存在明显的性别歧视的条款和规则等。但在招聘的主观过程中，招聘者可以通过设置各种理由和门槛变相的拒绝女性员工。

当然，这种实质有效性的问题不仅体现在女性的工作方面，也还存在于女性的家庭生活方面。尽管对于女性的家庭婚姻生活有相应的法律规定，但"清官难断家务事"的传统观念还根深蒂固，女性家庭生活更多的还是受非正式制度而非正式制度的影响，这些都影响到女性生活质量问题制度供给的实质性效果。

第三节　武汉市女性生活质量的制度供给均衡分析

均衡问题是制度供给中最为重要的问题之一，因为如果无法实现均衡，则不能保证行为个体的行为模式及各种需求。在前面的实证分析中重点考察了武汉市女性的制度需求及区域制度需求的差异性问题，在这一节里将结合实证分析结论，从制度需求与供给均衡以及制度供给区域间均衡两个不同的方面分析武汉市制度供给均衡存在的问题。

一　武汉市女性生活质量的制度需求与供给的均衡分析

本书赞同制度需求——供给的分析框架和思路，认为制度的均衡是制度需求与供给达到均衡状态。制度均衡又分为两个不同的类型：静态均衡

---

①　陈志俊：《不完全契约理论前沿述评》，《经济学动态》2000 年第 12 期，第 47 页。
②　"美国沃尔玛性别歧视案开庭，沃尔玛或赔偿上百亿"，中国新闻网（http://www.chinanews.com/cj/2011/03-30/2939108.shtml），2011-03-30。

与动态均衡。所谓静态均衡，是指在特定时间区间里，制度供给能够满足制度需求，但并非是所有时候制度的供给与需求都能实现均衡状态。制度的需求会因外部环境的差异和变化产生改变，这对制度供给提出了更多的要求，制度供给的动态均衡也是制度变迁的动力之一。

根据制度供给的方式，制度需求与供给的均衡也存在两种不同的态势。在前面的分析中曾指出，制度供给（变迁）的主体包括了所有行为个体和以"第一行动集团"出现的强制供给主体[①]。前者是非正式制度的自我演化机制，在制度供给上，则是根据外在制度环境形成一种需求满足的机制，这种满足机制是一个时间阶段的自适应过程。而后者则是正式制度的强制性保障机制，在制度供给上，则是主体根据对制度需求的形式与状态来进行判断，并以此为依据提供强制性的制度供给。由于两种不同的供给主体与方式导致均衡的方法也存在差异，同以行为个体为供给主体的均衡机制相比，强制供给主体对制度需求的识别更多的是基于主观评价与理性设计。但是，由于强制供给主体的有界理性和设计、建立制度安排所需信息的复杂性[②]，因此强制供给主体的制度供给存在对制度需求的识别问题，即能否有效地认清和理解某一时间段的制度需求。

这一问题在武汉市女性生活质量问题上体现得较为明显，具体表现为政府、妇联等相关部门对于女性的制度需求还不甚了解。根据调研，在本项目开始推动之前，武汉市的相关部门还尚未专门对武汉市女性的一些需要和认知进行过较为系统和全面的梳理。由于缺乏这种识别基础，无法辨别武汉市女性真正的制度需求，或者需求的重点和差异性，进而也难以有效地实行有针对性的制度供给。

根据项目组连续四年对抽样的武汉市女性生活质量制度需求的相关实证分析结果，武汉市女性的制度需求按照程度大小依次分为经济与教育保障方面的制度需求、家庭生活与卫生保障方面的制度需求、法律认知与公共事务参与保障方面的制度需求、工作保障方面的制度需求。对于这些需

①   Lance Davis, Douglass North: Institutional Change and American Economic Growth: A First Step Towards a Theory of Institutional Innovation, *The Journal of Economic History*, Vol. 30, No. 1, 1970: pp. 133 – 134.

②   林毅夫:《关于制度变迁的经济学理论：诱致性变迁与强制性变迁》，载 ［美］R. 科斯、A. 阿尔钦、D. 诺斯 等《财产权利与制度变迁》，刘守英 等译，上海人民出版社 1994 年版，第398 页。

求以及需求程度的差异性，供给主体应有层次、有重点地进行制度供给。但就目前的现实情况来看，武汉市相关部门机构还没有一整套固定有效的制度需求识别机制，在女性生活质量问题的反映上也没有建立较为有效和系统的渠道。如对于女性可能遭遇的家庭暴力问题还没有将其纳入110的业务范围，劳动仲裁部门也没有将女性权益单独作为保障范围。

二　武汉市女性生活质量的制度供给区域间均衡分析

实现武汉市女性生活质量制度供给区域间均衡，并不能和区域间同等供给画等号。前面的实证分析反复为大家展现了一个差异化的需求全景，不同区域的女性在制度供给上存在差异，根据项目组连续四年对武汉市各区女性进行的调研，总结出影响女性对制度的需求的几点因素：（1）受教育程度。从某种意义上来说，受教育程度对女性生活质量的影响是决定性的，因为根据实证结论，受教育程度同女性收入有着较高的正相关性，同女性进入的工作领域也有着直接的关系。此外，随着教育程度的不断提升，女性对生活质量的理解更为深刻，超出一般意义上物质生活质量的层次，对制度供给的需求也会更多、更高。（2）收入状况。物质生活是生活质量的基础，生活质量的改进很大程度上需要资金投入作为支持，如闲暇之余的娱乐享受、压力之外的各种保健，对女性个体的财政状况都提出了一定的要求。因此，如果连生存都存在问题，也不会存在精神层面的追求，生活质量也就谈不上。（3）就业结构。女性对制度的需求很多时候也会受就业结构的制约，这是由于不同行业的特征，如从事科研、教育行业的女性面临的心理压力会更大，而从事单纯体力劳动的女性会存在生理健康的风险。此外就业领域的规范程度也会影响女性的制度需求，如个体企业中的女性还要处理随时可能发生的性别歧视问题。

这种差异性因素导致的制度需求差异在武汉市会因为区域差异体现得更为明显，因为武汉市的城区功能模块较为清晰。如武昌区、洪山区承担了更多的教育功能，江汉区汇集了许多金融与商业机构，汉阳区是老牌工业区，硚口区与东西湖区是开发区和高新技术区。这种功能鲜明的布局使得各个区域的女性特征更为明显：武昌区、洪山区的女性在就业结构上更多地偏重于教育及其相关行业，这类群体往往受教育程度较高；江汉区的女性更多是从事金融、商业及服务业，收入较高但面临的压力很大。这在前面有较多的叙述，这里不再重复。

从这点上来看，对于不同地区女性存在的不同的制度需求，应该有区别的差异化对待，根据群体的特征有针对性地提供制度供给。如教育资源密集区域的女性应该更多地提供娱乐、医疗的制度供给，金融、商业行业密集的应提供心理健康及与家庭咨询有关的制度供给，工业密集的应更多的侧重于提供劳动权益与法律相关的制度供给，而远城区、郊区的女性则应该提供技能培训等制度供给，以便更好地提高其收入。

但是从目前武汉市制度供给的现状来看，缺乏这种区域间均衡供给。主要体现在以下几个方面：（1）在政策、措施出台上还是"一刀切"，政策的层次侧重于提供基本的权益保障。从赫茨伯格的双因素理论来看，这种制度供给属于保障因素，可以保障女性的基本生存状况，而不能提升生活质量。因此，只能满足武汉市部分地区女性的制度需求。（2）对于制度供给缺乏统一规划，没有差异性供给的意识。尽管在某些方面，武汉市政府、妇联及相关部门已经认识到部分群体女性的特殊需求，如下岗女工要求再就业与创业的需求，并有针对性地提供了培训服务，但并没有以区域、区划为单位为女性设计制度供给的规划。（3）缺乏对不同区域女性制度需求的系统摸排。到目前为止，武汉市还没有出现对不同区域女性制度需求的调研，在以往的调研及政策制定时，都将女性作为一个整体，忽略了个体行为、心理上的差异。

正是由于这些问题，使得武汉市女性生活质量的制度供给区域间均衡较难实现，各个不同区域女性对制度的需求不一，对制度供给的评价也存在较大差异，这点可以通过前面的实证结果进行验证。

第四节　武汉市女性生活质量制度供给问题的原因分析

本章的前三节主要分析了武汉市女性生活质量存在的制度供给问题，分别从制度供给与公共政策、制度有效性、制度变迁与均衡三维构架的角度出发进行了考察，在本节中着重分析导致这些问题产生的原因，以作为后面提出对策建议的依据。

一　武汉市女性生活质量制度供给问题的非正式制度原因

本书一再重申的一个观点是，女性生活质量的高低取决于两种不同层面的制度：正式制度与非正式制度。其中，后者的影响和作用力要大于前

者，甚至在很多时候还决定了前者的实际效果。这可以用两种制度的
"互嵌"程度加以解释①，即两者的相互融合和支持程度，站在这一角度
来看，正式制度需要非正式制度作为内核支撑，同时又能够补充和强化非
正式制度的有效性②。或者说，正式制度通常作为必要的强制性后盾服务
于非正式制度③。而一旦两种制度的"互嵌"程度较低时，则会存在前面
所谈到的实质有效性问题，这一点在女性生活质量上体现得较为明显。

　　男女两性社会关系及建立在此价值体系之上的一整套规则，在我国经
历了漫长的历史过程，无论是最初作为正式制度还是非正式制度出现的规
则，都在这一过程中逐渐内化并稳定成为一整套价值体系和观念规范，通
过文化、习俗、传统、观念等形式根深蒂固于行为个体的思维和行动之
中，如重男轻女、男尊女卑等各种社会观念。女性的生活质量在很大程度
上取决于这样一套价值体系和规范，因为其行为模式与结果都受整套体系
和规范的制约。而由于非正式制度同正式制度发挥作用的方式、领域及效
果的差别，仅仅通过后者的供给还难以真正实现女性生活质量的改进。如
前文所提到的尽管有着关于女性平等劳动权以及同工同酬的正式法律规
定，但在具体的操作执行过程中还会因为自由裁量权和主观性标准而导致
各种隐性性别歧视，从而降低制度供给的实质性效果。

　　当然，这并非是说传统的两性社会关系难以改变，而是非正式制度的
变迁是一个缓慢的过程。根据制度变迁的相关理论，非正式制度的改变是
所有行为参与者相互试探、修正策略，进而达到行为均衡的博弈过程。这
一规律和过程对女性生活质量问题同样是如此，是女性同男性以及社会其
他行动主体的博弈的结果，关于这一问题的非正式制度是在大的社会、经
济、文化背景下展开的。因此，要考察女性生活质量制度供给存在的问题
需要同制度背景与环境紧密结合。

　　同农村相比，城市的社会、政治、经济、文化发展水平更高，这种发
展的差距不仅体现在整体总量上，更体现在个体的经济利益及价值观念
上。相对于农村女性，城市女性拥有更多的经济自主权，经济更独立，新

---

　　① ［美］道格拉斯·诺思：《制度、制度变迁与经济绩效》，杭行译，上海人民出版社 2008
年版，第 7 页

　　② 同上书，第 64 页。

　　③ ［德］柯武刚、史漫飞：《制度经济学：社会秩序与公共政策》，韩朝华译，商务印书馆
2008 年版，第 138 页。

的经济利益结构决定了女性要求改变传统价值体系的局面与趋势，以便更好地实现其生活质量的提升。因此，城市女性有更多关于制度（非正式与正式）变迁的动力机制，即改变传统非正式制度的影响。从这点上来看，传统非正式制度的影响在城市要相对更弱，也便于各种正式制度的运行和实质性效果的提升。

这种差距也体现在不同的城市间，由于城市间经济社会发展的不平衡，会使经济利益结构、价值体系等存在一定的差异。尤其是在市场经济发达、开放程度高的城市里，价值观念的多元化和现代化使得传统社会关于男女两性社会关系的观念和习俗发生了动摇和瓦解。如许多大城市的女性越来越看重自己的事业，而不是将所有的重心全部放在家庭上，在对待工作待遇以及情感等各方面，现代城市女性也越来越重视自身的幸福指数和生活质量。就这点来看，由于武汉市还处于内陆中部地区，在经济、社会发展上还同沿海发达城市存在较大差距，因此在很大程度上还受到了传统非正式制度的影响。

二 武汉市女性生活质量的制度演变动力机制原因

对于在传统制度下女性生活质量不高的问题，关键的突破口在于通过制度演变实现行为规则的转变进而改变利益结构。而这种制度的演变绝不是一帆风顺的，因为其涉及资源的分配问题，传统利益结构下的受益人（既得利益集团）不会放弃自身的利益，进而会形成对制度演变的阻力。在女性生活质量问题上同样存在这种境况和问题，传统社会中男性占据了主导地位，政治、经济领域都是以男性为主导，男性群体掌控着各种资源的配置情况，这种既有的利益格局会阻挠女性参与到资源的配置过程中，进而也无法有效地改善其生活质量。

对于既得利益集团和既得利益格局阻挠制度演变的情况，存在着两种不同的演变动力机制：一种是由作为"第一行动集团"的制度供给主体由上至下的进行制度演变；另一种则是由为数众多的个体行为参与者由下至上推动制度变革①。然而制度的演变在女性问题上还存在特殊性，就第

---

① 林毅夫：《关于制度变迁的经济学理论：诱致性变迁与强制性变迁》，载［美］R. 科斯、A. 阿尔钦、D. 诺斯 等《财产权利与制度变迁》，刘守英 等译，上海人民出版社 1994 年版，第 384 页。

一种演变的动力机制和形式来看,"第一行动集团"自身可能就会受到传统观念和制度的影响,或者说"第一行动集团"就可能是既得利益集团,进而不愿意打破现有利益格局,这在许多国家都体现得非常明显。如前文提及的拉脱维亚前女总统瓦伊拉·维凯－弗赖贝加曾公开谴责欧盟男性精英存在"欧盟总统"不适合女性担任的言论①。由此来看在女性问题上,以"第一行动集团"身份出现的供给主体本身也会受到传统非正式制度的制约,由于无法改变其利益结构,从而在根本上也就缺乏改进女性生活现状和质量的动力。

而第二种动力演变的机制和形式在女性问题上也存在一定的问题,尤其是当制度环境与背景缺乏较强的开放性时,原先的制度规则会被内化为行为个体的价值观念,从而不利于新的行为策略的产生。如在社会、经济都不发达的地区,女性缺乏独立意识,对传统习俗中抑制女性生活质量改进的规则不仅不加以抵制,甚至反而将其理解为自身行为的准则。如很多现代城市女性依然坚持"以夫为纲"的传统观念,将其视为生活质量评价标准的一部分,甚至用这种观念和价值体系去约束和评价身边的女性。这种规则内在化的情况阻碍了由下至上的实现制度变迁的动力机制。

此外,第二种动力演变机制缺乏的原因还在于第二章分析时指出的"搭便车"问题。1966 年美国经济学家曼柯·奥尔森(Mancur Olson)首次提出的所谓"搭便车"(Free Rider),他在《集体行动的逻辑:公共利益和团体理论》一书中对搭便车理论进行了阐述②,这一理论用于分析公共财产的分配问题,是指由于公共财产的产权问题导致行为个体的过度消费甚至超出了最优额度,或者是其承担的成本低于理应承担的额度。此外,不劳而获的享受成果,或者说是不付成本而坐享他人之利的行为也是"搭便车"行为。"搭便车"行为往往会导致公共产品的供应不足。这一理论同样适用于分析制度的供给与变迁,根据制度经济学的理解,制度实际上算是公共产品,存在非排他、非竞争的特性,但由于制度的供给、维护也需要耗费巨大的资源,因此许多行为个体缺乏提供相应制度的动力,更希望享受别人提供制度带来的成果,这在博弈论中又体现为"智猪博

---

① "拉脱维亚前女总统谴责欧盟总统竞选歧视女性",环球网(http://world.huanqiu.com/roll/2009－11/636312.htm),2009－11－18。

② Mancur Olson, *The Logic of Collective Action: Public Goods and the Theory of Groups*, Cambridge, Massachusetts: Harvard University Press, 1966.

弈"。在女性问题的制度供给上同样也存在"搭便车"的问题，甚至可能更为严重，在较大规模女性群体中进行动员和组织以争取更多女性权益需要耗费更多的成本，也存在较大的外部效应，个体女性难以实现集体行动的整合进而达到自下而上的制度演变。

第二种动力机制缺乏的情况在我国许多地区都大量存在，尤其是在农村以及内陆城市地区。尽管武汉市是中部的中心城市，但同沿海发达城市相比，女性生活质量问题的制度供给还缺乏自身的动力，主要体现在对自身的定位、对家庭和工作的态度以及组织性上。两种制度演变动力机制的缺乏，都影响了武汉市女性生活质量的改进。

三　武汉市女性生活质量制度供给主体的动力机制原因

在对第三个原因进行分析前，需要对制度供给主体进行一个限定，这里的制度供给主体仅限于以集体行动出现的主体形式，而非个体行为参与者，如政府、妇联等。在前面的分析中曾涉及供给主体动力机制的问题，主要集中于关于资源配置的相关制度，由于利益结构等原因导致了动力机制缺乏的情况，这里将主要集中分析约束个体行为的一般性制度。

在我国封建时期对于女性问题制度供给上，封建王朝的政府是唯一的制度供给主体，其动力机制在于以维护男权为核心价值的社会，通过制定一系列的法令、法规对女性的个体行为进行相应的约束，如女性不能接受教育、不能从军、不得参政等。但这种动力机制也有一定的作用范围，关键在于私领域和公领域的划分，尤其是在我国这样一个历来家庭观念较强的国家，以家庭为单位的很多内部事务，被列入私人领域而不允许公共权力的过多介入。即便是在男权为主的封建社会，国家这一制度供给主体在女性的家庭生活上也难以插手，可以说两种不同的领域，其制度发挥作用的方式和动力机制都存在差别。

社会主义社会要求废除封建时代关于男女不平等的相关制度安排，消除性别歧视与差异。在形式上，废除了女性不能接受教育、不能从军、不得参政等各种规定，但即便如此，在公私领域区分不甚明显的部分，制度供给主体依然存在动力机制缺乏的情况。受"清官难断家务事"这种传统观念的影响，制度供给主体不愿过多地参与到一般的家庭生活中来，这种现象不仅存在于中国，也同样存在于许多发达国家。如在家庭暴力问题上，由于之前一直存在家庭生活隐私的争议和顾虑，许多国家迟迟没有出台应对法案，进入 20 世纪 90 年代之后，才有数个国家陆续出台了反对家庭暴力的法案①。除了家庭生活之外，在很多其他私领域上，制度供给主体也存在动力机制不足的情况。如私人部门中对女性的管理，从最严格意义上来看，这都属于私人部门的内部事务，从而阻碍了制度供给者对私人部门女性问题的解决与改进。

此外，从以集体行动身份出现的制度供给者的形式上来看，以"第一行动集团"为主的形式格局也决定了我国女性问题制度供给主体动力机制不足的情况。就目前来看，对于女性生活质量问题多是依靠国家和政府的力量，而缺少以女性群体或其他社会群体力量为主的集体行动，如建立女性权益保护组织、特殊女性互助会、女性健康基金会等非官方机构。尤其是在武汉市，更是缺乏对这种 NGO 组织的支持与培育，没有以女性为主的制度供给主体参与，其动力机制自然会较低。

四　武汉市女性生活质量的制度供给区域差异性与非均衡供给原因

除了上述三个导致武汉市女性生活质量制度供给问题的原因之外，区域的差异性也是导致制度供给存在问题的原因，尤其是武汉市这样发展不平衡、区域差异性较大的城市。在以往女性生活质量的制度供给中，政府或相关部门总是倾向于出台无差异的法规与政策，这种忽略地方差异背景的方式旨在实现一种平等的供给。这多是由于供给主体对不同区域女性制度需求没有引起重视，或者是由于基于区域差异性的均衡供给会带来较大的制度成本。

在前文的分析中我们就曾指出，女性生活质量包含了客观与主观两个不同的标准，前者如 GDP、食品消费与娱乐消费等硬性指标，后者则包括个体女性对家庭、情感等各方面的主观评价。而由于女性所处的区域环境及发展水平的差异，不同女性个体生活质量指标的权重也会不同，这实际上也是女性制度需求差异性的一种体现，从 2009—2012 年对武汉市不同区域女性的制度需求进行比较分析后得出的结论也验证了这一点，而这一点正是在关于女性问题制度供给过程中容易被忽略的。

---

① 尽管 20 世纪 30 年代以来一直有人呼吁要出台反对家庭暴力的法案，但一直到 90 年代才有国家将其以法律的形式正式提出，如 1994 年美国出台了《反对妇女暴力法》，同年英国出台了《家庭暴力法》，1995 年新西兰出台了《家庭暴力法案》。

由此可知，在武汉市女性生活质量制度供给问题上，如何实现基于区域差异性的均衡供给也存在较大的困难：首先，困难在于要精确了解不同区域女性的群体特征，并对其制度需求进行分析和准确的把握；其次，困难体现在精确地制定针对不同群体女性生活质量的公共政策；最后，推行差异化的制度与公共政策所耗费的成本要远远高于同一化的情况。此外，均衡供给还要对不断演化的需求进行满足，即对女性生活质量的制度供给进行战略规划，从长期发展的角度来满足不同区域、不同阶段的制度需求，这些都是目前武汉市所缺乏的。

第十章　国外女性生活质量改进及制度供给状况

他山之石，可以攻玉。女性生活质量并非是中国独有的问题，世界各国也都面临着女性生活质量改进及发展的问题。尽管国外在文化、习俗、经济、社会等方面同我国存在较大差异，但在女性问题上也存在诸多的共同之处。在女性生活质量的改进上，各国也并非一帆风顺，但在这一过程中其他国家积累了许多经验，也有很多好的制度与办法值得我国学习与吸收。因此，我们需要对其他国家存在的问题进行分析，以免我们重复犯错或走弯路。此外，对国外女性生活质量改进及制度供给的未来趋势进行分析，有利于为我国女性问题提供新的方向和路径。总体来看，本章的分析可以为武汉市女性生活质量制度供给的对策建议提供借鉴和参考。

第一节　美国女性生活质量改进及制度供给状况

一　美国女性生活质量制度供给分析

（一）作为制度供给主体出现的美国女性

尽管美国最早进行工业革命并踏入发达国家行列，但在女性基本权利和生活质量的制度供给上也存在较多的问题，这多是因为美国女性问题源于制度上或者说宪法上的空白。在美国建国之初就没有将女性的基本权利纳入宪法中，也没有形成一系列关于女性工作、家庭等各方面的相关法律条款。在制度形式上美国女性生活质量的制度供给就已经相当缺乏，更谈不上实质上的效果。

非正式制度的影响也是导致这种情况的原因，以清教徒为主要构成的美国民众受基督教教义的影响①，此外传统的男权社会在美国也得到了延续。美国的男权社会通过将共和国母亲塑造成把持家务的女性来解决美国女性公民权问题，实际上扼杀了其公众政治意识，在 19 世纪上半叶，这一观念已成为美国女性的主流观念，以此来弥补美国在女性问题上的制度供给不足。

正是由于这种制度供给的缺乏，导致了美国女性长期以来生活质量不高。如在工作上，美国妇女从业人员比重不高，从业范围受到各种限制，不能获得同等报酬权，其基本劳动权无法得以保障，可以随时无理由地被解雇等；在个人生活上，美国女性并没有政府提供的医疗保障服务，不能随意堕胎，遭受家庭暴力的情况较为普遍；在公共生活上，美国女性没有参政议政的权利（1920 年以前），不能介入公共事务，更无法就关系切身利益的事情发表看法和意见。

对于这种情况，以男权为主导的政府无法实现自上而下的制度供给，从而也成为女性自发组织的主要动因，而自发的组织推动了一场自下而上的制度变革。美国女性发起过两次大规模的女权运动，为自身谋取利益，进行斗争、游说等，迫使政府作出改革，从形式上来看，这些都是自下而上的制度供给方式。最典型的如 1828 年因为女性员工工资不平等的问题，丹佛市的女性联合起来举行了罢工，这也是美国历史上第一次女性组织的罢工运动。在这次罢工的鼓动下，在美国其他州也先后爆发了多次罢工，如 1834 年、1836 年在马萨诸塞州洛威尔市爆发的纺织女工罢工，此次罢工的主题是抗议女性员工工资过低。除了同工同酬的诉求之外，1860 年美国女性还以禁酒为内容发起了游行运动。

随着女权运动的不断发展，美国女性作为制度供给主体，其运动的方式也发生了较大的改变，由原先零散单个、无组织的运动转变为有目的、有宗旨的集体行动。1848 年的塞内卡福尔斯大会标志着美国女性争取选举权的开端，这是美国有史以来第一次有组织的妇女集会。这次会议发布的《权利和情感宣言》提出了"女性和男性平等——这是造物主的意图"，积极号召美国女性争取"神圣的选举权"。② 此后，美国女性们为了

---

① 早期的基督教承袭了犹太教严重歧视女性的神学传统，不少神学家曲解《圣经》经文以打压女性。

② Alice S. Rossi, *The Feminist Papers*: *From Adams to de Beauvoir*, New York: Columbia University Press, 1973.

争取选举权自发组织了数个 NGO 组织，如伊丽莎白·卡迪·斯坦顿（Elizabeth Cady Stanton）和露西·斯通（Lucy Stone）领导组建的"全美妇女选举权协会"（National American Women Suffrage Association，NAWSA）。除了这类 NGO 组织，美国女性还试图通过建立全国性政党来对法律和政策施加影响，如著名的女权主义者爱丽丝·保罗（Alice Paul）组建并担任主席的全国妇女党（the National Woman's Party），她们积极向国会议员进行游说，甚至采用示威游行等激进手段来打击对女性选举权议题不予支持的执政党。

这种由下至上的非政府民间组织对美国女性问题制度供给及生活质量改进起到了较大的作用。通过团结社会各界女性，最终迫使以"第一行动集团"形式出现的政府作出制度供给方面的改进，1920 年终于将女性选举权纳入宪法，自此二千五百万美国女性和男子一样拥有了选举权[1]。正如英国著名女权主义思想家朱丽叶·米切尔所言，这些好斗的女权主义者们为了追求参政权，采用暴力来攻击资产主义社会，并最终赢得了这一政治权利。[2] 此后，女权运动及女性社会组织不断发展，使得美国当局不仅在政策上，更在政府组织上开始重视女性问题，如 1961 年肯尼迪政府在美国白宫增设了总统妇女地位委员会（The President's Commission on the Status of Women），作为总统女性问题的顾问组织，为总统及美国政府就女性问题提供政策和法律上的咨询建议。

在这一系列运动过程中，涌现出了一批为改变美国女性境遇作出巨大贡献的女性。如著名的女权运动领袖苏珊·安东尼（Susan Anthony）于 1868 年创办了专门致力于宣传男女平等、消除性别歧视的女性权利周刊——《革命》，这一期刊杂志的宗旨在于保障女性正当劳动权益、同工同酬、消除不平等的婚姻制度，号召美国女性联合起来争取政治权与经济权的独立。此外，罗斯福总统的夫人安娜·埃莉诺·罗斯福（Anna Eleanor Roosevelt）身体力行地推动罗斯福政府改变女性地位、关注妇女利益。20 世纪 30 年代，受埃莉诺·罗斯福的影响，罗斯福总统在关注社会福利时并没有将女性排除在外，而且还任命数位女性担任重要的政府官员职

① 黄虚峰：《工业化与美国妇女地位的变化》，《历史教学问题》1998 年第 4 期，第 39 页。
② ［英］朱丽叶·米切尔：《妇女：最漫长的革命》，载李银河《妇女：最漫长的革命——当代西方女权主义理论精选》，生活·读书·新知三联书店 1997 年版，第 31 页。

务。在这些女性主义者和女权团体的积极努力之下，美国女性的地位有所提高，在政治上获得了选举权，此外福利改革也越来越多地关注女性群体的利益。

（二）作为制度供给主体出现的美国政府

早期美国政府与国会无论是在议案还是法律中都没有给予美国女性相应的权利。这一局面在美国黑人运动之后有所改变。可以说美国关注女性生活质量问题的动力是当时整体的人权运动，因此美国政府作为制度供给主体某种意义上说是被动的。但无论如何，由于人权运动的不断推进迫使美国政府在许多女性问题上最终让步，甚至在某些领域出台了相关政策，以此来赋予女性更多的权利或是保障其合法权益，最明显的如美国女性选举权、平等就业权以及同工同酬权利的争取等。

1963 年，肯尼迪政府颁布了《平等工资法案》（*Equal Pay Act of* 1963），该法案的核心内容在于纠正美国在许多行业里对不同种族或者不同性别雇员的不平等问题，其中最为重要的内容就是男女平等问题，这一法律通过劳动部（DOL）的工资标准处（The Wage Standards Division）进行实施，从而切实地保障女性的权益。1964 年 7 月约翰逊政府颁布的《民权法案》（*Civil Rights Act of* 1964），明确把性别同种族、肤色一并列入禁止歧视雇用人员的条款。1972 年，《联邦教育修正案》（*Education Amendments of* 1972）正式颁布，它确立了联邦教育资助尤其是学生资助的基本模式。其中，这一修正案的第九条取缔了性别歧视，于是确立了促进教育机会平等的法律机制。① 与此同时，原美国卫生教育和福利部（HEW）出台了针对女性教育、卫生、社会保障方面的管制政策，从女性生活的各个方面来保障其基本权益，提升其生活质量。进入 90 年代后，对女性问题的制度供给不再局限于女性基本权利的保护，而是向各个方面拓展和延伸，目标在于较大幅度地提升美国女性的生存现状和生活质量。例如，在美国克林顿政府时期出台的《个人责任和工作机会协调法案》（*Personal Responsibility and Work Opportunity Reconciliation Act of* 1996）中对女性的社会福利进行了相关规定，如规定医疗保险项目必须涉及女性相关的医疗费用，怀孕的女性也可以享有同样的医疗保险等。这些具体的措施都极为有效地提升了女性的生活质量。

---

① 王伟宜：《美国学生选择大学的五十年》，《教育学报》2010 年第 2 期，第 114 页。

随着美国政府越来越关注女性问题，其在制度上较以前相对完善，主要体现在法律的制定与出台上，此外还包括一些司法程序。美国是一个判例法国家，在美国的宪法中虽然并没有明文规定男女平等的原则，但男女平等的原则体现在了联邦最高法院通过的对宪法解释的宪法判例上，并且这也已经构成了宪法的一部分。在美国，男女权利平等保护的重要宪法依据是宪法第十四修正案和第五修正案及其相关的宪法判例。

二　美国女性生活质量制度供给的经验及发展趋势

（一）美国女性生活质量制度供给的经验

1. 法律的有效性

20 世纪 60 年代美国国会开始立法保护女性的平等权利。国会于 1963 年制定的《平等工资法案》（*Equal Pay Act of* 1963）是美国有史以来第一部保护女性平等权利的联邦国会立法，旨在实现男女同工同酬。对于所谓的"同等工作"（Equal Work），该法进行严格的限定：在类似的工作环境中工作；在同一雇主的同一企业内；工作所要求的技能和责任也必须是同等的。但是，正是由于《平等工资法案》中对于"同等工作"的这种严格界定，实际上极大地影响了它的实际效果。2009 年 1 月美国众议院通过了《莉莉·列得贝塔同工同酬法案》（*Lilly Ledbetter Fair Pay Act of* 2009），这是奥巴马总统上任后签署的第一份法案。该方案放宽了工资歧视案件的起诉期限，其受益者包括了所有的工人阶层，尤其是帮助女性获得同工同酬的公平权利，进一步消除工资性别歧视现象。

事实上，美国国会 1964 年通过的《民权法案》（*Civil Rights Act of* 1964）是美国反就业歧视的基本法。之后，1991 年新修订的《民权法案》（*Civil Rights Act of* 1991）规定如果起诉方能够证明肤色、种族、性别、来源国、宗教信仰是影响雇佣行为的动机之一，即便有其他的动机引起该雇佣行为，也将被认定为非法歧视行为。此外，1991 年的《民权法案》有了全新的发展，即扩大了对女性问题的关注面，除了进一步保障女性的基本权益之外，还囊括了女性的发展权。一方面，权益的进一步保障体现在涉及性骚扰相关问题的规定上，美国政府将性骚扰界定为性别歧视，并规定补偿性赔偿和惩罚性赔偿同样适用于性骚扰案件，以更好地保护性骚扰案件中的受害人；另一方面，玻璃天花板委员会的创立体现了对女性发展权益的保护。所谓"玻璃天花板"是指由于主观的性别偏见因素而导致女性群体无法进入公司高级管理层。为此，该《民权法案》设立玻璃天花板委员会，并对这一组织的构成、职权以及存在期限等各个方面进行了细致规定，以帮助职业女性们更好地维护自身权益。

除此以外，1978 年的《怀孕歧视法案》（*Pregnancy Discrimination Act of* 1978）也对女性的相关就业权益作了细致规定。首先，政府规定在女性员工由于怀孕或分娩等情况而导致无法工作的情况下，同样享有由于其他病症而享受的健康或残疾保险。其次，该法案严格禁止雇主在女性怀孕、分娩等情况下实施解聘、开除或者拒绝女性产后复职等行为。

2. 司法程序的有效性

美国宪法第十四修正案（*Fourteenth Amendment to the United States Constitution*）第一款明确规定："凡在合众国出生或归化合众国并受其管辖的人，均为合众国的和其居住州的公民。任何一州，都不得制定或实施限制合众国公民的特权或豁免权的任何法律；不经正当法律程序，不得剥夺任何人的生命、自由或财产；对于在其管辖下的任何人，亦不得拒绝给予平等法律保护。"从该条款的内容来看，主要针对的是州的立法与行政行为。1971 年该项法案首次被正式应用，在 Reed v. Reed① 一案中，第十四修正案的平等保护条款被作为联邦最高法院的判案依据，认定爱达荷州关于男性优先继承财产的法律存在违宪的情况。该案的判决也标志着美国联邦最高法院开始关注女性权利平等保护问题，而第十四修正案平等保护条款也成为保护女性平等权利的重要法律依据。当然，也要意识到该法案约束范围还是有限的，主要是针对州一级的行为，而州政府作为行政实体与普通公民在许多问题上难以真正平等，最主要体现在要使用该条款原告需要举证其权利侵害主体是州，权利受损确实是因为州的行为造成的，而这一举证本身具有一定困难。

除了第十四修正案第一款之外，宪法第五修正案（*Fifth Amendment to the United States Constitution*）中也提出了正当程序条款，这一条款规定："无论何人……不经正当法律程序，不得被剥夺生命、自由或财产。"根据该条款，联邦政府凡是涉及性别分类及相关行为时要受到该法律条款的审查。实际上，美国宪法第五修正案与第十四修正案共同成为美国女性权利平等保护的重要法律依据。

---

① Reed v. Reed, 404 U. S. 71 (1971).

（二）美国女性生活质量制度供给存在的问题

1. 法律条款的不完全性

从法律体系上来看，美国属于判例法系国家（海洋法系），因此在对其公民权利的规定上有着更高的开放性。美国联邦最高法院将权利内容具体化与明确化，便于其对基本权利的解释，同时也充实了公民的权利体系。尽管如此，关于男女权利平等的条款和原则在美国宪法中还是难以直接找到，仅有 1920 年通过的宪法第十九修正案（*Nineteenth Amendment to the United States Constitution*）是直接用来保障女性公民选举权的。这一修正案明确规定："合众国或任何一州不得因性别而否认或剥夺合众国公民的选举权。"对于这一情况，美国社会各界曾经多次尝试，从 1923 年以来基本上每年都有关于男女平等的宪法修正案被正式提出，但都没有被纳入立法议程。直到 1972 年，《平等权利修正案》（*Equal Rights Amendment*）才被国会两院通过，然而即便是这是距离写入宪法最近的一次尝试，也因在 10 年的规定期限内未获得法案所需的 38 个州的批准而被迫放弃。

2. 对女性的"特别保护"实质上内含歧视

Muller v. Oregon[①] 一案就是针对女性特别保护性立法的权威性判例。美国最高法院法官布鲁尔（David Josiah Brewer）以男女在生理上的差异为依据，来区别两性在社会中的作用和分工，同时用以解释为什么用特殊保护立法来限制女性工作时间，由此判定对女性实行"特别保护"。不过，这一判例提出的针对女性的"特别保护"实质上是一种特殊形式的歧视而非真正意义上的保护，因为雇主能够以"特别保护"的理由将女性员工排除在某些岗位之外。可以说，这样的"保护性条款"实际上为女性设置了较高的工作门槛，不利于保护女性的平等劳动权，同时女性的职业发展与晋升空间也在很大程度上受到了压制和阻碍。

3. 教育和就业领域存在性别歧视

一方面，性别歧视与性别隔离同样普遍存在于美国教育领域，而女性的社会与职业地位也受到了严重的影响。如果以高等院校中女性所占比例和高等学位获得者中女性所占比例为标准进行评价，那么美国女性是世界上学历最高的女性群体之一。然而，美国的高等教育中同样存在性别隔离，女性比例与教育等级呈反比，尤其在硕士和博士研究生层次，女性的

———————

① 　Muller v. Oregon, 208 U. S. 412（1908）.

比例远远低于男性。而且，两性比例差异还非常明显地体现在专业上。就目前美国高等教育层面而言，男性在工程学、计算机和物理等理工科专业占据了优势，而女性更多地集中在文史类及服务类专业，如在保健服务专业和教育专业等。从女性学位的分布来看，更多集中在教育、文学等方面。尽管女性在医学、牙医、法律和兽医等专业领域获得学位的机会在最近二三十年里增长很快，然而男性仍然主宰着有名利可图的专业领域。比如，外科是医学专业最有发展前途的领域之一，但它与女性几乎无缘，从事该领域的人中大多是男性，而从事医学的女性集中在相对说来地位较低、收入不多的领域，如小儿科、儿童精神病学等。

在学科分布上的两性差别直接对女性就业前途和社会地位产生影响。在西方国家，具有明显职业价值的实用学科课程不断增加，然而在那些有发展前途的新兴学科中女性比例较低。一些女性即使得以进入计算机、生物学等学科领域，她们仍将集中在该领域的较低级别。然而，女性在教育领域中的地位却较低。虽然美国学前教育机构以及小学中，女性工作人员占绝大多数。但是教育层次越高，职称水平越高，女性比例越小。女教师不仅在数量上处于劣势，在学术地位上也极难获得承认。

另一方面，在就业领域里，尽管美国政府出台了诸多的法律用以保障女性同等的工作和劳动权，但在实际操作过程中，还是会存在女性权益不断被侵犯的情况，这些都直接或间接地影响了女性生活质量的提升。比如，雇主们经常会选择拒绝雇佣结婚女性和有学龄前孩子的母亲。1966年的 Phillips v. Martin Marietta Corp. 一案就是该种情况的典型案例[①]。此外，女性的身材、相貌在美国也经常被作为排斥女性工作与就业的借口。事实上，在身高、体重、体能等方面，女性普遍不如男性，如果雇主在招聘的时候对男女两性采用同样的要求，会造成对男性有利而对女性不利。事实上，很多雇主还擅自制定胎儿保护政策，在无法律明文规定的情况下，拒绝怀孕女性从事有毒有害的工作。从表面上看，这种保护胎儿的政策出发点是好的，但是因为其所针对的是所有具有生育能力的女性，因此导致了很多女性失去了工作机会。

从美国女性生活质量制度供给的实际运作情况来看，仍然存在实施有效性的问题。一方面，形式有效性还不尽完善；另一方面，许多制度违背

---

①　Phillips v. Martin Marietta Corp., 400 U. S. 542 (1971).

者并没有采用明显的带有性别歧视色彩的行为去降低有效性，而是采用了更隐秘的方式，甚至存在滥用"特殊保护"的趋势。

（三）美国女性生活质量制度供给的发展趋势

从美国女性生活质量制度供给的方式以及演变的历程来看，其由上至下的正式制度供给有着先天缺乏的问题，但对于这一问题在其国家政治体制下形成了一套依靠非政府、非官方的民间组织由下至上的方式加以弥补。此外，通过形成政党力量走政治程序来对政治与行政机构施加压力和影响也是另一重要方式。尤其以美国女性就业权的平等保护为例，在制度构成方面，美国女性就业权平等保护的法律制度包括了实现女性就业机会平等的规范体系和提高女性整体就业水平的法律措施。其中，实现女性就业机会平等的规范体系显得尤为突出。具体来看，美国规范性法律文件明确规定了在就业领域禁止歧视的具体要求、歧视的法律责任和救济途径等，这样的规则体系使女性的平等就业机会得到全面的法律保障，在相当大的程度上消除了社会性别差异对女性就业权的影响。在处理女性生理性差异的问题上，美国法律也更注重对女性就业机会的平等保护。

由此可见，从制度供给的内容和形式上来看，美国女性生活质量的改进首先是通过宪法、法律来实现制度的形式性有效，再通过在具体领域内进行细化最终达成实质性有效，因而可以说是一种渐进的制度演变过程。

第二节　英国女性生活质量改进及制度供给状况

一　英国女性生活质量制度供给分析

（一）作为制度供给主体出现的英国女性

英国的女权运动发起较早，女性的群团组织数量众多，也更为活跃。女权运动在17世纪英国资产阶级革命成功后不久后就开始了，资产阶级提出的"自由、平等、博爱"的口号，使西方女性更加无法忍受现实中的两性差别，开始以种种方式争取与男子相同的政治、法律地位，诸如受教育、财产、就业、离婚等方面的权利。

早在17世纪女性自发组成的团体就已经活跃在英国的公共事务领域，经过数个世纪的发展，英国的女性团体逐步壮大并在许多领域有所建树。如1876年玛丽·萨姆尼创办的"母亲联盟"，立足于教区和社区，培训女性学员和成员如何处理家务问题，改进生活质量，具体的内容甚至包括如何采购棉衣、如何提高家庭卫生环境质量等，甚至在 1888 年创办了属于自己的女性半月刊①。同美国的女性组织相比，英国女性团体具有更为明显的参政倾向，如在 18 世纪末 19 世纪初涌现出众多反对奴隶制和反谷物法的女性社团，英国女性社团甚至还向美国女性提供援助②。

在进入 19 世纪之后，英国女性运动无论在形式还是在内容上都逐渐升级。如在 19 世纪中期至 20 世纪初期，英国女性运动出现了第一次浪潮，也被称为"妇女普选运动"。这一运动旨在承认现有政治、法律体制的前提下寻求法律保护，争取妇女应享有的参政权和受教育权，争取与男子同等的政治法律权利。英国伦敦于 1914 年 1 月 11 日在白金汉宫爆发了著名的女权运动，参与者冲击了白金汉宫并进行了请愿行动，此次行动促使女性运动在英国发展得更加迅猛。

正是在英国女性自身不懈的努力推动下，英国关于女性的制度供给开始有了较大的调整，其中最为显著的成果就是赢得女性选举权。英国女性的选举权是分两步获得的：在 1918 年，30 岁（包括 30 岁）以上女性获得选举权；直到 1928 年所有女性才最终获得同男子同等的选举权。此外，英国上层女性阶级一直是国家政治生活的积极参与者，她们通常选择直接参与政治斗争和党派活动来提高社会地位。

（二）作为制度供给主体出现的英国政治党派与团体

英国女性生活质量制度供给主体同美国的一大明显区别在于，有许多政治党派参与其中，这里既包括了各个执政党和在野党，也包括了英国女性自身成立的各种团体。英国的政治党派与团体之所以这么热衷于女性问题，与其老牌资本主义国家及人民的参政议政的传统密不可分。

在 19 世纪下半叶，英国的政党政治逐渐形成，中产女性阶层逐渐成为女性运动的主要参加者和领导者，她们创建各种组织和团体，积极参与政党政治。保守党女性在 1883 年创立了"报春花协会"，到 1899 年协会人数已经达到 100 万。在当时，有不少社会上流阶层的权贵人士也纷纷加入这一组织。与此同时，自由党女性同样创建了"全国妇女自由联合会"。这一组织的规模迅速壮大，在 1893 年已经有多达 369 个分协会，其

---

① Pamela Horn, *Victorian Country Women*, New Jersey: Wiley – Blackwell, 1991.

② Paul Langford, *A Polite and Commercial People: England 1727 – 1783*, Oxford: Oxford University Press, 1998.

会员人数已突破 8 万。①

这些女性参政者们积极开展了许多工作，包括组织召开民众会议、参与街头游说等。当这些窈窕女士们大胆走在街上演讲、发放宣传册、主动与人交谈，她们的行为在尤其注重礼仪的"维多利亚时期"造成了轰动，引起了社会各个阶层民众的强烈关注，促使更多人开始重视女性的生存权益和平等权利。通过政党及政治团体，英国女性积极投入到宪章运动，试图提高社会地位，改进生活质量。其中，以"纽卡斯尔女性政治联盟"为代表的诸多女性组织积极主张人人都有选举权，并要求将女性选举权写入宪章。

（三）作为制度供给主体出现的英国政府

正是由于英国资本主义发展、工业革命开展得较早，加上英国女性自我意识较强，女性群团组织发展壮大，因而女性生活质量的正式制度供给与安排相对健全。19 世纪下半期，随着议会民主制的不断完善，女性问题逐渐被提上议会议程，英国议会对女性选举权进行多次讨论，并最终于 1905 年通过了关于女性选举权的提案。之后，1919 年英国议会通过了旨在保护女性平等工作权的《性别失衡法案》，并在此后的数十年里对维护女性权益的相关法律法规进行不断完善和发展，陆续制定了《同工同酬法案》（1970）、《性别歧视法案》（1975）、《就业保护法案》（1975）、《工作中的健康与安全管理条例》（1992）、《雇佣（性别歧视）法案》（2000）、《就业平等（性取向）规则》（2003）以及《性别平等责任法案》（2007）等一系列法律规章。此外，由政府牵头组建了专门处理女性事务的具有行政职能的诸多部门，如妇女协会（WI）、平等就业中心、平等机会委员会（EOC）等。事实上，1911 年英国女性就业率还不到 30%，其中已婚女性仅占女性劳动力总数的 9.6%。② 然而，1966 年女性就业率达到了 34%，这一比例在 1991 年已经攀升到 43%，其中已婚女性占到了女性劳动力总数的 53%。③ 此外，在 1924—1978 年间，英国从事体力劳

① Lilian L. Shiman, *Women and Leadership in Nineteenth - Century England*, Basingstoke：Palgrave Macmillan, 1992.

② A. H. Halsey, *British Social Trends Since 1900：A Guide to the Changing Social Structure of Britain*, London：Sheridan House Inc. , 1988.

③ 张晓霞：《20 世纪下半叶英国妇女就业引起的家庭变化》，《广西社会科学》2004 年第 2 期，第 166 页。

动女性的工资增加了 34.2 倍，而从事非体力劳动女性的工资增加了 5.1
倍。① 可见，英国女性就业率的提升和工资增长的关键原因在于，一方面
女性自身为了争取权益而积极开展女权运动；另一方面正是国家保护女性
权益的相关政治法律制度不断发展和完善促成的结果。

由此可见，英国女性问题的制度基础要优于美国，因为省去了耗费在
构建形式有效性上的巨大时间和成本。因而，英国政府对女性生活质量改
进的制度供给更多的集中于更为细微和具体的领域，主要针对工作和家庭
生活两个方面。在女性的工作方面，除了有专门的法律和政府部门作为支
撑之外，还通过行业和国家工程培训机构对各个阶层女性展开职业技能培
训，立法强制免费培训，并设立特殊津贴以鼓励再就业培训。而且，政府
积极鼓励和培育各种有利于女性身心健康、技能培训和信息服务的中介机
构与女性团体。此外，政府还根据女性工作的实际情况随时作出调整，为
了提升女性生活质量而进行有效的制度供给。如针对近些年英国母亲找工
作难的情况，英国机会平等评估协会主席特雷弗·菲利普斯（Trevor Phil-
ips）表示政府将推出一系列劳动法规，整合监督就业的多个委员会，并
成立平等和人权委员会以改善英国母亲的就业境遇。②

二　英国女性生活质量制度供给的经验及发展趋势

（一）英国女性生活质量制度供给的经验

1. 借助工业革命提高女性地位

英国是世界上第一个进行工业革命的国家，工业革命不仅导致了社会
生产力的飞跃发展，而且引起了社会生产关系的巨大变动。它在带来强大
生产力的同时，也引起了社会、家庭伦理道德、思想观念等各个方面的变
化，这些都对英国女性产生了重大影响。与工业革命前夕相比，英国女性
的家庭地位、婚姻状况、社会地位和权利以及社会角色都发生了重大变
化。工业革命初期，大多数女性还被禁锢在家庭内，基本处于无权地位，
对于外部世界的一切知之甚少或一无所知。但伴随着工业化和政治民主化
的发展，许多女性走向社会，走进劳动力市场，成为独立的雇佣劳动者，

---

①　钱乘旦：《20 世纪英国的妇女与家庭问题》，《世界历史》1996 年第 5 期，第 3 页。
②　"英国母亲找工作倍受歧视，单身妈妈境遇更差"，中国网（http：//www.china.com.cn/
world/txt/2007－02/26/content_ 7868836.htm），2007－02－26。

从而扩大了眼界，增强了独立意识她们在不断争取与男子对等的各项权利的过程中，自身社会地位也逐步提高。同时，在工业革命中，随着家庭经济结构的转变，女性的工作以及由此带来的经济收入就对整个家庭起了十分重要的作用，女性在经济上和家庭中的作用开始显现，因为女性的收入对维持家庭生计也有着举足轻重的作用。因此，工业革命改变了女性在婚姻家庭中的地位，由于拥有了属于自己的工资，她们的家庭地位逐渐提高。英国女性尤其是劳动女性不断获得经济上的独立，对提升生活质量起到了不可忽视的作用。实际上，工业革命时期的工厂制度首开了女性通过在社会中工作获得薪酬的先河，即使其中的一部分女性没有比较清晰的女权意识，即使她们是被动进入工厂工作的，但这一现象具有极其重要的意义，为以后中产阶级女性形成女性主义意识，走出家庭，走上社会作了铺垫。

2. 政府积极保护女性权益

在男女平等工作的问题上，英国已经构建了相当完备的法律体系以反对就业歧视。由于在英国各地反歧视运动层出不穷，使得就业平等观念深入人心。而且，英国是众多国际条约或组织（如联合国）的参与国，都赋予了其实现工作平等的义务与责任。此外，因为传统和偏见依然妨碍着女性的事业和个人生活，所以在 20 世纪 70 年代，政府通过了有助于提升平等机会和报酬的女性权益保护相关法律法规。实际上，女性社会角色改变的核心体现为就业女性，尤其是已婚在职女性的人数越来越多，这是因为政府建立了比较健全的生育保险制度，更有利于已婚尤其是生育女性平等地享有就业权利。

（二）英国女性生活质量制度供给存在的问题

1. 法律体系尚不完善

在保护女性权益措施的法律问题上，英国政府仍存在一些问题。首先，没有突出女性在生育决定权上的优先地位，公民在宪法中都应享有这一基本权利，所以女性在其层面上的合法权利宪法就应该加以保护。其次，在财产问题上，法律对女性的保护也没有有效地建立起来。如婚内损害赔偿制度不健全，导致英国仍有较多的家庭暴力事件。相比之下，美国已有 14 个州制定了专门的反家庭暴力法，通过对家庭暴力的内涵、行为和性质的进一步说明，落实了男性对女性实施家暴后应受到的法律惩罚。

2. 性别歧视依然根深蒂固

以最为重要的参政议政权利为例，英国早在 17 世纪已经建立议会制度，然而直到 1927 年女性才获得选举权。而英国女性的受教育权利同样如此，如创立于 12 世纪的牛津大学直到 19 世纪 80 年代才开始招收女生。此外，很多国家都在妇女权益保护方面制定了专门的法律，然而英国竟然还出台规定，要求妊娠妇女因被解聘要提起诉讼必须缴纳 1200 英镑的税①。可见，英国政府在维护女性平等权益方面存在严重不作为。

3. 家庭暴力严重

根据相关报道，英国妇女生活质量的提高受到了家庭暴力的限制，有 1/4 的英国女性曾遭受过家庭暴力，每周有两起谋杀和多达十起自杀是由家庭暴力引起的。就 44 岁以下的英国女性而言，最常见的死亡原因不是癌症或交通事故，而是家庭暴力。② 对于这种非常普遍的情况，英国政府除了出台正式的制度进行法律约束之外，还进行了许多制度创新，以防止由于女性畏惧心理或遮丑心理导致家庭暴力现象被纵容。比如，政府通过设立"家庭暴力注册簿"③ 对那些有家庭暴力行为的男性进行记录，并将其记录送交一些社会服务行业及一些福利机构备案，这种做法类似于个人的行为信用记录。

（三）英国女性生活质量制度供给的发展趋势

从英国女性生活质量的制度供给现状来看，其正式制度体系形成的时间较美国更早，也较为完善。这一方面要归功于英国女性较悠久的结社传统，通过利用广大女性的力量改善自身的生活状况，还积极参与到公共事务中来；另一方面在于英国政府自上而下的致力于女性问题的制度供给。此外，在供给的内容上，由于与基本权益相关的法律体系都已较健全，因此英国政府更关注女性生活质量的微观领域，在制度供给与设计上也更倾向于通过各种机制创新来解决具体的女性问题。

未来英国将进一步提高女性在经济领域的地位，给予她们更多的权

---

① "'绅士国度'也存在性别歧视"，人民网（http：//acwf. people. com. cn/n/2014/0103/c99013 - 24014905. html），2014 - 01 - 03。

② "英1/4 妇女被虐，英警方推'摄像头计划'搜集铁证"，中国网（http：//www. china. com. cn/world/txt/2007 - 03/23/content_ 8004061. htm），2007 - 03 - 23。

③ "国外反家庭暴力立法一览"，中国法院网（http：//www. chinacourt. org/article/detail/2014/03/id/1232508. shtml），2014 - 03 - 18。

利，让她们进一步更好地实现经济独立，维护自己的经济权益，不再受经济领域性别歧视的限制。值得一提的是，英国政府还通过了各种立法使社会环境更有利于女性接受教育，女性的受教水平有了一定程度的提升。借助相关法律的出台，英国政府将不仅保障女性获得与男子同等的受教育权，而且还保障妇女平等的就业权利，制定可行的平等受教育权的立法并不断完善，使之更有力地保障妇女教育的发展，积极改善影响妇女受教育权的外部环境，逐步提高女性受教育的回报率。缩小男女受教育方面的差距，提高女性的科学文化素质，是提高女性社会地位和消除男女不平等的必由之路，这也是英国接下来保障妇女权益的一条坚定之路。

第三节　日本女性生活质量改进及制度供给状况

一　日本女性生活质量制度供给分析

（一）作为制度供给主体出现的日本女性

在近代日本封建家族体制下，日本女性的社会地位极其低下，无法享有任何与男子同等的权利，她们被视为丈夫的仆人，甚至被看作延续后代的工具，正如日本学者井上清在《日本妇女史》一书中所描述的，女性被认为是"无行为能力的人"①。尤其在江户时代，中国儒家的男尊女卑思想在日本逐步深化，形成了一套相当完整的封建纲常理论，甚至已经构建起一种针对女性的所谓"三界无家"②的传统观念。直到20世纪50年代，旧明治宪法仍然规定女性既没有选举权，也没有被选举权。

日本女性对于平等权利的追求和扩大女权的诉求，随着欧洲蓬勃发展的女权运动而逐渐兴起。早在明治维新初期，一些接受过良好教育的女性意识到，要想使女性真正掌握自由的权利，真正实现男女平等，必须团结起来，通过社会动员和宣传西方平等思想以剔除陈旧的日本传统思想并深深植根于广大民众心中，只有这样，才能使女性由被动变为主动，得到社会的理解和认可，获得自身应得的权益。这一时期的典型代表人物如岸田俊子，她是日本女性解放运动的先驱人物，一生积极致力于倡导女性自由

---

① ［日］井上清：《日本妇女史》，周锡卿译，生活·读书·新知三联书店1958年版，第191页。

② 所谓"三界无家"是指女人降生人世后，由父母抚养，其家是父母的；长大成人出嫁后，其家是丈夫的；丈夫死后，家是儿子的。

与人权平等。

　　尽管日本的女权运动比欧美国家发起较晚，但是"二战"后日本女性一直坚持不懈地为争取和维护自身权益而斗争。在这期间涌现出不少活跃于女权运动的积极分子，而日本参议院议员市川芳枝女士就是最杰出的代表人物之一①，她是废除歧视女性条约、奠定日本女性法律地位的一位关键性推手。事实上，自20世纪60年代末以来，日本女性投票率一直高于男性，女性越发关注时政和积极参与政治活动，由此带来日本女性政治、经济地位的逐步提升。甚至出现了"战后强化了的是女性和袜子②"这样的说法③，反映出日本女性社会地位发生明显变化，女性社会角色的重要性日益彰显。

　　（二）作为制度供给主体出现的日本政府

　　1. 政治领域方面。在传统的非正式制度影响下，日本女性的社会地位极低，更谈不上生活质量的改进。"二战"后初期，美国当局为了彻底清除日本残余的封建势力，开始更多地关注日本女性问题。战后制定的《日本国宪法》从政治的角度上给予了日本女性参政权，1946年4月10日日本女性第一次行使了选举权，选出了30名女性议员。1947年日本产生了历史上第一届参议院，其中就有女性进入了参议院。1986年土井多贺子出任日本社会民主党党首，成为首位女众议院议长，这在当时引发了社会各界的强烈关注。而在2001年由小泉纯一郎组阁的第一届内阁成员中，一共有五位女性成员。

　　2. 社会经济领域方面。20世纪六七十年代的第三次工业革命对日本的产业格局和就业形势产生了深远的影响，其中一个重要的方面在于为了改善家庭的经济状况，许多日本女性都走出了家门开始工作。尽管许多企业对女性的职种限制为较低级的、临时性的"一般职"④，但却标志着女性在经济上有所独立，逐渐打破了日本"男主外，女主内"的格局。这种经济格局的改变要求日本政府作出相应的调整，出台一系列的法律条例

　　① ［日］深尾时子：《日本妇女的法定地位与社会地位》，樊小京 等译，《世界经济与政治论坛》1984年第1期，第13页。

　　② "强化了的袜子"在这里是指由棉袜变为更结实的尼龙袜。

　　③ 《日本人的生活》，林康民 译注，上海译文出版社1988年版，第48页。

　　④ 在1986年日本推行《男女雇佣机会均等法》之前，许多大中型企业采用不同的职种雇佣制度，分为"综合职"与"一般职"两种，前者是业务骨干，工资高，提升快，有工作调动；而后者则是定型的、辅助性的业务，工资低，没有提升，无调动。

以保障女性的社会经济权益。1972 年日本政府制定并实施了《劳动女性福利法》，专门针对女性就业方面福利政策和育儿方面的保护性政策作出了明确规定。这一法案有效促进了女性就业环境的改善和女性参与就业的积极性。

二 日本女性生活质量制度供给的经验及发展趋势

（一）日本女性生活质量制度供给的经验

实际上，经济上的独立、利益结构的改变势必要求女性问题制度供给发生改变。在 1979 年，日本批准了废除歧视女性的条约。当然，也应该看到这一转变并非是政府自身的制度供给要求，其动力是来自于国际和民间的 NGO 组织。比如，日本参议院议员市川房枝女士主张将男女平等写入国际条约，并组织了"为实现国际妇女年日本大会决议的联络会"和超越党派限制的妇女国会议员团①，她们共同对政府施加压力和影响。在此之后，日本在完善女性基本权益上有所作为，如 1986 制定的《男女雇佣机会均等法》以及 1990 年推行的《劳动报酬基准法》等。

除了基本法的制定之外，日本政府还有针对性地进行制度创新，通过一系列的制度设计促进非正式制度的演变，以达到女性生活质量改进的效果，这点在女性的性别角色和社会工作转变上体现得非常明显。由于受传统"男主外，女主内"观念的影响，对女性性别角色和社会工作的认知就是家庭妇女，主要在于处理各种家庭事务，如家务劳动、育儿、照顾老人等，这种保育功能社会化较低的现实状况阻碍了日本女性从事更多其他社会活动的机会（如工作和娱乐），无形之中降低了其生活质量和水平。对于这种情况，日本政府有导向、有计划地完善保育制度和设施，如延长各种保育机构的服务时间，对保育机构进行补贴和援助，扩充保育设施，建立并完善照顾老人的休假制度和补贴制度等，以此来减轻日本女性的家庭负担，使其有更多的时间能投入工作。此外，在工作类别上也采用了更为灵活的佣工方式，政府通过完善和健全对临时工、在家办公以及卫星式办公②的硬件保障和合同保障，鼓励女性加入到各种佣工方式中来，方便

---

① ［日］山下泰子：《日本妇女的法律地位和今后的课题》，《中国妇运》2000 年第 11 期，第 46 页。
② 卫星式办公，是指把配置有办公设备自动化和计算机终端的办公室分散于各地区，目的是使办公室接近职工居住地。

女性各种社会角色的转变，进而改善其生活状况。

　　日本在改善女性生活质量的制度供给上要远远晚于欧美等国家，其重要原因在于传统文化与习俗对女性的社会地位及性别角色的定位在其国民心中已经根深蒂固，这种非正式制度影响甚至制约了正式制度供给的进展。此外，由于日本社会沟通方式与交往结构，日本女性同女性团体之间的交流与沟通也较少，由下至上的制度供给动力也不足，在很多时候甚至还要借助国际力量。正是因为这些原因，日本在关于女性问题的制度供给上采取了更为缓慢和渐进的举措，通过机制设计与创新间接地改变日本女性生活的习惯与方式，培育其经济独立性和自由度，进而达到非正式制度的演变。

　　（二）日本女性生活质量制度供给存在的问题

　　战后的民主改革虽然使日本女性在一定程度上得到解放，但是陈旧的观念仍然在日本社会存在，甚至在很长一段时间内处于主导地位。而女性自身的政治权益和经济利益经常受到侵害和限制，并且社会地位在很大程度上低于男性。

　　1. 就业方面。日本女性的雇佣率有所提高，但日本女性的雇佣形式是以非正式雇佣为主，在工资收入和就业条件上与正规雇佣者还有很大差距，这种非雇佣使得日本女性成为日本经济中"短工龄、不熟练"的低薪劳动力。在经济不景气时，裁员最先考虑的是女性员工，因此导致日本女性在工作中普遍缺乏一种自我价值实现感。在雇佣领域内，"男性中心"的特征尤为明显，即使是在工作时间、学历等条件相同时，男女差别同样存在。总体来看，由于日本社会观念的延续，即使在就业方面女性的权益有所保障，但女性的发展以及个人积极性受限仍很严重。这是因为，法律法规在一定程度上强化了社会分工，即女性的就业主要为短期就业，男性则为长期就业且工作的重要性更为明显。

　　2. 政治参与方面。虽然日本女性受教育程度很高且与其他发达国家不分伯仲，但是在政治参与方面却远远落后于后者。相关调查结果显示，2014 年日本 480 名众议员中只有 39 名女性，仅占总数的 8%，低于世界平均水平。[①] 这在一定程度上说明了日本仍然是男性主导国家政策的

---

　　① "日本女性国会议员比例在发达国家中最低"，人民网（http://world.people.com.cn/n/2014/0305/c1002 - 24535553. html），2014 - 03 - 05。

现状。

3. 社会福利方面。20 世纪 50 年代之后，日本的经济开始回暖，尤其在近几十年内，日本更是成为经济飞速发展的国家。按照规律，相应的社会福利也应随着经济的增长而提高，可是日本的现状却是，政府非但没有大幅增加社会福利，反而将沉重的压力加在家庭，所以在家庭中，女性的任务不仅仅包括照料子女，还要护理年迈的父母，同时女性的生育及健康情况也令人堪忧，来自社会和家庭的双重负担也没有因为政府的政策措施有所改善。

（三）日本女性生活质量制度供给的发展趋势

几十年来，日本采取了很多旨在提高女性地位的措施，包括制定法律法规、宣传男女平等思想等。从实际效果来看，女性的地位和生活质量的确有了很大提高，也得到了国际社会的关注和认可。

虽然女性的社会现状有所改观，但长期存在于人们头脑中并支配着大部分人行为的陈旧思想不会一下子消失，实现男女平等更是需要在制度、法律、道德等方面多管齐下推进工作。现如今，男女平等虽然指日可待，但如果想要女性完全在经济政治等方面摆脱对男性的依赖，依照自己的愿望工作、生活，还需要日本整个社会从日本政府、企业、家庭成员以及女性自身四个方面，来寻求解决之道。作为日本政府，要从政策、舆论和行动上进行支持；作为日本企业，要遵守相关法律，加强自我约束，树立男女平等观念，确保女性政策的真正落实；作为家庭成员，要对女性就业给予充分的尊重和理解，并积极参加家务劳动；作为女性自身，要改变思想意识，提高自身能力，积极参与社会劳动，以体现自身价值。除了从男女平等的角度来关注女性的地位外，还需要注重女性生活质量水平，应该给予女性更多的理解与关注，在社会生活的各个方面给予女性尊重，而日本的女性随着知识经济时代的到来，将会更加坚定地维护自身的权利。

第十一章 武汉市女性生活质量及其
制度供给的改进对策

在前几章的分析中，笔者指出了武汉市女性生活质量的制度供给存在的问题及原因，并从制度供给主体与公共政策、制度供给有效性以及制度供给均衡三个维度进行了探讨。此外，通过分析美国、英国、日本在女性生活质量制度供给方面的问题与经验，结合对国外相关趋势与改革成果的探讨，在本章中笔者将从制度供给主体与公共政策、制度供给有效性以及制度供给均衡三维框架来提出制度供给机制的设计方案与思路。

第一节 武汉市女性生活质量改进的制度供给机制设计

本节是在制度供给主体与公共政策、制度供给有效性以及制度供给均衡的三维框架上提出改进武汉市女性生活质量制度供给机制的大方向与原则，结合前面对武汉市女性生活质量的实证研究及问题分析，对制度供给进行设想，作为后一节具体对策的依据。

一 制度供给主体与公共政策

（一）供给主体的完善

在前面的分析中，笔者指出存在两种不同类型的制度供给主体，其供给的类型与方式是存在差异的。但在女性生活质量问题上，这种区分没有绝对的界限，两种供给主体间是相互渗透和影响的，如像美国依靠女性个体自主组织对立法和行政机构施加压力和影响；而在英国则是政府和女性个体两者共同推进制度供给和演变；再如日本则是在依靠外界力量的基础之上，由政府主导推进非正式制度的变迁。从我们分析的国外经验来看，可以在考虑制度背景的前提下，综合发展和利用各个制度主体的优势来实现武汉市女性生活质量的改进。

就目前武汉市女性制度供给主体的现状来看，除了作为"第一行动集团"形式出现的政府之外，对女性生活质量问题最为关心和活跃的是武汉市妇联，从其职能设置和服务内容上来看，包含了女性生活的方方面面，不仅包括女性的基本权利还包括生存状况的改善和提高。

武汉市妇联在女性创业方面采取了多项并举的措施，妇女组织在优化女性创业环境方面主要是从四个方面着手：制定政策，提供政策支持；扩展源头，为女性提供创业资金；保护权益，提供法律援助；和谐家庭关系。正是在这四个方面的共同推动下，武汉市女性创业环境得到优化，创业状况得到长足提升。这种举措并不仅仅针对城市女性，2012 年在农业相关部门的支持下，武汉市妇联联合市工商局等部门共同推出"妇女小额担保贷款进农村"的政策与活动，为城乡女性创业开通"绿色通道"服务，还为武汉市家政服务行业提供标准化流程，以规范其运作。

为了保障女性能够有效创业并快速适应市场竞争，武汉市妇联还提供了配套服务，典型的如设立武汉妇女创业中心以及家庭服务鉴定培训中心，其服务职能与范围包括城乡女性员工就业的培训、鉴定、上岗等，真正做到一条龙服务，有效地提升了武汉女性的创业、就业能力，受到了广泛的欢迎。同时，为了更好地为女性提供良好的创业与就业环境，武汉市妇联开展了"巾帼现代农业科技示范基地"和"巾帼创业基地"的"双创"活动，为城乡女性创、就业提供了良好的服务平台。在此基础上，武汉市妇联进一步扩大示范基地的建设，逐渐涌现出一批女性创、就业基地。截至 2014 年，武汉市已创建国家级农业示范基地 1 家，10 家省级和19 家市级巾帼创业基地，很好地解决了城乡妇女就地创、就业的问题。

但妇联作为民团组织其作用是极其有限的，从其权限来看，妇联没有行政权，只能参与到立法和行政机构的公共决策中来行使建议权和质询权；因此从功能上来看，它仅仅是党政机构联系广大妇女的一个桥梁，而无法作为一个有效的制度供给主体而存在。从上面列举的例子中我们也可以看到，妇联采取的多种改进女性生活质量的制度供给，都是依托政府相关部门来开展的，也进一步验证了这一点。因而，武汉市女性生活质量制度供给主体的完善不能仅依靠强化妇联的功能，更要从政府和妇女个体两方面着手。

1. 就政府而言，需要设立具有行政职能的妇女办公机构。这一点我们可以向法国等国家学习，法国于 1981 年成立了法国妇女权利部（简称妇女部），该部的宗旨是维护女性的合法权益，切实提升女性的地位。① 围绕这一宗旨，妇女部将工作重心放在了女性基本权益的立法上，通过各种公共政策的制定与执行改善女性生存状况、提升女性生活质量。在妇女部成立之后，该部门开始敦促议会制定与女性生活质量有关的法律，在妇女部不懈的努力下，法国议会于 1983 年出台了《职业问题平等法》。此间妇女部也相继出台了一些法令和法律补充用于改善法国女性的生存状况，如 1983 年财政法的补充法令规定夫妻双方纳税申报收入的签名具有同等法律效力。此外，妇女部还协同教育部制定了旨在改善女性受教育状况的改革举措，具体包括强化女性的职业技能培训、降低女性学生转入理工科的门槛、为女性创造平等的学习和科研条件等，并在各个学校都配备了专员负责督导和检查改革实施情况。

从实施的情况和效果来看，在女性生活质量的改进上法国的妇女部确实起到了较大的作用。20 世纪 80 年代中后期，法国女性社团组织得到了蓬勃发展，各大公司和企业也都出台了相应的提升女性员工培训比率和女性管理人员比率的计划。妇女企业领袖国际委员会（CWDI）公布的一项统计调查结果显示，在法国，女性在董事局的比例达到 29.7%，而美国作为该领域的前任领导者，这一比例也仅仅达到 22.5%。②

有鉴于此，武汉市政府可以设立针对女性问题的行政机构，赋予其一定的行政权，其职能在于维护女性基本权益，提升女性生活质量。

2. 就女性个体而言，尽管目前武汉市女性的受教育程度较高，参与公共事务的意愿也较高，但从我们四年的调研数据上可以看到，平均有47%（2009 年为 53.7%，2010 年为 49.4%，2011 年为 41.6%，2012 年为 43.3%）左右的武汉市女性表示缺乏参与公共事务的渠道和有效方式。此外，在我们的调研中，许多女性表示单个妇女在推进整体社会制度演变中的力量相对较弱，需要建立一种妇女间的联合与协作机制，而这也是武汉市目前较为缺乏的地方。在这点上，可以向英国和美国学习，广泛地就家庭生活、工作、技能培训等各个方面建立协作社团，实现武汉市女性活

---

① 刘梦：《法国妇女权利部及其成就》，《中国妇女管理干部学院学报》1999 年第 3 期，第 68 页。

② "法国知名企业中女性领导者占多数 比例高于美国"，中国网（http://news.china.com. cn/world/2014 - 06/10/content_ 32621648. htm），2014 - 06 - 10。

动的自主化、组织化与制度化。

当然，也应认识到，由于目前武汉市 NGO 组织发展还不够健全和完善，需要由政府和妇联承担起培育女性组织的任务，并进行管理。在职能、机构的设置上，应该是由武汉市政府单独设立的女性问题办事机构牵头，其主要职能在于起草与女性生活质量改善相关的政策与条例，并督促相关机构出台系列措施，负责对女性问题解决和制定女性发展的整体战略规划，对各种妇女社团组织进行审批和管理，武汉市妇联则应起到党政机关同妇女之间的沟通作用，一方面协助政府妇女办事机构做好各种调研，协助其出台和执行相关公共政策；另一方面协助其管理妇女社团组织，对其工作进行业务指导；各种妇女社团组织的职能则在于团结各阶层、各行业的女性，群策群力解决女性问题中的某一内容。具体的供给主体设计如图 11—1 所示。

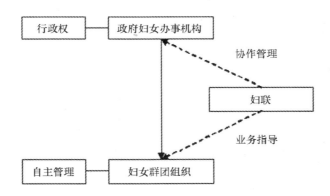

图 11—1　武汉市女性生活质量问题制度供给主体设计

这种制度供给主体的设计可以有效地解决之前提到的问题，首先在于供给主体的权威性，在政府内专门设立相应的机构，赋予其一定的行政权，可以保障女性生活质量问题制度供给的权威性；其次将制度供给主体依据制度类型和发挥作用的方式分为政府机构—妇联—妇女群团组织三个层次，可以从不同的方面对妇女问题进行解决，而且实现了不同功能的区分和定位。

（二）公共政策的完善

笔者在前文的分析中曾指出，武汉市女性生活质量的相关公共政策存在政策功能导向与政策背景差异性问题。

1. 公共政策的功能导向。武汉市政府出台的公共政策更多的是一种保障性的，即关注女性的基本权益而非生活质量的长期改善。女性基本权益保障和生活质量改进类似于赫茨伯格双因素理论的内容，基本权益的保障得到满足，不能提高女性的生活质量，但如果不能保障，则会大大降低其生活状况；而生活质量改进政策的出台，则可以有效改善女性的生存状况。表11—1详细列出了女性基本权益保障和生活质量改进的相关政策领域。

表11—1　　　　　女性基本权益保障与生活质量改进领域区分表

类别	政策领域
保障性政策	男女平等权
	生育权
	劳动与报酬权
	社会保障权
	受教育权
	人身与财产安全权
	婚姻权
发展性政策	经济地位
	参与公共事务
	晋升与提拔
	生理与心理健康
	工作环境
	娱乐休闲
	家庭与工作协调

在女性基本权益保护的公共政策上，作为"第一行动集团"的武汉市政府面临着尴尬的局面。因为根据我国的相关法律规定，省市一级只能制定法规，且不能违背国家的法律。而现实状况上，目前许多女性基本权益的保护都还没有上升至法律层面，这就使得地方法规存在一个权威性问题，或者说是"无法可依"，如我国目前还没有专门针对家庭暴力的法律，因此很多地方政府在这一领域对女性的保护还属于空白。这给地方政府在女性基本权益的保障上带来了至少两个方面的问题：（1）由于法律

制定的权限限制，使得地方政府在女性问题上只能出台一般性法规，其合法性与权威性大打折扣；（2）由于没有较高层次的法律作为支撑，使得其操作环节上没有依据而难以被真正付诸行动。当然，尽管上层法律尚未建立，但并不意味着基层政府就要不作为，尤其是在基本权益的保障上，需要地方政府出台相应的法规和操作规范，对现行的制度空白进行补充。许多地区已经打破了权限和合法性上的限制，通过制定地方性的法规以作为有利补充，这是值得武汉市政府学习的，典型的如南通市，制定了针对家庭暴力的法规，并开通了警务专线将其付诸实践与行动。

当然也应该认识到，作为地方政府，其中重要的职能在于提供公共产品与服务，体现在政策功能导向上，武汉市应该强调发展性的公共政策，即除了贯彻落实整体性的女性权益保障政策之外，还应该根据地方的实际发展水平制定提升和发展女性相关方面的各种具体举措。结合前面对制度供给主体完善的对策建议，武汉市政府在政策功能定位上应集中在以下几个方面：（1）出台与女性问题相关的保障性政策法规，涉及女性家庭、工作等各方面，切实维护其基本权益；（2）制定与女性相关的发展性政策，包括女性健康（生理与心理）、工作与娱乐、婚姻与情感、性别角色与家庭社会工作等各方面内容，通过各种制度创新努力提升女性生活质量；（3）制订女性社团组织与相关 NGO 组织的培育方案和计划，出台相关的管理办法，对女性社团组织进行有效的管理，帮助其更好地从各个方面改善女性的生活状况。

2. 政策背景差异性。这一方面是目前武汉市政府所容易忽视的问题，即女性生活质量的公共政策没有放到其独特的背景中去考虑，在许多关于女性生活质量政策的制定上多是全盘照搬别的地区的做法和经验，或者是忽略本地区内部的发展差异实行"一刀切"。

武汉市的女性生活质量的公共政策应该放在其特有的政策环境中来，要考虑到武汉市经济、社会、文化的特征，包括女性的就业结构、教育层次、经济地位等因素。就武汉市的情况来看，由于其教育大市的地位，女性的教育层次较全国其他许多城市要高，高知女性在所有女性群体中所占比重较大，因此其生活质量的影响因素不同于其他城市。根据项目组2009—2012 年四年的调研结果来看，收入条件以及教育背景是武汉市女性生活质量的第一因子，而从相关性分析来看，武汉市女性收入同教育程度之间存在较明显的正相关性，这些都进一步验证了教育对武汉市女性生活质量有关键作用的假设。因此在制定发展性的公共政策时，应将政策导向的重心放在如何提升武汉市女性的收入水平，以及如何改进其教育背景等方面。而且，就高知女性就业结构和特点来看，其生活质量的影响因素还不同于其他群体，如高知女性多是办公室白领，会引发诸多的生理疾病和心理压力等，在职场与家庭的平衡上也存在着一些不稳定因素，这些都直接影响了高知女性生活质量。从这点上来看，武汉市女性整体生活质量的提升，需要考虑到这方面的因素，并在这些领域作出改进。

此外，公共政策也要反映市区内不同区域的差异。由于不同城区地理位置、经济结构布局、社会发展的差异，各地区在女性问题上也是不均衡的，体现在不同区域女性的职业构成、收入状况、教育背景、家庭环境等各方面。比如，许多高校都聚集于武昌和洪山区，从事教育及相关工作的女性居多，由于高校就业对学历等方面的要求，在这片区域的女性其教育层次相对较高，高知女性所占比重较大；而汉口作为武汉市的商业中心，聚集了许多企业和服务性行业，在这一区域中，白领女性在女性群体中占据了一定的比重，且其经济条件较其他区的女性相对要好一些；相对于城区，远城区无论是在经济还是社会发展上都有较大的差距，该区域的女性受教育程度相对偏低，在就业构成上多是以务工人员、个体商户和农户为主，在经济收入上同城区更是有较大差距。

这种区位差异性不仅导致了不同区域女性对生活质量主观评价的差异，也直接决定了其生活质量影响因子的差异，从我们连续四年的调研可以看到，城区同远城区女性生活质量的影响因子排名各不相同，城区女性的首要影响因子主要集中在收入、受教育程度、家庭和谐度等方面，而远城区女性的首要影响因子则更多地集中在劳动权益、法律认知、收入等方面，这也进一步验证了我们的观点。因此，武汉市相关部门在制定女性生活质量公共政策时应充分考虑到不同区域女性的结构与特点，根据其生活质量的主要影响因子，有针对性地制定出具体的公共政策。

二　制度供给有效性完善

（一）形式有效性的完善

根据前面的理论分析，制度供给的形式有效性分为正式制度的形式有效性及其实施方式的有效性两个方面。

1. 正式制度的形式有效性。这一个问题并非仅仅是武汉市这一级地方政府所面临的，全国各地方政府在女性生活质量制度供给的形式有效性上都存在这一情况。我们曾经指出，由我国的国情及现行政治制度所限定，武汉市政府并没有制定法律的权限，根据权限划分，武汉市仅能制定区域性的法规，这就使其关于女性生活质量的法规其权威性大打折扣，从而降低其有效性程度。

当然，这并不意味着武汉市关于女性问题制度供给的形式有效性无法被完善，通过出台地方性法规，也可以对现行法律体系内容进行有益补充，通过法规的运行与习惯化，转变男女两性社会交往的行为与模式，进而可以上升到法律的层次。此外，正式制度的有效性并非完全指法律法规，除了保障女性基本权益的正式制度之外，还有促进女性自身发展、提升生活质量的发展性公共政策，这正是武汉市目前所缺乏的。应当将制度工作的重心放在这一领域，进一步完善法律法规，而且还要根据武汉市的实际情况，制定关于武汉市女性生活质量改进的长远规划与发展战略。

对此，武汉市可以借鉴联合国推行的家庭发展规划，以及在韩国和印度等国许多城市推行的女性发展计划，通过制定战略发展规划，逐步推进女性生活质量工作，在内容上则涉及女性家庭、情感、健康、工作、生育等各个方面。在形式上，武汉市可以直接通相关国际组织合作，或是参与国际性女性生活质量改进项目，对于那些政府不便直接参与的内容和项目，则应该在政府出台战略规划和管理办法的基础之上，交由女性社团组织或市场来实现。

2. 实施方式的有效性。相对于正式制度的形式有效性，实施方式的有效性则是目前制度供给形式有效性问题中最难以解决的。这是因为实施方式的有效性不仅涉及正式制度，也受非正式制度的影响，如思想观念、习俗等。可以说，实施方式处于正式与非正式最为模糊的边界。而对于实施方式有效性形成障碍的不仅有实施主体，更有实施客体，前者包括政府，后者主要是女性本身。

（1）女性本身导致的实施方式有效性问题。长期以来，根深蒂固于我国居民心里的一个观念，即家庭生活属于私人领域，在女性拥有了同男性同等的劳动权之后，其在私人部门工作也属于私人领域，这是相对于公共领域的一个界限和概念。这种公私领域划分的观念导致了个体行为上的一些限制，如当女性在其基本权益受损或者生活质量下降时，她会存在公私领域的考量，即将其作为私人领域的范畴，而拒绝公共力量的介入，或者也可以将其理解为"个人隐私"。如家庭不和谐等，许多女性不愿意放在公共领域讨论，认为"家丑不外扬"，这种"遮羞"心态并没有解决女性问题而是将其隐藏了起来，从而使很多关于女性基本权益的法律无法落实到实处。

（2）实施主体导致的实施方式有效性问题。就于制度供给和实施主体来看，也存在这种错误的公私领域观念，如"清官难断家务事"这样的思想还广泛存在于许多政府公务人员和执法者的头脑中，因而在面临许多女性生活质量问题时会存在把握不明，而不愿进行管理的情况。这体现在具体的实施方式上是非常明显的，如对于家庭两性关系出现的矛盾和纠纷（包括家庭暴力），多是依靠居委会、街道办及妇联这种群众自治组织或是民团组织，在介入的方式上也多是以调解、教育为主。在实施的模式上，受传统思想的制约，更多的是以被动介入和事后参与的模式为主，而不是以主动介入和预防为主的模式。这一正式制度实施方式的有效性问题并非是武汉市特有的问题，但由于该问题受传统思想观念影响的程度制约，因而相对于沿海发达城市而言，武汉市可能较多地存在这种情况。这在我们 2012 年的调研中得到验证，在访谈过程中，许多女性表示在自己同丈夫或是家人出现较为严重的冲突时，会选择家庭内部解决，而不会借助其他渠道和方式。

要改变目前武汉市实施方式有效性较低情况，首先还是得转变制度供给者和实施者的观念。在传统的非正式制度中，男女两性社会关系的很多内容是属于私人领域，如家庭、情感生活等，但正如前文所分析的，两性社会行为交互是存在外部效应的，从而会对社会中的其他行为个体产生影响，这种外部性和影响可能更多的是心理上的，如对某一家庭对女性的不尊重、降低其家庭地位会为其他家庭树立一种行为模式从而被效仿，这都对公共领域中其他个体的行为产生了影响。因此传统观念中关于女性问题的私人领域属性这一观点实际上并不成立，这可以通过封建时期整个社会都形成了关于女性地位以及男女行为互动模式来加以验证。而在行为交互越来越频繁和复杂的现代社会，男女行为互动的外部性也逐渐增强，恶性的行为互动模式以及非正式制度甚至还可以影响到社会的整体和谐。制度供给者和实施者应该转变传统的观念，将女性问题作为一个重要的公共事务来对待并加以解决。

其次在实施的方式与模式上，应该转变之前的以调解、教育为主，被动介入和事后参与的模式。对于女性问题应该加强宣传，以主动关心和全程参与为主，实现防患于未然，切实做到女性生活状况的改进。就武汉市而言，可以在政府相关部门的领导下，发挥各个女性社团的作用，涉及女性问题的方方面面。此外，还要加强远城区和农村郊区的实施方式的完善和改进。

（二）实质有效性的完善

相对于制度供给的形式有效性，女性生活质量制度供给的实质有效性要更难达到和完善，因为前者仅仅涉及制度供给者，而后者则更多地取决于供给者、个体行为者以及两者间的行为互动。前面的理论分析指出，即便是基于理性设计制定出的行为规则，但由于各种不完全性的可能存在，都会促使行为个体作出行为策略的演化，或者是采取规避规则的行为。这点在女性生活质量问题上体现得较为明显，如我们反复列举的用人单位在招聘员工时，通过设置各种主观和客观的门槛拒绝女性应聘者；在女性员工报酬给付上，则可以通过主观评价标准实现男女工资的双重标准等。而对于这些行为，现行的正式制度难以给出具体的约束机制，从而降低了其实质的有效性。

这一情况体现在女性生活的方方面面，也普遍存在于各个行业中，尤其是在该领域中正式制度不健全的情况下，或是正式制度难以渗透的时候，这种实质有效性遭受损害的问题较为严重。武汉市作为教育大市，高等院校聚集的城市，在其教育和科研中也或多或少存在这样的情况。如女性科研人员在科研项目、经费获取上，或者晋升上都面临着多重标准。除此之外，无论是在企业还是政府机关，女性都会因为各种各样的原因和理由无法获得等同于男性的晋升和发展机会。

对于这种实质有效性的缺乏，制度供给者可以采取以下三种方式加以解决：（1）不断完善与健全正式的制度及其规则。实质有效性缺乏的一个重要原因在于形式有效性的缺失，或者说是"无法可依"，如在没有明确规定某一领域或行业男女同工同酬的具体做法与标准的情况下，许多用人单位可能会更加无视女性的基本权益，进而降低女性的生活质量。因此，要从形式上不断完善和健全正式的制度和规则，以有效地提升实质有效性。（2）通过制度设计、创新与再造提升实质有效性。制度有效性还受到不同类型规则契合效果的影响，如尽管有关于男女平等的规定，但这些规定会因为女性承担的社会角色较男性更多而无法实现。由于女性承担了妻子、母亲、职场女性等多种社会角色，使其在很多方面都无法同男性平等。因此，可以通过各种直接或间接的制度设计、创新与再造有效地平衡不同的社会角色，使其能更好地在不同的角色之间进行转换。（3）通过宣传与强化，转变传统的非正式制度。传统的非正式制度也是降低现行女性问题制度供给实质有效性的重要原因，对于这种影响可以通过正负强化的方式进行削弱，形成新的非正式制度。如对违背正式制度、降低实质有效性的个体进行惩罚，相反则给予奖励，以达到行为激励的效果。

三　实现均衡的制度供给

（一）制度需求与制度供给均衡

均衡的制度供给在于制度供给主体能够满足女性生活质量改进的各种需求及其演变。这一均衡机制应该包括以下几个方面：

1. 对制度需求的掌控程度，或者说制度供给主体能够了解和把握各种制度需求的程度。古典经济学在关于市场交易理论的供给与需求的完美假设中，并没有将对需求的掌控程度这一信息变量加入到模型中，这一问题逐渐被日后的学者认识并修正。事实上，现实生活中很多时候难以实现均衡的重要原因在于，供给主体无法掌控需求的准确状况。这一问题在女性生活质量的制度供给中同样存在，即无法了解女性的生活质量方面的制度需求，而没有针对性的制度供给只能带来资源的浪费。

因此，要实现武汉市女性生活质量改进的均衡制度供给，首先要了解生活质量的主要影响因素、女性生活质量的构成等；这些都是制度需求的主要内容。对此，武汉市相关部门要建立需求信息收集和处理机制，包括构建科学合理而又符合武汉市特点的女性生活质量指标或制度需求指标，定期对武汉市女性进行随机抽样并进行科学分析，以此来了解武汉市女性生活质量的主要影响因子和制度需求。此外，通过设立不同的女性社会团体来增进对不同层次女性或女性生活不同方面的了解，如建立高知女性的互助协会等。妇联也需要发挥自身的作用，通过联系街道和居委会对女性的日常生活进行深入细致的了解，以便为相关部门制定女性生活质量改进提供政策建议。另外，在女性生活质量的诉求上，要设立和完善女性问题和需求表达的渠道，如在一些涉及女性权益的公共政策上建立专门针对女性的听证制度，还可以设立女性生活质量问题的专线和热线以此来了解武汉市女性生活和工作中的各种困难。

2. 实现制度需求与供给的动态均衡。这一概念在前文的理论分析中已经涉及，所谓女性生活质量改进制度需求与供给的动态均衡是指这样一个概念，即对不断演化的制度需求，需要有不断演变的制度供给来满足，制度需求与供给总是处于非均衡—均衡—非均衡的状态之中。特定的制度需求产生于特定的制度环境，这一点也可以通过马斯洛的需求层次理论来进行描述，当女性的基本生存状况较差时，其需求更多的在于通过一定的制度安排来提升其收入水平，并以此来改善其生活状况；而当其基本生存状况得到较好的满足时，其需求也会随之发生变化，从总体上来看，女性的制度需求呈一种上升的态势。

因此，对于女性生活质量制度需求的理解应该站在一种发展的角度来看，尤其是在武汉这样发展迅速的城市中，经济、社会都经历着巨大而快速的变化。从本次调研的结果来看，除了要求通过各种方式增加女性收入之外，要求对公共事务积极参与也成为影响生活质量的重要因素，这表明武汉市女性的制度需求正处于一个上升阶段。如果仅仅采用静态的、固定的公共政策，不足以满足长期的、动态的女性制度需求，因此需要定期地对女性制度需求进行调查，也需要根据调查结果对公共政策作出调整。

3. 制度供给形式多样化。在分析制度供给主体的形式时，曾指出存在两种不同的制度供给主体：一种是以"第一集团"形式出现的正式制度供给主体；另一种则是以个体形式出现的非正式制度供给主体。在制度供给形式和效果上，两者也存在差异，尽管前者以法律、法规等形式进行的制度供给具有权威性，但由于不同制度形式契合度、既得利益结构等前文指出过的原因，其有效性会受到损害，进而无法实现制度均衡。后者的制度供给形式则是以行为、习惯、观念等方式出现，尽管相对于前一种方式而言周期更长，但更为稳定，有效性更有保障，更能实现制度的均衡供给。

因此，可以采取制度供给形式多样化的方式来实现均衡机制，政府一方面应完善各种关于女性问题的法律、法规和公共政策；另一方面则应该培育女性社团和其他 NGO 组织，进而促使行为个体的改善，形成政府—女性社团（NGO 组织）—公民个体的制度供给机制，将所有行为者都纳入到均衡机制中来，实现其行为与观念的改善，进而改进女性的生活质量。

（二）差异性的制度供给

均衡供给不等同于无差异，由于制度环境引发制度需求的不同，所以很多时候不同制度环境下的均衡供给无论是在形式和内容上都是有较大差异的。这在武汉市女性生活质量问题上同样有表现。具体又体现在以下几个方面：

1. 不同群体女性间的差异性供给。这种差异性供给主要体现在发展性的公共政策上，因为基本权益保障是每个女性生活质量的基础，因而是必不可少的。但由于不同女性的社会背景、教育程度与工作收入状况的差异，其对生活质量的主观评价是不同的，这点可以通过生活质量影响因子的差异来反映。对于这一点已经有许多学者进行过研究，如朱玲怡教授对高知女性进行调研发现，这一女性群体精神层面的满足对生活质量的影响较其他教育程度的女性要高，她们面临的身心压力也更大。① 因此，应该认识到这种差异性，如白领女性会更多地关注自己的生理、心理健康或者情感生活，而下岗女性则会要求政府能够提供相应的技能培训或信息服务以此来解决其基本生存问题。也就要求制度供给主体针对不同群体女性的各自特征，有针对、有目的地制定相应的制度，以满足不同群体女性的需求。

2. 不同区域间的差异性供给。根据调研发现，城区与远城区、城市社区与农村社区女性生活质量影响因子存在较大差异，这点在文中被反复强调，这种差异性也是由制度环境的差异而造成的。就武汉市目前的情况来看，远城区和农村社区女性的教育程度不高，许多女性从事一般体力活动或技术含量较低的工作，收入相对较低，工作条件也相对恶劣和不稳定，因此更需要政府采取各种政策提升其收入，为其提供法律和技术上的支持，以保障其劳动报酬的基本权益。城区女性由于竞争压力大，更需要政府能提供与教育相关的制度，提升其教育程度与背景，以适应日益激烈的竞争。此外，在城区内的不同行政区划间也会存在差异，如在调研中发现洪山区下岗女性所占比例较高，针对这一现实情况，政府及相应的部门应该在洪山区展开女性技能职业培训，以帮助其再就业以改善其生活状况。对于不同的行政区划，应该对其女性的生活、工作基本构成与结构进

① 朱玲怡、孙进：《高级知识女性人口工作生活质量调查》，《中国人口科学》1995年第3期，第37页。

行了解，建立相应的数据库，通过特征值的分析来了解其差异性的需求，进而为制定差异性的公共政策提供依据。

第二节　武汉市女性生活质量改进的具体举措

在第一节中主要探讨了武汉市女性生活质量改进的制度供给机制的设计问题，是从总体和机理上提出对策建议，在本节中将从女性个人生活、工作现状改进这两个方面给出具体的举措。

一　武汉市女性个人生活质量改进举措

（一）创造和谐社会氛围，保障女性身心健康

生活质量指标体系中最为重要的指标之一在于生理与心理的健康，其中生理健康又是其他生活质量标准提升的前提。根据连续四年的调研我们看到，尽管多数武汉女性关于身体健康状况的自我评价较好，但事实上大多数女性并没有认识到自身健康中存在的隐患，如工作环境恶劣、工作压力大给身体健康带来的无形损耗。另外，多数武汉女性对自己的亚健康问题认识不足。亚健康是人体处于疾病与健康之间的一种功能状态，即病理隐潜状态，它在临床上没有明显体征或器质性病变，但在生理功能上有诸多不适症状和心理体验，故而容易被忽视或轻视，它已被医学界称为"21世纪人类健康的最大敌人之一"。

事实上，现代城市女性由于角色的多重性，或者忙于工作，或者存在较大竞争压力，或者存在家庭负累，往往会忽视这些不适症状，更不会去检查治疗。久而久之，亚健康转化为不健康，导致各种疾病的出现。尤其是武汉市作为教育大市，许多高知女性的工作、社会与家庭压力更大，对其健康都产生了极大的影响。此外，随着经济、社会竞争越来越激烈，人们面临的竞争压力也日渐加大，城市女性也存在这样的问题。根据调研结果显示，武汉市女性因工作、竞争、家庭带来的压力呈明显递增趋势。因而，提高女性健康水平，就必须树立整体健康观，坚持预防为主，及早干预，及时检查、治疗、康复，促进亚健康状态向健康状态转化，从而保持个人健康的品质生活。据此，本书提出以下几种改进方案：

1. 在建立健全卫生保健机构的同时，还要完善针对女性的卫生保健政策与机制，如妇科疾病普查机制。首先，武汉市各级卫生保健机构应针

对女性健康培养和训练一批业务素质高同时兼具服务意识的保健人员。在工作重心与内容上，不能仅局限于传统的妇幼保健和计划生育，而是要树立以女性生理健康为最终目标的工作方向。这同时要求保健人员转变工作方式，转变为以提供优质服务为中心。其次，妇女妇科疾病的普查工作也应被武汉市相关部门列为工作重点，通过定期较广范围的普查，可以提升女性生理健康水平，同时提升妇科癌症生存率和降低死亡率。此外，通过科普宣传普及女性健康知识，提倡健康合理的生活方式也有助于预防女性乳腺癌、宫颈癌等疾病。

2. 建立健全精神卫生机构，重视女性心理教育。针对武汉市目前女性心理压力越来越大的情况，建立与之相适应的精神卫生机构和专业的人才队伍。以政府为主导，卫生、民政、妇联等相关部门共同参与，加大在女性精神卫生保健方面的人员、经费与组织投入。除了大型的医院外，更应该因地制宜，合理布局，增设心理健康门诊、心理咨询热线、心理医生等，以此来形成女性心理健康的管理与服务网络。在形式上，应避免因直接心理疏导、治疗和教育带来的抵制情绪，可通过网络、微信、漫画、电视剧等女性喜闻乐见的形式来进行心理疏导。此外，针对武汉市教育行业集中的特殊情况，应建立职业女性和高知女性的教育和咨询体系。

3. 营造男女平等环境，保持女性生活态度乐观。要做到这一点，需要培育良好的社会风气与环境，通过转变与消除传统的男女两性观念来实现男女平等，进一步在社会生活的各个领域消除一切形式的性别歧视。要意识到两性关系不是哪一个群体单独的事情，而是男性群体与女性群体双方的行为互动与关系，在营造男女平等的环境上，不能仅仅依靠女性群体自身努力，需要搭建两性间的良性互动与对话平台。如在家庭上、工作上，存在不平等或者纠纷时，可以依靠诸如社区委员会、女性行业权益协会等来进行协调与协商。此外，在营造男女平等环境方面，要充分发挥武汉市妇联的作用与优势，当然这也离不开社会各界的共同努力。在改变传统观念上，要借助各种舆论宣传肃清男尊女卑的观念，对于家庭暴力等要坚决谴责与抵制。在工作方面，通过搭建各种平台，帮助培训女性掌握一技之长或者各种技能，才能使其在就业和社会竞争方面具有竞争力，进而保障其经济地位的独立。只有从以上这几个方面出发，才能保障女性拥有积极、乐观、正能量的生活态度和生活状态，才能正确认识和看待自己，进而减轻社会、工作、家庭可能给其带来的各种压力。

简而言之，应把女性的生理与心理健康作为武汉市各级政府民生问题的重点内容，将其纳入民生发展的规划当中，这样才能从女性角度出发，制定充分考虑女性健康的法律、法规及社会支持体系。只有这样，才能真正在社会上形成关爱女性的良好气氛。

（二）营造平等家庭环境，提高女性婚姻满意度

家庭是女性生活的重要构成，因此家庭的和谐是女性生活质量指标体系中的重要内容，从国内外诸多研究来看，都将其作为女性生活质量评价的尺度。都市女性的婚姻质量更能反映社会文化的变革，以及道德意识的变迁。总体来看，尽管较过去女性的婚姻状况和家庭生活有了很大的改善，主要体现在家庭地位的提升上，但在很多方面依然存在许多问题，而这些问题和矛盾对于女性权益的保障和发展来说依然是阻碍。为此，本书从以下几个方面提出对策建议：

1. 以打造和谐的家庭为目标，营造民主而平等的家庭生活环境。在现代社会的法律体系中，男女平等及其独立地位已经被认可，主要体现在获得尊重，以及与男性平等的家庭事务处理权、共同承担的家庭义务等方面。但由于我国传统观念在变革过程中依然存在制度惯性，因而不少男性大男子主义严重，无法完全实现现代两性角色的转变，具体体现在要求家庭妇女完全服从男性的决策上。而随着女性经济的逐步独立、思想观念的逐步解放，尤其是武汉这样一个教育大市，女性在家庭地位上的诉求会越来越剧烈，两种观念与制度演变方式的矛盾势必会引发两性婚姻关系的冲突。对于这种情况，要改变政府及相关社会组织关于家庭事务完全属于私人领域的观念，要意识到在两性关系上是存在外部性效应的，以此促使其积极参与到婚姻、家庭和谐环境的构建中来。

在具体的方法上，除了充分发挥社区委员会、居委会在家庭信息摸排、纠纷化解等方面的作用之外，更应该通过公益广告、典型模范等诸多内容形式展开宣传；在渠道上则可以采用微信、微博、电影电视作品等为大家喜闻乐见的形式。前者是以事后补救为主，后者则是以宣传预防为主。目前武汉市在女性家庭问题上主要采用的前一种方式，要实现前者向后者的转变。

2. 改变对家庭分工及女性价值的看法。传统的观念认为，家务劳动是低级劳动，并不创造价值，只有在工作上拼搏才是大事业，因此在家庭男女分工上形成了"男主外，女主内"的思维定式。这种思维定式的另

一个很重要的原因在于，女性创造的收入与价值要远远低于男性，而事实上很多夫妻收入的差距是由妻子主动放弃一部分工作收入而将精力投入到家务劳动中造成的。这种传统观念与思维定式束缚了女性的生活与生存空间，使其不能进一步展现自己的价值，也不能获得经济上的独立，进而加剧了其作为男性附属的境遇。对此，许多国家已经出台、制定了相关政策来改变这种现状，如德国已经在新制定的雇佣法中规定，妻子在家承担家务，丈夫必须付工资。

我国目前女性正冲破这种固定思维，这一方面是由于随着思想解放，越来越多的女性要求解放自我，实现自己的社会价值；另一方面是社会中的职业女性越来越多。工作与经济的需要使得作为职场女性的角色同作为家庭妇女的角色出现了较大的冲突，如果不能处理好这种冲突，就会带来女性家庭与婚姻的问题，进而降低其生活质量。在 2012 年调研过程的访谈中，有绝大多数女性表示自己的事业发展同家庭生活存在冲突，并给自己带来了较大的压力。从这点上来看，武汉市女性存在较为严重的角色冲突。

因此，有必要对目前武汉市家庭分工及对女性价值看法进行改进。尽管我国不能实行类似于德国那样的法律，但可以鼓励并树立一种平等的家庭分工模式，即男女都平等地参与到家庭劳动中，都有平等的权利去创造社会、经济价值。此外，完善专业化的家庭服务市场，既是未来第三产业发展的主要内容，也实现家庭劳动向市场价值创造的转换，进而可以通过市场的方式缓解女性的压力。

3. 成立婚姻家庭咨询指导服务机构。随着进入 21 世纪，"80 后"甚至是"90 后"已经逐渐迈入了婚姻的高峰时期，然而由于社会、经济的快速发展，带来了这几代人思想观念的急剧变化，思想观念、行为习惯等各方面的因素都可能带来这几代人的"婚姻不适应症"，或者说是婚姻的不成熟症候群，闪婚率、离婚率也越来越高。此外，老夫老妻经历着新事物、新思想的冲击，也会出现许多新的问题，这些都会降低女性的生活质量。

对此，仅仅依靠家庭生活的两性双方不足以有效解决诸多问题，需要充分发挥社会各界的作用。比如，婚姻家庭领域的专家和学者可以成立各种形式的服务机构，以讲座、咨询、宣传等各种形式，围绕婚姻、家庭人际关系等内容向女性提供法律、心理等各种服务和指导。在这一过程中，政府同样应当承担一定的职责，如可以为专家咨询指导服务提供各种专项拨款和服务补偿，以此作为其运作经费，或者通过提供事业编制或是兼职人员聘用来给予支持。而这种服务机构和机制应以基层政府为单位，立足于社区。

总而言之，我们认为婚姻文化的导向应从重"稳定"转向重"质量"。根据相关研究结果，婚姻质量是婚姻稳定的最重要的前提条件和基本保障，只有婚姻质量得到提高，婚姻当事人的自我感觉幸福，夫妻关系才可能稳定长久，生活质量才谈得上改进。因此，社会应该把婚姻质量作为衡量生活质量和稳定婚姻关系的主要指标，把注意力更多地集中在增进婚姻主体的福利和满足、提高她们生活质量的人文关怀上。

（三）发展女性消费市场，倡导女性合理、健康消费

生活质量的改进除了精神上的，更有物质上的，某些时候物质上的改进也可以说是生活质量提升的重要前提。而对于女性来说，消费具有双重属性，一方面消费有利于改进女性的物质基础；另一方面消费也具有娱乐的属性，因此女性消费市场的发展可以从物质与精神两个层面提升女性的生活质量。正是意识到这一点，许多商家开始把精力投入到女性消费市场的开发上。但应当注意，在女性消费市场中的不规范操作及不健康的产品等都对女性的生理、心理健康存在着隐患，甚至降低了女性生活质量。因此，在发展武汉市女性消费市场时，要注意以下几个方面：

1. 规范女性消费市场，科学满足女性需求。随着女性经济地位的提升，可供女性支配的收入也较以前更多，收入支出结构也发生了较大变化，不再集中于食品等方面，开始偏向于奢侈品、娱乐等方面。许多商家为了牟利，迎合女性需求，甚至不惜违法违纪。有些甚至损害了女性的生理与心理健康，如假冒伪劣化妆品、保健品等，对此武汉政府及相关部门要出台相应的法律法规专门完善与规范女性这一最大的消费市场，科学的满足女性的需求。

2. 引导女性合理消费，提高女性主观收入。根据前文的数据分析，武汉市女性文化程度同收入呈正比，而收入越高，女性的消费支出也相应的越多。毋庸置疑，收入高者才能有更多的能力来满足除去衣食住行外的物质甚至精神需要，从而使个人的业余生活丰富多彩。根据相关研究，女性心理状况水平同期主观经济收入及消费水平成一定正比。根据这一研究结论，虽然短时间内难以改变武汉市女性客观物质条件，但可以通过引导

消费形成符合不同层次女性的消费观念和习惯，一方面满足其生活需求；另一方面有助于改善心态，从而提高武汉市女性的整体生活质量。

3. 培养与提倡女性健康的消费观念。当下社会，城市女性健康消费旺盛，需求呈现出多元化；城市女性的健康消费，已经成为个人和家庭消费的重要组成部分。根据《2007 中国女性健康消费状况调查报告》显示，城市女性健康消费呈现四大热点：购买最多——保健食品；增长最快——健康服务；需求最旺——健康知识；消费最认同——绿色环保。[①] 健康消费这一理念，是原全国妇联主席顾秀莲女士特别提倡和强调的，她认为健康消费是人们围绕预防疾病、增进健康所进行的消费，包括有益于健康的消费品和健康的消费方式两大要素，是健康的消费品和健康的消费方式的有机统一。[②] 因此，要想在武汉市女性消费者中形成健康消费的观念，需要形成一种正确的思想指导，以预防疾病、增进健康为原则，在选择、购买消费品时需要考虑家庭成员的健康，以科学而文明的方式来贯穿整个消费过程，以此来提升武汉女性及其家庭成员的健康水平。

总之，武汉女性的消费地位呈现上升趋势，她们已经成为一个具备独立经济能力和自主性的群体，在消费领域和经济领域的主导性日益增强。因而，我们要适当引导武汉市女性合理、健康消费。

二 武汉市女性工作状况改进举措

（一）治理性别工资差别，保障女性合法权益

毋庸置疑，品质生活的多样性和丰富程度，首先是同经济社会发展和科技进步紧密相连的。对于女性个人而言，则是同她们的经济收入水平相关联的。也就是说，只有在一定的经济收入条件下，人们才能去增加生活内容，提高生活质量。因此，稳定而合理的收入水平有助于提升女性生活质量，同时也是提高其他方面质量的前提。中共十八届三中全会审议通过的《中共中央关于全面深化改革若干重大问题的决定》明确提出，"健全政府促进就业责任制度。规范招人用人制度，消除城乡、行业、身份、性别等一切影响平等就业的制度障碍和就业歧视"。鉴于前文提到的武汉市

---

① 韩湘景：《2008—2009 年：中国女性生活状况报告（No. 3）》，社会科学文献出版社2009年版，第 256 页。

② 同上书，第 1 页。

女性人均月收入偏低的现象，笔者认为应该治理性别工资差别，以保障女性合法权利，对武汉市而言具体包括以下 4 个方面：

1. 通过法律和政策的完善来建立健全就业和劳动力市场，为女性就业提供保障。目前，我国在这一方面还较为欠缺，主要体现在两个方面，一是法律缺位；另一个问题在于执行缺位。前者是制度形式的有效性问题，后者是制度执行的有效性问题。

从就业和劳动力市场的法律来看，现行的法律中还没有专门针对性别歧视的法律，尽管在系列法律法规或是地方性法规中存在女性平等就业与劳动力保护的条款，如《宪法》《劳动法》《妇女权益保障法》以及《女职工劳动保护条例》等，但没有一部专门的法律，可见其法律地位还不高。此外，现有的劳动法律法规的许多操作性还有许多问题，例如许多条款是原则性条款，在用人单位的法律责任等方面尚未明确，如违反条款后的惩罚性条款、救济途径及应对方案等，这些问题都直接影响了法律的实际效力。

在这方面武汉市及相关部门应从本市女性的实际需求出发，完善和健全已有的法律和法规，做到有法可依，同时应充分考虑法律的操作性与执行性问题。针对落实情况应有专门的评价和监督机构，充分考虑到其主体地位，考虑到其合理、合法需求，以法律来避免女性基本劳动就业与报酬权受侵害的可能，对于招聘与管理中存在性别歧视、随意解聘或是剥夺女性"生育权"和"哺乳权"的用人单位应给予明确处罚。此外，除了政府各部门之外，公会和妇女组织也应充分发挥其在女性就业和劳动权益保护上的作用，政府在其中应充分发挥组织者、协调者、法律制定者的角色，使各个部门与组织能够各尽其职，共同发挥作用，为女性获得平等的就业劳动权扫清各种阻碍。

2. 约束用人单位，提升女性就业率，改变女性就业结构。应当注意到，在女性劳动就业方面，用人单位也是需要花大气力去治理的。根据项目组为期四年对用人单位的调研，发现武汉市用人单位在对女性员工上，还存在一定程度的差别对待，尤其是在女性员工招募时，会设置各种隐性障碍，而这种障碍又是法律所难以涉及的领域。就女性员工招募的单位结构来看，倾向于招募女性员工的单位多聚集在第一产业、第三产业，就工作的内容和性质来看，也多是简单的文秘、服务等工作，这种就业结构与内容直接决定了女性收入远低于男性的状况。

对于这种情况，一方面武汉市政府要通过法律、法规等强制性手段来保障女性基本就业劳动权与报酬权；另一方面，除了行政手段外，宏观调控也是重要的手段之一，如财政补贴和税收优惠等，鼓励某些行业与领域吸纳女性员工，降低女性的准入门槛，达到调整女性就业结构的目的。此外，通过工会、妇联等民间社会组织加强对用人单位的宣传，转变其对女性员工的观念与看法也是十分重要的路径。

3. 借助市场与社区的力量转移部分家庭劳务和家庭教育。在社会发展的今天，女性不再完全是家庭妇女的角色了，但这种角色的转变需要依靠市场和社区的力量，将女性从家务和家庭教育中解放出来，让其能够有时间从事自己的事业，在这点上可以向日本学习，有导向、有计划地完善保育制度，由政府来扶持与培育保育机构，通过市场化、专业化的方式来减轻女性工作与家庭在角色和时间上的冲突。另外，家务市场以及家教社区化的建立可以帮助女性劳动力市场实现专业化分工，部分高知女性可以从家庭中解放而从事符合自身技能的工作，而知识水平不高的女性则可以获得就业机会。

4. 以"自然成本"社会化降低女性生活成本和风险。女性生育既是自然与生理现象，同时也是社会现象，其关系到人类社会的繁衍与传承，从这点上来看，其同时具有自然与社会双重属性。但从成本分担来看，自然成本全由女性来承担，如因生育影响就业与事业发展，而受益却是全社会，存在一种正外部性。对此，应实现"自然成本"的社会化，共同承担生育成本与风险，充分肯定女性生育的社会价值。可以通过社会保障的形式来进行，如建立生育社会保障制度，以社会补助的形式来弥补生育女性的成本。此外，女性员工生育及哺乳期工资给付形式的完善与改革，既有利于减少女性成本，同时还帮助减少用人单位成本。另外，税收减免的形式也可以被用作补偿部分企业雇佣女性员工而带来的某些方面的损失。从而避免因生育问题带来企业女性员工雇佣动力不足的问题。

（二）缩小武汉女性预期收入与现实收入差距，提升收入水平

工作满意度既是决定工作积极性性的重要因素之一，也能反映武汉市女性的社会地位。因此提高工作满意度评价具有非常深远的意义。而对工作满意度有极大影响作用的因素之一就是收入水平。

就武汉市女性就业观来看，还是存在盲目乐观的情况。由于近几年武汉市女性教育程度正逐步提升，使得许多女性对未来就业较为看好。尽管

从调研数据来看,收入同教育程度呈正比,但不能说明两者具有必然因果联系,对"高学历＝高收入"的错误理解,也会造成预期收入高于现实收入的现象,影响对工作满意度的评价。因此,针对这一现状,要提高武汉女性的工作满意度,首要的措施就是政府应该运用宏观调控手段,缩小武汉女性预期收入与现实收入的差距,提升收入水平。为实现这个目标具体有以下3个措施:

1. 提升武汉市女性整体文化程度,增强女性就业竞争力。从发展趋势来看,由于武汉市作为教育大市,在教育资源的获取上,女性有着得天独厚的优势,因此女性文化程度逐年提升,武汉市高知女性也占据了一定的比例。但就整体分布来看,武汉市女性受教育程度还呈现偏低和非均衡的问题。根据我们抽样的情况来看,武汉市女性文化程度多集中在中专、高中以下,受过高等教育女性的人口比例还相对较少,而且在区域分布上,由于高等教育院校及商业金融单位多集中在武昌与汉口,因此这两个地方的女性受教育程度要高于其他区,这也造就了收入与就业竞争力的区域不平衡。

武汉市政府及相关部门应提供这样一种制度,即在促进女性教育整体水平提升的同时,要实现区域教育水平的均衡,减小不同区域女性教育程度的差异,及其带来的就业、收入等各方面的差距。在具体的举措上,可以将更多的教育资源向其他区倾斜。在教育资源配置方式与内容上则应进行区分,除了基础性的通识教育、学历教育之外,要更多地侧重于技能教育等实用性强的内容,能在较短的时间内提升受教育程度不高的女性的就业技能,进而有利于快速改善其生活质量。当然,应当意识到,这种举措仅仅是权宜之计,从长远来看,通过高等教育的持续投入充分发挥其正外部性,不仅可以提升女性的就业竞争力和收入水平,更有利于改善女性的精神与观念,从更高层次提升其生活质量的认知指标。

2. 坚持市场—政府双轨导向,提升用人单位—女性就业契合度。从一般意义上来说,劳动力市场作为市场的重要形式,应该遵循市场规律,依靠市场这只"无形的手"来进行资源配置,过多的政府干预会带来资源的无效配置。但在女性劳动力市场问题上,则不能完全依靠市场,因为市场和企业的经济行为会因为不正确的价值、思想观念而扭曲,即女性不能创造同男性同等的价值,这种思想观念会导致市场失灵,即不能将资源进行有效配置,或不能实现价值最大化。这一点通过我们对用人单位的调研可以加以验证，即用人单位在招聘、工资给付、晋升上存在诸多歧视，无形中降低了女性人力资本。

因此在女性劳动力市场问题上，除了遵循市场规律外，也需要政府这只"有形之手"进行调控。在具体做法上，通过法律、法规以及优惠政策等，鼓励和引导用人单位招用女性员工；此外，可通过在特殊领域的财政补贴、税收优惠，激励女性在自己力所能及的范围内进行创业，如家政、保育等领域。从目前武汉市的情况来看，这一领域的发展空间巨大，家政服务、月嫂服务、医院护理等服务性行业供不应求，武汉市政府应及早出台一系列政策，一方面有助于为女性从事这些行业提供政策依据；另一方面提升该领域与行业的规范程度。

3. 建立女性就业市场信息平台，加强女性就业指导工作。武汉市政府可建立全面的劳动力市场的信息网络和劳动力信息公开发布系统，使女性对劳动力市场的整体形势有个准确明晰的定位和了解，对自己的收入回报预期有理性的评价。此外，可通过政府、妇联及其他社会组织对女性的就业观念进行适当的引导，重点在于职业观和职业素养的培育。任何领域的职业都需要有特定的素质、能力、理念与之相对应，这就对女性的从业技能有了一定要求。此外，培育正确健康的就业观念也是非常重要，尤其是在市场经济体制下，正确的价值观和原则对于女性择业与发展尤为重要。总体上来看，要培育女性形成于社会主义市场体制相适应的就业与择业观念。

值得一提的是，武汉市是高等学府聚集的地方，高等院校在培育现代女性、促进女性就业、提升女性生活质量上义不容辞。高校作为社会主义建设者和接班人的培育主体，需要担负起培养劳动与就业技能的职责。女性作为社会劳动的主体，同样也需要各方面的培养。这要求高校在充分了解和掌握女性需求基础之上制订行之有效的人才、技能培训方案和计划，此外结合市场需求也是非常重要的，在这点上高校可以通过专门的女性就业指导和服务体现来实现。这同时也为高校的就业工作提出了一个目标，即将女性学生就业工作作为一个重点，具体包括强化女性就业方向的针对性；扎实提高技能水平；转变女性就业观念等。在组织上，高校要搭建就业信息中心，对女性就业进行数据收集并整理成库，通过数据分析来帮助女性学生了解和掌握哪些行业对于女性来说更有优势，及其所需掌握的技能和素质。通过这一系列的工作，帮助女性学生准确定位市场需求以及自身在市场和社会中的位置，以此提升女性学生就业求职的理性程度和精准度。

（三）提高武汉市女性劳动保障水平，改善女性工作环境

研究表明，劳动保障水平和工作环境这两个因素对工作满意度评价的影响比较大。正如加尔布雷思（John Kenneth Galbraith）在《富裕社会》一书中所说："对于一个挣工资的人而言，拥有更愉悦的工作条件似乎比更愉悦的家庭条件更重要。"① 事实上，根据目前武汉市女性劳动保障现状调查结果得知，武汉女性在其就业单位全部享有"四期"劳动保护的人数只占 21.5%，享受两项以上"四期"劳动保护的人数占 38.6%，只享受到产假的人数占 17.9%，完全没有享受过劳动"四期"保护的武汉在业女性占 21.9%，完全没有享受过劳动"四期"保护的武汉在业女性比全部享受"四期"劳动保护的武汉在业女性还要多 0.4%；武汉女性所在单位的工作环境既达到国家消防许可，也达到卫生许可条件的武汉女性占 33.2%，工作环境既没有达到国家消防许可也没有达到国家卫生许可条件的武汉女性占 9%。由此可知，武汉市仍然处于建立和探索社会保障体系的初级阶段。武汉市社会保障体系有待健全，女性劳动保障水平有待加强，女性的工作环境有待改善。具体来说，有以下 4 项措施：

1. 健全武汉市社会保障体系，发展对女性的失业和商业医疗等社会保险制度。在市场经济日益完善的今天，女性所遇到的工作上的障碍和性别歧视依然存在，女性在工作中遇到的困难和所承受的压力也比男性大得多。因此，完善女性社会保障制度是保障女性最基本生活质量的底线。

武汉市的社会保障体系形成了"三条保障线"，分别是养老保险、国有企业下岗职工基本生活保障和城市居民最低生活保障，并且在此基础上，按照"逐步形成独立于企事业单位之外、资金来源多渠道、管理服务社会化的有中国特色社会保障体系"的思路，进一步加大了对社会保障的投入和制度创新，逐步扩大社会保障的覆盖面。然而要健全社会保障体系，还必须发展以"低水平、广覆盖"为特征的社会保险制度。因为政府只能提供最"基本的保障"，既不可能提供较高层次的社会保险，也难以满足多层次、多形式的社会保障需求。而"广覆盖、低保障"的社

---

① ［美］约翰·肯尼思·加尔布雷思：《富裕社会》，赵勇译，江苏人民出版社 2009 年版，第 236 页。

会基本保险制度为失业保险和商业医疗保险留下了广阔的发展空间。

发展失业保险，既可以避免用人单位无正当理由随意解雇女性员工的现象，又可以保障女性就业权利，提高女性劳动保障水平。而同时，随着城乡居民收入的提高，商业保险进入百姓家也是大势所趋。因此，为了可以保障自身安全以及生病和退休后的生活，女性也需要正确利用失业保险和商业医疗保险来保障自己的劳动权利。因此发展女性的失业保险和商业医疗保险等社会保险制度，有助于补充社会保障制度，提高武汉市女性的劳动保障水平。

2. 完善制定和执行女性劳动权益保障相关法律。现行的保障城镇女性就业权益的法律法规是十分不完善的。到目前为止没有一部专门的法律来保障城镇女性的就业权益。而城镇女性就业权益的保障也只有参照1992 年颁布的《妇女权益保障法》、社会保障政策以及《劳动法》中有关妇女就业权益保障的相关规定。要完善制定女性劳动权益保障相关的法律法规，首先，明确女性劳动权益保障法的执行主体，将女性劳动权益保障相关法律法规由以前的原则性 "软" 法，变为有规定执行主体的可操作性 "硬" 法，切实保障女性的劳动权益。其次，应该全面完善女性劳动权益法的相关内容，在其中增加一些针对新型侵害妇女权益的典型问题的解决内容，如女性就业权益保障和性别歧视等方面内容。最后，要加大监督力度，切实执行女性劳动权益保障相关法律。执行的到位与否是影响女性劳动权益保障水平的重要因素，如果没有切实的执行，再完善的法律政策也只是空中楼阁。因此，需要发挥劳动仲裁机构、民间团体、妇联组织和社会舆论的监督力量，切实保障妇女的 "四期" 保护特权、签订和持有劳动合同的合法权益，使得关于女性的劳动保障法能有效贯彻执行。

3. 加强宣传力度，提高女性的劳动权利保障意识。根据项目组的调查结果，武汉市许多女性自我劳动权利保障意识不强，对于自己应享有的劳动权利没有准确明晰的概念，甚至许多女性认为社会保障与她们的生活关系不大。究其原因有以下三个方面：（1）目前武汉市许多社区和企业没有提供足够和完善的社会保险；（2）即使有社会救济，福利收入也是有时间和资格的限制的，并非稳定的收入来源，无法维持日常生活开支和满足最基本的生存需要；（3）许多武汉市女性对社会保障和劳动保护存在认识误区，认为社会救济只会损害她们的自尊和做人的尊严，甚至有辱她们的人格，通过法院和劳动仲裁机构的救济渠道在许多女性心中是

"暴民""不正当"的做法。

这致使许多武汉市女性劳动权利保障意识淡薄，因此当自己的劳动权益受损时，无法选择正确的劳动救济渠道。根据连续四年的调查结果，约有不到20%的武汉市女性在自己的劳动权益受损时会选择向法院、劳动仲裁机构寻求帮助。因此，武汉市政府应该加强对女性的劳动权利保障意识的教育，以社区为依托，妇联组织为主，向女性普及劳动权利保障知识，从而提高女性的劳动权利保障意识，如此才有利于促进社会劳动权利保障水平的提高。

（四）促进充分就业，大力发展培训，提高武汉女性就业层次

当前武汉市女性就业也呈现出高就业率、低收入、就业层次低的情况，武汉市女性2009年职业状况为就业的有效百分比为59.5%，职业状况为自主创业的有效百分比为13.5%，而下岗或待业情况的武汉女性的有效百分比只占26.1%。因此，虽然前文所证明武汉市女性收入水平偏低，但是她们却都保持了较高的就业率。而且武汉市女性就业层次比较低，曾担任过公司高管的武汉女性只占总人数的5%左右，大部分武汉女性都集中在单位的中低层级。以上现状都说明武汉市女性的就业主要是一种生存型就业。虽然女性的劳动就业权利和就业数量基本得到了保障，但质量层面比较缺乏。因此，要改善这个问题，必须促进充分就业，大力发展培训，以此提高武汉市女性的就业层次。具体来说有以下3个措施：

1. 提高女性就业弹性，促进女性就业增长。单纯的经济增长，并不一定就能增加就业。要将促进就业增长与充分就业保持一致，提高女性就业质量，就必须将增加就业弹性、改善就业基础，作为贯彻经济发展与扩大就业并举战略，促进经济增长的主要内容来对待。要不断创造条件推出旨在提高就业弹性的配套政策和促进措施；大力发展中小企业特别是劳动密集型企业；努力在各个层面消除创业障碍，拓展非正规就业渠道等。

2. 积极主动地开展女性就业服务。具体包括：（1）实行免费服务，落实财政经费，以妇联为主体，社区为依托，免费对失业女性和国有企业下岗的女性员工提供政策咨询、职业介绍和职业指导。（2）开展针对女性的专门服务，设立公共职业介绍机构和培训机构，专门为下岗职工、失业人员尤其是女性下岗失业人员提供专门的服务和培训项目。对有特殊困难的女性进行跟踪服务，帮助其尽快实现再就业。（3）开展针对女性的特色服务，针对本地女性下岗职工和失业人员的需求，公开提出具体的服

务承诺，探索多样化的组织服务形式，开拓就业岗位。

3. 发展多种适应女性需要的培训，提高女性就业层次。目前，许多武汉市女性存在处于不同职业的低层次和相同职业的低地位等问题。因此，为了解决这些问题，提高女性就业层次，就必须采取各种手段加强对女性的职业培训，通过提升她们的就业技能和竞争力来改变其就业层次低的现况。加强对女性的培训，需要发展各种形式多样、种类齐全的培训体系。

（1）发展社会化、市场化的职业培训。其是指发展针对在职女性，有利于其晋升和职业发展的职业培训，使职业培训社会化、市场化。将职业培训工作以市场为导向，培训方向的确定、专业设置、课程设置，都要与劳动力管理市场的需求相吻合，而且由于单位提供的培训存在人力资源成本限制无法普及化的缺陷，必须发展社会化的职业培训，充分利用社会各方面的培训力量，共同开展职业培训。

（2）发展就业前培训。女性的就业前培训指的是针对城乡初次求职的女性劳动者，提供短期的培训，使其能尽快地掌握工作岗位所需求的技能，增强其就业能力。新生劳动力在就业前，应该参加由劳动保障部门指导和组织的在职业学校或培训机构进行的职业培训或职业指导。对取得职业资格证书和培训合格证书的人员，根据国家政策，通过劳动力市场推荐就业或自谋职业、自主创业。尤其是对武汉市城乡接合部区域的女性，通过就业前培训，增强其就业技能，提升其就业率并改善其就业结构。

（3）发展对女性的高技能人才培训。高技能人才是推动技术创新、实现科技成果转化、加快经济发展的重要力量。提高女性就业层次的重要方法之一，就是培养一批女性的高技能人才。武汉市在经济发展和建设的进程中，尤为需要高技能的人才，而女性进入高技能人才的队伍中，能够有利于女性走向用人单位的高层岗位，进而提高其就业层次。

（4）发展对下岗失业女性的再就业培训。面向下岗失业女性开展的再就业培训，必须增强针对性、实用性和有效性。目标是提高培训后的再就业率，从而解决女性的失业问题，促使下岗失业女性人员尽快实现再就业。对她们进行职业指导和职业技能以及创业能力的培训，使得这些下岗失业女性在重新走上工作岗位以后能够有更好的职业发展，从而提升武汉市女性整体的就业层次水平。同时，要改变女性再就业获得社会援助的途径仅限于妇联、工会等的状况，要使全社会形成对女性的就业和再就业的尊重，对她们的正当个人意愿、个人选择给予足够的肯定，彻底消除传统就业模式强加给她们的印记与阴影。

（五）加大政府对非正规就业的监管力度

如前文所述，政府对于非正规就业的监管力度不大，是造成武汉市女性收入水平偏低、武汉市女性就业层次偏低、武汉市女性劳动保障水平偏低等社会问题的重要原因之一。因此，发展非正规就业将成为解决女性就业问题的一剂良方。而武汉市女性就业现状中存在的许多问题，都是来源于政府对非正规就业的监管力度不大。因此，必须通过以下4个措施，来加大政府对非正规就业的监管力度，从而提高武汉女性对工作满意度的综合评价。

1. 对女性非正规就业进行优惠的政策扶持。政府要加大对女性非正规就业的优惠政策扶持力度，通过政策制定来引导女性劳动力向非正规劳动组织转移，以此来拓宽女性就业的渠道。在政策制定过程中要充分考虑其可行性，让其真正能够帮助女性实现就业。在执行过程中，政府各部门要协调配合，通过程序简化等方式降低女性非正规就业的门槛。

2. 健全女性非正规就业的管理与监督机制。非正规就业并不意味着监管的非正规，相反对于这类就业要更加重视其管理和监督，只有这样才能真正做到女性权益的保障。在具体的方法上，制定规范化的制度和规章，避免随意性；建立健全管理组织与部门，实现专门监管；建立信息管理平台，对从业女性实现社会化、网络化的管理；规范非正规就业女性各项办事程序，但同时要简化审批。

3. 开发女性非正规就业的岗位。在女性非正规就业岗位的创设上，武汉市政府可以充分发挥各种市场和组织机制的优势，以股份制、股份合作制等制度办法来鼓励各种所有制形式参与到各类以女性员工为主的服务实体当中来。此外，对于那些大龄、知识水平低的女性，要通过再培训以及岗位开发和匹配，帮助其再就业。在这点上可以通过某些公益性岗位的设置来解决，如城市清洁卫生、绿化养护等。

4. 动员社会力量，增加就业资本。我国政府较为关注女性的创业问题，在政策上也有一定的支持和倾斜，但就效果和力度来看，还远远不能满足女性创业的需求。这一点在女性创业的投融资以及贷款上体现得非常明显，许多女性创业都缺少资金的支持，在资金的获取上渠道较窄，程序要较为烦琐。特别是从目前我国创业女性的主体构成来看，许多都是下岗工人、外来新市民或者大学毕业生，这类群体缺少初始启动资金，因此贷款成为其创业的首选。但资金短缺和贷款部门手续烦琐，担保困难又成为阻碍女性创业的重要因素。对于这一问题，武汉市可设立女性创业发展专项基金，鼓励女性自主创业。同时，武汉市政府可以启动女性创业发展计划，向全社会进行征募，对于那些有较好创业规划的可以给予一定的创业资金支持。此外还可以创立武汉市女性创业专项资金，帮助其创业、就业。在具体的管理上一方面要扩宽女性创业资金的来源和渠道；同时，对于这类资金或者实行市场化运作，或者实行专款专用。在女性创业贷款上，要不断推进担保金制改革，并将女性创业纳入小额贷款的主要对象，尤其是对于贫困女性创业更要提供资金、技术和项目上的支持。

综上所述，笔者认为，只有政府加大对非正规就业的监管力度，充分发挥非正规就业这一新形式的就业方式，才能提高广泛分布在这一行业里的女性的工作满意度评价，从而提高女性的工作质量和生活水平，进一步提升武汉女性的社会地位。

结　　论

　　以往对城市女性生活质量问题的研究多是从单一的学科出发,如社会学、经济学、心理学等。同这类研究不同的是,本书从制度理论的角度来看待这一问题,将女性社会问题的根源归结为制度问题。而在制度的理解逻辑上,本书不赞同将制度完全视为政府的理性设计,更强调非正式制度对女性的影响,如习惯、风俗、传统观念等。非正式制度影响着女性生活的方方面面,包括了社会家庭地位、情感婚姻生活、工作就业现状、生理心理健康等,而这些内容从客观和主观两个路径构成了女性生活质量的重要部分。

　　根据新制度经济学关于两种类型制度相互关系的观点,以及非正式制度的作用原理与变迁方式的相关理论,非正式制度对人们行为方式与互动机制调整的效果要优于理性设计的正式制度。从这点上来看,改进非正式制度是改善目前女性生活质量的有效路径。但这一点却最难实现,因为非正式制度的变迁是一个缓慢的过程,需要行为个体通过不断的行为互动与策略调整,最终达成均衡状态。此外,非正式制度的演化还要考虑到演化动力因素,在相对保守的社会中缺乏演化的动力,在这种情况下想要通过改进非正式制度提升女性生活质量非常困难。

　　这种情况在城市环境中会更为复杂,因为城市作为经济、社会发展的聚集地,是文化不断发展和碰撞的地方。女性问题的非正式制度一方面在城市中还有存在和发展的土壤;另一方面也会因为制度环境的变迁而受到侵蚀和改变。如何改变传统的非正式制度对女性生活质量的不利影响,如何引导非正式制度向所期望的方向发展,仅仅依靠其自身动力推动其演化是远远不够的。因此,除了依靠由下自上制度供给路径之外,更需要自上而下的制度供给路径,这就需要将不同的制度供给主体结合起来,实现制度供给—需求的均衡,这也正是本书选取制度经济学和公共管理学视角来研究城市女性生活质量问题的原因。

为了达到研究目的，本书选取了武汉市女性作为女性生活质量的研究个案。在研究的逻辑上，首先回顾了国内外学界对女性生活质量的研究，尤其是女性生活质量的标准及指标体系；在此基础上，结合制度供给—需求的思路，以及新制度经济学的相关理论，提出了本书关于城市女性生活质量的评价指标体系，并通过 AHP 法将其标准化与科学化；通过问卷设计，将指标体系反映在调查问卷中，并于 2009 年起开展了为期四年的调研。其中前两年侧重于对女性生活质量状况进行调研，后两年则是侧重于考察女性生活质量的制度供给现况。根据实证结论，这四年的调研结果较为一致，具体结果如下：

（1）武汉市女性生活质量的主要影响因素包括教育因素、劳动权益因素、家庭和谐因素、制度完整与有效性因素。这些因素都涵盖了女性生活的两个方面：工作与家庭。而制度完整性与有效性则是这两个方面的有效保障。

（2）女性生活质量的制度需求在不同行政区划内存在一定的差异，尤其是中心城区同远城区之间，因此在进行制度供给时需要考虑区域均衡化。

（3）武汉市女性对生活质量及其制度供给的满意度偏低。

在实证结果上，本书从制度种类及其契合度、制度供给主体动力机制、制度演化动力机制及非均衡供给四个方面对存在的问题进行了原因分析。在此基础之上，从中观的女性生活质量制度供给机制设计以及微观的女性生活质量对策举措两个层面，提出了改进、提升女性生活质量的路径与方法。

参考文献

中文部分

著作类

1. ［美］托马斯·斯坎伦：《价值、欲望和生活质量》，载［印］阿玛蒂亚·森、［美］玛莎·努斯鲍姆《生活质量》，龚群 等译，社会科学文献出版社 2008 年版。

2. ［美］朱莉亚·安娜斯：《妇女与生活质量：两种规范还是一种》，载［印］阿玛蒂亚·森、［美］玛莎·努斯鲍姆《生活质量》，龚群 等译，社会科学文献出版社 2008 年版。

3. 武汉市统计局：《武汉统计年鉴（2014）》，中国统计出版社 2014 年版。

4. 厉以宁：《社会主义政治经济学》，商务印书馆 1986 年版。

5. ［德］柯武刚、史漫飞：《制度经济学：社会秩序与公共政策》，韩朝华译，商务印书馆 2008 年版。

6. ［美］T. W. 舒尔茨：《制度与人的经济价值的不断提高》，载［美］R. 科斯、A. 阿尔钦、D. 诺斯 等《财产权利与制度变迁》，刘守英 等译，上海人民出版社 1994 年版。

7. ［美］丹尼尔·布罗姆利：《经济利益与经济制度：公共政策的理论基础》，陈郁 等译，上海人民出版社 2012 年版。

8. ［美］道格拉斯·诺思：《制度、制度变迁与经济绩效》，杭行译，上海人民出版社 2008 年版。

9. 卢现祥：《西方新制度经济学》，中国发展出版社 1996 年版。

10. ［美］L. E. 戴维斯、D. C. 诺斯：《制度变迁的理论：概念与原因》，载［美］R. 科斯、A. 阿尔钦、D. 诺斯 等《财产权利与制度变迁》，刘守英 等译，上海人民出版社 1994 年版。

11. 冯立天：《中国人口生活质量研究》，北京经济学院出版社 1992 年版。

12. ［美］约翰·肯尼思·加尔布雷思：《富裕社会》，赵勇译，江苏人民出版社 2009 年版。

13. 周长城：《主观生活质量：指标构建及其评价》，社会科学文献出版社 2008 年版。

14. 韩湘景：《中国女性生活状况报告 No. 7（2013）》，社会科学文献出版社 2013 年版。

15. 张维迎：《博弈论与信息经济学》，上海人民出版社 2012 年版。

16. ［美］R. H. 科斯：《社会成本问题》，载［美］R. 科斯、A. 阿尔钦、D. 诺斯 等《财产权利与制度变迁》，刘守英 等译，上海人民出版社 1994 年版。

17. ［冰岛］思拉恩·埃格特森：《经济行为与制度》，吴经邦 等译，商务印书馆 2007 年版。

18. ［德］弗里德里希·恩格斯：《家庭、私有制和国家的起源》，中共中央马克思恩格斯列宁斯大林著作编译局译，人民出版社 1999 年版。

19. ［英］勃洛尼斯拉夫·马林诺夫斯基：《两性社会学：母系社会与父系社会之比较》，李安宅译，上海人民出版社 2003 年版。

20. ［美］露丝·本尼迪克：《文化模式》，何锡章 等译，华夏出版社 1987 年版。

21. 刘明翰、张志宏：《美洲印第安人史略》，生活·读书·新知三联书店 1982 年版。

22. ［英］莫里斯·布洛克：《马克思主义与人类学》，冯利 等译，华夏出版社 1988 年版。

23. 李达：《李达文集（第一卷）：家族与氏族》，人民出版社 1980 年版。

24. ［美］琼·W. 斯科特：《性别：历史分析中的一个有效范畴》，载李银河《妇女：最漫长的革命——当代西方女权主义理论精选》，生活·读书·新知三联书店 1997 年版。

25. ［美］邓尼丝·拉德纳·卡莫迪：《妇女与世界宗教》，徐钧尧 等译，四川人民出版社 1989 年版。

26. ［美］梅里·E. 威斯纳 - 汉克斯：《历史中的性别》，何开松译，东方出版社 2003 年版。

27. ［法］达尼洛·马尔图切利：《现代性社会学》，姜志辉译，译林出版
社 2007 年版。

28. ［美］R. E. 安德森、I. 卡特：《社会环境中的人类行为》，王吉胜 等
译，国际文化出版社 1988 年版。

29. ［日］青木昌彦：《比较制度分析》，周黎安译，上海远东出版社 2001
年版。

30. ［美］V. 奥斯特罗姆、D. 菲尼、H. 皮希特：《制度分析与发展的反
思——问题与抉择》，王诚 等译，商务印书馆 1992 年版。

31. ［英］马尔科姆·卢瑟福：《经济学中的制度：老制度主义与新制度
主义》，陈建波 等译，中国社会科学出版社 1999 年版。

32. 李金林、赵中秋：《管理统计学》，清华大学出版社 2006 年版。

33. 张金马：《政策科学导论》，中国人民大学出版社 1992 年版。

34. 林毅夫：《关于制度变迁的经济学理论：诱致性变迁与强制性变迁》，
载 ［美］R. 科斯、A. 阿尔钦、D. 诺斯 等《财产权利与制度变迁》，
刘守英 等译，上海人民出版社 1994 年版。

35. ［英］朱丽叶·米切尔：《妇女：最漫长的革命》，载李银河《妇女：
最漫长的革命——当代西方女权主义理论精选》，生活·读书·新知三
联书店 1997 年版。

36. ［日］井上清：《日本妇女史》，周锡卿译，生活·读书·新知三联书
店 1958 年版。

37. 《日本人的生活》，林康民译注，上海译文出版社 1988 年版，第
48 页。

38. 韩湘景：《2008—2009 年：中国女性生活状况报告（No. 3）》，社会科
学文献出版社 2009 年版。

39. 谭琳：《2006—2007 年：中国性别平等与妇女发展报告》，社会科学
文献出版社 2008 年版。

40. 薛宁兰：《社会性别与妇女权利》，社会科学文献出版社 2008 年版。

41. ［美］洛伊斯·班纳：《现代美国妇女》，侯文蕙译，东方出版社 1987
年版。

42. ［美］凯瑟琳·A. 麦金农：《迈向女性主义的国家理论》，曲广娣译，
中国政法大学出版社 2007 年版。

43. 陆伟芳：《英国妇女选举权运动》，中国社会科学出版社 2004 年版。

44. 郭夏娟：《为正义而辩——女性主义与罗尔斯》，人民出版社 2004 年版。

论文与报纸类

45. 赵彦云、李静萍：《中国生活质量评价、分析和预测》，《管理世界》 2000 年第 3 期。

46. 潘祖光：《"生活质量"研究的进展和趋势》，《浙江社会科学》1994 年第 6 期。

47. 易松国：《生活质量研究进展综述》，《深圳大学学报》（人文社会科学版）1998 第 1 期。

48. 朱玲怡、孙进：《高级知识女性人口工作生活质量调查》，《中国人口科学》1995 年第 3 期。

49. 王哲蔚、高晓玲等：《更年期妇女健康和生活质量及其影响因素调查》，《中国妇幼保健》2003 年第 5 期。

50. 王寅：《西方新制度经济学的最新发展》，《河北学刊》1999 年第 3 期。

51. ［美］林南、卢汉龙：《社会指标与生活质量的结构模型探讨——关于上海城市居民生活的一项研究》，《中国社会科学》1989 年第 4 期。

52. 吴姚东：《生活质量：当代发展观的新内涵——当代国外生活质量研究综述》，《国外社会科学》2000 年第 4 期。

53. 朱国宏：《中国人口质量研究的定向历程》，《社会科学战线》1995 年第 4 期。

54. 冯立天：《中国人口生活质量研究：小康生活质量目标的进程与省际比较》，《人口与经济》1995 年第 6 期。

55. ［美］林南、王玲 等：《生活质量的结构与指标——1985 年天津千户户卷调查资料分析》，《社会学研究》1987 年第 6 期。

56. 周长城、饶权：《生活质量测量方法研究》，《数量经济技术经济研究》2001 年第 10 期。

57. 赵彦云、王作成：《我国生活质量的国际比较》，《统计与信息论坛》， 2003 年第 4 期。

58. 汪洁、郝麦收：《当代城市女性生活观探析——天津市女性生活状况调查与分析》，《理论与现代化》2005 年第 5 期。

59. 楼丽华、沃兴德 等：《现代妇女生活状况调查》，《第十一届全国中医及中西医结合乳腺病学术会议论文集》，桂林，2009 年 10 月。

60. 吴绍琪、陈千：《高级知识女性群体主观生活质量指标体系初探》，《中华女子学院学报》2005 年第 4 期。

61. 徐安琪：《中国女性的家庭地位和生活质量——来自实证研究的报告》，《妇女研究论丛》2000 年第 3 期。

62. 黄立清：《城市女性主观生活质量初步研究》，《中国妇幼保健》2004 年第 8 期。

63. 谭琳：《中国妇女的生活质量与计划生育》，《人口研究》1994 年第 3 期。

64. 徐安琪：《夫妻权力和妇女家庭地位的评价指标：反思与检讨》，《社会学研究》2005 年第 4 期。

65. 罗萍、李虹：《武汉大学女性教职工婚姻生活调查分析》，《中华女子学院学报》2003 年第 1 期。

66. 陈向一、江捍平：《深圳特区已婚育龄妇女的生活质量及其影响因素》，《中国临床心理学杂志》1999 年第 3 期。

67. 颜江瑛、刘筱娴 等：《武汉市 30—50 岁在岗女性生命质量研究》，《中国公共卫生》2003 年第 7 期。

68. 刘晓霞、邢占军：《城市女性群体主观幸福感研究》，《山东师范大学学报》（人文社会科学版）2007 年第 3 期。

69. 陈琛、甘诺：《城市中年女性生活满意度影响因素分析——以江苏省兴化市某社区 34—49 岁女性为例》，《社会工作》2007 年第 12 期。

70. 肖发荣：《再论"母系制"、"母权制"与女性社会地位》，《妇女研究论丛》2005 年第 5 期。

71. 罗萍、崔应令：《人类社会两种生产价值新论》，《湘潭大学学报》（哲学社会科学版）2011 年第 1 期。

72. 叶文振、徐安琪：《婚姻质量：西方学者的研究成果及其学术启示》，《人口研究》2000 年第 4 期。

73. 李傲：《美国有关性别歧视的判例研究》，《法学评论》2008 年第 6 期。

74. 包蕾萍、徐安琪：《当代城市女性家庭压力研究》，《妇女研究论丛》

2007 年第 3 期。

75. 王扬：《宋代女性法律地位研究》，博士学位论文，中国政法大学，2001 年。

76. ［美］林南、卢汉龙：《生活质量的结构与指标——1985 年天津千户户卷调查资料分析》，《社会学研究》1987 年第 6 期。

77. 潘安娥、杨青：《基于主成分分析的武汉市经济社会发展综合评价研究》，《中国软科学》2005 年第 7 期。

78. 范若兰：《伊斯兰教与穆斯林妇女》，《西亚非洲》1989 年第 6 期。

79. 《刘福国："补贴男女平等，复婚大幅增加"》，《中国妇女报》2014 年 11 月 29 日第 2 版。

80. 陈志俊：《不完全契约理论前沿述评》，《经济学动态》2000 年第 12 期。

81. 黄虚峰：《工业化与美国妇女地位的变化》，《历史教学问题》1998 年第 4 期。

82. 王伟宜：《美国学生选择大学的五十年》，《教育学报》2010 年第 2 期。

83. 张晓霞：《20 世纪下半叶英国妇女就业引起的家庭变化》，《广西社会科学》2004 年第 2 期，第 166 页。

84. 钱乘旦：《20 世纪英国的妇女与家庭问题》，《世界历史》1996 年第 5 期，第 3 页。

85. ［日］深尾时子：《日本妇女的法定地位与社会地位》，樊小京 等译，《世界经济与政治论坛》1984 年第 1 期。

86. ［日］山下泰子：《日本妇女的法律地位和今后的课题》，《中国妇运》2000 年第 11 期。

87. 刘梦：《法国妇女权利部及其成就》，《中国妇女管理干部学院学报》1999 年第 3 期。

网络新闻类

88. "拉脱维亚前女总统谴责欧盟总统竞选歧视女性"，环球网（http：//world. huanqiu. com/roll/2009 – 11/636312. htm），2009 – 11 – 18。

89. "美国沃尔玛性别歧视案开庭，沃尔玛或赔偿上百亿"，中国新闻网（http：//www. chinanews. com/cj/2011/03 – 30/2939108. shtml），2011 – 03 – 30。

90. "走进德黑兰：实际上伊朗女性更开放"，网易（http：//discover-y. 163. com/09/1116/10/5O801BPV000125LI. html），2009－11－16。

91. "中国《反家庭暴力法》已列立法规划，有望尽快出台"，人民网（http：//politics. people. com. cn/n/2014/1124/c70731－26084710. html），2014－11－24。

92. "傅莹：中国首部反家暴法或下半年提交审议"，人民网（http：//npc. people. com. cn/n/2015/0304/c14576－26635913. html），2015－03－04。

93. "农村适龄妇女免费'两癌'检查成为2011年武汉市政府为民办实事内容"，湖北妇女网（http：//www. hbwomen. org. cn/2011－02/22/cms954407article. shtml），2011－02－22。

94. "武汉巾帼创业者联盟'孵化'女性创业"，人民网（http：//acwf. people. com. cn/n/2015/0212/c99057－26555175. html），2015－02－12。

95. "湖南反家暴工作情况"，人民网（http：//hn. people. com. cn/n/2014/1209/c367950－23161406. html），2014－12－09。

96. "江苏南通：出台《反对家庭暴力报警投诉工作规范》"，厦门妇女网（http：//www. xmwomen. org. cn/E _ ReadNews. asp？NewsID ＝ 3133），2006－12－15。

97. "首开先河将经济伤害纳入家庭暴力"，人民网（http：//legal. people. com. cn/n/2014/0819/c188502－25490847. html），2014－08－19。

98. "关于进一步推进女职工权益保护专项集体合同工作的意见"，上海市总工会网（http：//www. shzgh. org/renda/node5902/node6520/node6526/node6527/node6531/u1a1571017. html），2008－12－25。

99. "山西专项合同庇护62万女职工特殊权益"，人民网（http：//acftu. people. com. cn/GB/67575/6614498. html），2007－12－05。

100. "英国母亲找工作倍受歧视，单身妈妈境遇更差"，中国网（http：//www. china. com. cn/world/txt/2007－02/26/content_7868836. htm），2007－02－26。

101. "'绅士国度'也存在性别歧视"，人民网（http：//acwf. people. com. cn/n/2014/0103/c99013－24014905. html），2014－01－03。

102. "英1/4妇女被虐，英警方推'摄像头计划'搜集铁证"，中国网（http：//www. china. com. cn/world/txt/2007－03/23/content_ 8004061. htm），2007－03－23。

103. "国外反家庭暴力立法一览",中国法院网（http：//www. chinacourt. org/article/detail/2014/03/id/1232508. shtml），2014 – 03 – 18。

104. "日本女性国会议员比例在发达国家中最低",人民网（http：//world. people. com. cn/n/2014/0305/c1002 – 24535553. html），2014 – 03 – 05。

105. "法国知名企业中女性领导者占多数 比例高于美国",中国网（http：//news. china. com. cn/world/2014 – 06/10/content_ 32621648. htm），2014 – 06 – 10。

外文部分

1. Norman M. Bradburn, *The Structure of Psychological Well – Being*, New York：Walter de Gruyter, Inc. , 1969.

2. Raymond A. Bauer, *Social Indicators*, Massachusetts：The M. I. T. Press, 1967.

3. Angus Campbell, Philip E. Converse, Willard L. Rodgers, *The Quality of A-merican Life：Perceptions, Evaluations and Satisfactions*, New York：Russell Sage Foundation, 1976.

4. Gurin G. , Veroff L. , Feld S. , *Americans View Their Mental Health*, New York：Basic Books, 1960.

5. Richard Anker, *Gender and Jobs：Sex Segregation of Occupation in the World*, Geneva：International Labour Office, 1998.

6. Lewis, R. A. , Spanier, G. B. , *Theorizing about the Quality and Stability of Marriage*, in Wesley R. Burr, et al. （eds. ）, *Contemporary Theories about Family*, New York：Free Press, 1979.

7. Mancur Olson, *The Logic of Collective Action：Public Goods and the Theory of Groups*, Cambridge, Massachusetts：Harvard University Press, 1966.

8. Alice S. Rossi, *The Feminist Papers：From Adams to de Beauvoir*, New York：Columbia University Press, 1973.

9. Pamela Horn, *Victorian Country Women*, New Jersey：Wiley – Blackwell, 1991.

10. Paul Langford, *A Polite and Commercial People：England* 1727 – 1783, Oxford：Oxford University Press, 1998.

11. Lilian L. Shiman, *Women and Leadership in Nineteenth - Century England*, Basingstoke: Palgrave Macmillan, 1992.

12. A. H. Halsey, *British Social Trends Since* 1900: *A Guide to the Changing Social Structure of Britain*, London: Sheridan House Inc. , 1988.

13. Edith Hoshino Altbach, ed. , *From Feminism to Liberation*, New Jersey: Transaction Publishers, 1980.

14. Susan D. Becker: *The Origins of the Equal Rights Amendment: American Feminism between the Wars*, Westport: Greenwood Press, 1981.

15. Elizabeth Wolgast, *Equality and the Rights of Women*, New York: Cornell University Press, 1980.

16. Alison Jaggar, *Feminist Politics and Human Nature*, New Jersey: Rowman and Allanheld, 1980.

17. Rosemary Crompton, *Women and Work in Modern Britain*, Oxford: Oxford University Press, 1997.

18. Andrew Davies, *Leisure, Gender and Poverty: Working - class Culture in Salford and Manchester*, 1900 - 1939, Milton Keynes: Open University Press, 1992.

19. David Butler, Gareth Butler, *British Political Facts Since* 1979, Basingstoke: Palgrave Macmillan, 2005.

20. Lance Davis, Douglass North: Institutional Change and American Economic Growth: A First Step Towards a Theory of Institutional Innovation, *The Journal of Economic History*, Vol. 30, No. 1, 1970.

21. Peter McDonald, Gender Equity, Social Institutions and the Future of Fertility, *Journal of Population Research*, Vol. 17 (1) , 2000.

22. Robert A. Cummins, Objective and Subjective Quality of Life: An Interactive Model, *Social Indicators Research*, Vol. 52, 2000.